AV

Margarita Blanco Hölscher / Christina Jurcic
(Hgg.)

Narrationen in Bewegung

Deutschsprachige Literatur und Migration

AISTHESIS VERLAG

Bielefeld 2019

Esta obra ha sido publicada con la ayuda de los proyectos de investigación FFI2015-68550-P (MINECO/FEDER, UE) y P12-HUM-2162 (Junta de Andalucía).

   XUNTA DE GALICIA
CONSELLERÍA DE EDUCACIÓN, UNIVERSIDADE E FORMACIÓN PROFESIONAL

Esta obra ha sido publicada con la ayuda de los proyectos de investigación ExFem-LiOn: corpus on-line de autoras y textos autobiográficos digitalizados del exilio alemán. Fem2016-8028-P. Ministerio de ciencia, innovación y universidades. Convocatoria 2016. Proyecto I + D. Programa estatal de fomento de la investigación científica y técnica de excelencia. Subprograma estatal de generación de conocimiento y también con el de Ref. 2017-PG023. Programa de consolidación y estructuración 2017. GPC GI-1954. LitLinAl. Consellería de educación, universidade e formación profesional Xunta de Galicia.

(sge Sociedad Goethe en España

Bibliografische Information der Deutschen Nationalbibliothek

Die Deutsche Nationalbibliothek verzeichnet diese Publikation in der Deutschen Nationalbibliografie; detaillierte bibliografische Daten sind im Internet über http://dnb.d-nb.de abrufbar.

© Aisthesis Verlag Bielefeld 2019
Postfach 10 04 27, D-33504 Bielefeld
Covergrafik: © Job Sánchez Julián
Satz: Germano Wallmann, www.geisterwort.de
Druck: docupoint GmbH, Magdeburg

ISBN 978-3-8498-1309-3
www.aisthesis.de

Inhaltsverzeichnis

Vorwort und Dank

Der Textkorpus, den Germanisten heutzutage als *interkulturell, transnational* oder auch als *ohne festen Wohnsitz* beschreiben, ist seit dem Übergang zwischen dem 20. und 21. Jahrhundert in Deutschland, Österreich und der Schweiz beständig angewachsen. Dabei entstehen Texte, die Mobilität zwischen Nationen und Kulturen, zwischen literarischen Traditionen, sowie zwischen diversen Formen, Genres und narrativen Konventionen widerspiegeln. In dem Maße, in dem die Einordnung der neuen Literaturen nach biobibliographischen Gesichtspunkten der AutorInnen und nach thematischen Schwerpunkten diffiziler wird, nimmt auch das Phänomen der Migration auf europäischer und globaler Ebene an Komplexität zu. In der Vergangenheit liegt der bis heute wirkende Exilaufenthalt derjenigen, die nicht mehr in deutschsprachigen Ländern leben konnten oder wollten; heute stehen unterschiedliche Formen erzwungener Mobilität als Folge von Kriegen, politischer oder religiöser Unterdrückung, wirtschaftlicher und umweltbedingter Missstände oder Verfolgung aufgrund sexueller Orientierung neben Veränderungen des Lebensmittelpunktes infolge familiärer Zusammenfindung, aber auch individueller Entscheidungen. All dies schlägt sich seit langem im Schreiben verschiedener Generationen nieder, jedoch ist für die deutschsprachige Gegenwartsliteratur sicherlich zutreffend, was Leopold Federmair bemerkt, nämlich dass „in den letzten Jahren die Vorsilbe ‚trans-‘ an Häufigkeit gewonnen hat im Verhältnis zur Vorsilbe ‚inter-‘, die sie manchmal ersetzt. ‚Trans-‘ verweist auf Bewegung, auf Dynamik; ‚inter-‘ auf ein Dazwischen, auf Beziehungen, die zwar nicht ohne Bewegung stattfinden, aber doch erstarren können, so daß sie zu Konstellationen werden.“ Diesen Bewegungen und Konstellationen nachzugehen nimmt sich die Germanistik zunehmend an, dabei hat sich das Hauptaugenmerk von der Kenntnisnahme und Erfassung des Phänomens migratorischen Schreibens und der stärkeren literaturwissenschaftlichen Beachtung von Texten zwischen Kulturen auf die theoretische Definition dessen verlagert, was interkulturelles Schreiben in der deutschsprachigen Literatur ausmacht. Dies schlägt sich ~~sich~~ auch in den thematischen Schwerpunkten germanistischer Tagungen nieder, und so ist der vorliegende Band aus einer Begegnung spanischer, deutscher, österreichischer und schweizer Germanisten entstanden, die im Frühjahr 2017 im nordspanischen Oviedo stattfand.

In der Zusammenschau ergibt sich nun ein Konvolut von Texten, die der Komplexität der Thematik durch die Betrachtung aus verschiedenen Blickwinkeln gerecht wird. Die Vielfalt an behandelten literarischen Genres reicht vom biographischen literarischen Essay, über Lyrik, Roman und Drama, bis zu autobiographischen und populärwissenschaftlichen Prosatexten. Diese Spannbreite spiegelt sich auch wider in den biographischen und geographischen Hintergründen der Autoren, deren häufiger Mehrsprachigkeit und der damit verbundenen ästhetischen Wirkung von Übersetzung und Sprachwechsel, sowie in der Verflechtung von Exil- und Migrationsbewegungen. Dabei stehen Betrachtungen von Literatur, die in den 1930er Jahren entstanden ist, neben der von Werken, die am Ende des 20. und zu Beginn des 21. Jahrhunderts geschrieben wurden. Die AutorInnen, deren Schreiben von der tatsächlichen oder imaginierten Bewegung zwischen ihren Herkunfts- und Lebensorten geprägt ist, stammen dabei aus sehr unterschiedlichen Regionen des europäischen Kontinents, unter anderem aus Spanien, Griechenland, der Türkei, dem ehemaligen Jugoslawien, der UdSSR und ihren jeweiligen Nachfolgestaaten, Polen, Rumänien und Bulgarien. Die literarische Darstellung des Exils von deutschsprachigen AutorInnen jüdischer sowie auch nicht-jüdischer Herkunft wird dabei ebenfalls behandelt, sei es aus dem erzwungenen Exil, um zu überleben, sei es aus dem freiwilligen Exil. Nicht zuletzt finden sich auch AutorInnen ohne biographischen ‚Migrationshintergrund' mit ihrem Werk, in dem das Thema der globalen Wanderungen kritisch beleuchtet wird.

Der Band wird eröffnet mit Beiträgen zum biographischen literarischen Essay: Der erste stammt von dem österreichischen Schriftsteller Leopold Federmair, welcher der Fragestellung einer „transveralen Ästhetik" nachgeht, indem er versucht, das aufzuspüren, was zwischen den Kulturen liegt und sich dann in Sprache niederschlägt. Sich selbst definiert er nicht als Reiseschriftsteller, obwohl er oft den Wohnort gewechselt hat; sondern er sieht sich eher – wie jeder das Fremde zu erfassen suchende Autor – als den in einer Hin-und Herbewegung aufgehenden Übersetzer. Dabei erwecken sein literarisches und künstlerisches Interesse vor allem Texte, deren Entstehung ein Sprachwechsel zugrunde liegt, „der in den meisten Fällen eine Konfrontation des Autors mit einer neuen Kultur bedeutet, der auch dann Spuren hinterlassen wird, wenn der Schreibende in seinen Werken Erfahrungen verarbeitet, die vor diesem Einschnitt liegen." Der daran anschließende Beitrag von Marisa Siguan Boehmer beschäftigt sich ebenfalls mit literarischen Essays, hier denen des deutsch-spanischen Schriftstellers José F. A. Oliver.

Auch hier steht die Ästhetik der Sprache im Vordergrund, die bei diesem Autor aus vier verschiedenen Quellen gleichzeitig gespeist wird: Alemannisch, Andalusisch, Deutsch und Spanisch. Siguan Boemer konzentriert sich auf den „spielerischen Umgang mit Sprache und Tradition, der Olivers Themen ermöglicht und bestimmt, und der gerade durch das Aufwachsen in den verschiedenen Sprachen und dem Zusammenleben der Kulturen entsteht."

Der zweite Teil des Bandes behandelt die deutschsprachige Literatur, deren AutorInnen eine biographische Verbindung in den Osten Europas haben. Axel Dunker liefert dafür einen Überblicksartikel, der sich mit der Begriffsfindung und -definition der sogenannten ‚Literatur mit osteuropäischem Hintergrund' auseinandersetzt. Dabei geht er der Frage nach, inwiefern Kategorien der interkulturellen Germanistik und des als Migrationsliteratur bezeichneten Phänomens auch auf diese Textgruppe angewandt werden können oder ob sie einer Modifizierung bedürfen. Anhand der Analyse von Texten Olga Martynovas und Kat Kaufmanns belegt er exemplarisch, wie diese ‚Osterweiterung' sowohl die deutschsprachige Gegewartsliteratur als auch die Diskussion um Interkulturalität bereichert. Im folgenden Beitrag beleuchtet Leopoldo Dominguez Macías das Prosawerk von Marica Bodrožić unter der Bezugnahme auf Raumdarstellung und Erinnern. Hierbei belegt er, wie die Darstellung von Landschaft in den Romanen und autobiographischen Essays der kroatischstämmigen Autorin auf Engste verbunden sind mit einem Identitätsentwurf, der sich aus der Erinnerung an die alte Heimat und aus der Hoffnung auf ein von Hybridität geprägtes Europa nährt. Der Beitrag von Giorgia Sogos stellt die aus Bulgarien stammende Autorin Rumjana Zacharieva vor, die Gedichte und Romane sowohl in ihrer Muttersprache als auch in deutscher Sprache verfasst hat. Hier wird der 1993 erschienene, stark autobiographisch geprägte Roman *Transitvisum fürs Leben* analysiert und dabei dargestellt, wie für die Protagonistin die Prozesse ihres Ankommens in der deutschen Gesellschaft und in ihrer neuen deutschen Familie parallel zum Erwerb der deutschen Sprache verlaufen. Den Abschluss der Sektion bilden zwei Betrachtungen der „deutschen Literatur aus Rumänien": Die erste stammt von Olga García García und stellt zum einen die komplexe Geschichte des literaturwissenschaftlich umstrittenen Begriffs der „rumäniendeutschen Literatur" dar; zum anderen zeigt sie an den Beispielen Richard Wagner und Herta Müller, dass die deutschsprachigen Schriftsteller, die zumeist in die Bundesrepublik Deutschland auswanderten, „Repräsentanten eines atypischen *homo migrans*" sind. Zwar kamen sie in ein Land, dessen offizielle Sprache ihre in ihrem Ursprungsland unerwünschte Muttersprache war, aber dennoch war dies keine Garantie für eine problemlose Integration in den deutschen Literaturbetrieb. Der Beitrag von Isabel García Adánez schließt thematisch daran an, beschäftigt sich aber ausschließlich mit Leben und Werk von Herta Müller. Adánez führt aus, dass die Autorin auch nach der Verleihung des Literaturnobelpreises eine streitbare und auch umstrittene literarische Persönlichkeit geblieben ist, die mit ihrem Werk – hier wird vor allem auf die 2014 erschienene Autobiographie *Mein Vaterland war ein Apfelkern* eingegangen – auch weiter gesellschaftlich und politisch sensible Themen aufgreift.

Der dritte Teil des Bandes widmet sich zum einem der Exilliteratur und zum anderem dem Thema Migration im Theater der Gegenwart. Gesa Singer geht auf die Gemeinsamkeiten und Unterschiede zwischen der zeitgenössischen deutschsprachigen interkulturellen Literatur und der deutschsprachigen Exilliteratur der Jahre 1933-1945 ein. Dabei stellt sie das ambivalente Verhältnis zwischen beiden dar, die einerseits Elemente wie Heimatverlust, Verlust der Sprache und Nicht-Zugehörigkeit zu Mehrheitskultur gemein haben, andererseits aber von unterschiedlichen thematischen Schwerpunkten geprägt sind. Dolors Sabaté Planes stellt in ihrem Beitrag das Werk der wenig bekannten Schriftstellerin Erna Pinner vor, die auch als Graphikerin gearbeitet hat. Sie untersucht ihre künstlerische und ideologische Entwicklung mit Blick auf die Tiermotivik in der Zeit vor, während und nach ihrem Londoner Exil. An der Entwicklung des literarischen Werks Erna Pinners zeigt Sabaté Planes auf, dass die gängige These Exils = Bruch durchaus in Frage gestellt werden kann. Daran anschließend untersucht Francisca Roca Araño drei narrative Texte, die ebenfalls weniger bekannten Textkorpora zuzuordnen sind. Ihre Verfasser verbrachten ihr Exil zwischen 1931 und 1936 auf der Baleareninsel Mallorca, wo Karl Ottens Roman *Torquemadas Schatten*, Franz Bleis Romanfragment *Das trojanische Pferd* und Marte Brills Roman *Der Schmelztiegel* entstanden sind. Der Beitrag geht auf die unterschiedlichen narrativen Strategien ein, mit denen die fiktiven Elemente, die historischen Ereignisse und die jeweiligen Erfahrungen der Autoren verwoben werden. Carmen Gómez García richtet ihre Aufmerksamkeit auf die früheste Prosa von Peter Weiss, in erster Linie auf den Mikroroman *Der Schatten des Körpers des Kutschers*, den der Autor selbst mit Collagen illustriert hat. Gómez García geht dabei auf die Funktion der gewählten Sprache ein, die Weiss als Instrument dient, um „das Schweigen zu bewältigen, die äußeren Umstände zu durchdringen und in ein Ganzes einzufügen". Gegenstand des Beitrags von Olga Hinojosa Picón ist der autobiographisch geprägte Band

Damals, dann und danach der in Ost-Berlin geborenen Schriftstellerin Barbara Honigmann, ein Werk in dem die Autorin die Geschichte ihrer Familie rekonstruiert und sich mit ihrer jüdischen Identität auseinandersetzt. Die Bedeutung der geographischen und politischen Grenzen, die Reise durch die Kontaktzonen und die Prozesse der Anpassung und Assimilation spielen dabei eine entscheidende Rolle.

Den Abschluss des Bandes bilden zwei Betrachtungen des zeitgenössischen Dramas: Rolf Peter Janz analysiert Margareth Obexers Stück *Das Geisterschiff*, das die Flüchtlingsströme aus Afrika und dem Mittleren Osten nach Europa zum zentralen Thema hat. Trotz des Verweises auf den „Fliegenden Holländer" stellt Obexers Stück nur indirekt den Tod der im Mittelmeer zu Tausenden ertrinkenden Migranten in den Mittelpunkt, vielmehr lenkt sie die Aufmerksamkeit auf die Reaktionen von Behörden, Journalisten und Intellektuellen, die das Verhältnis der Europäer zu Flucht und Migration widerspiegeln. Janz stellt dar, wie der Text die Europäer damit konfrontiert, dass sie letztlich „die Flucht in die Verdrängung, die Flucht ins für sie komfortable, folgenlose Unbehagen" antreten. In Irina Ursachis Beitrag geht es um das Stück *Unseres* von Elfriede Jelinek. In diesem Stück greift Jelinek den realen Suizidversuch eines syrischen Flüchtlings in Wien auf und stellt dabei zahlreiche Bezüge zu den österreichischen Präsidentschaftswahlen im Jahr 2016 her. Ursachi zeigt, wie Jelinek die politische Tragödie *Die Kinder des Herakles* von Euripides als Intertext verwendet, um damit die von immer mehr Menschen geteilte Islamfeindlichkeit in Österreich anzuprangern.

Die vorliegende Publikation wäre ohne die Unterstützung durch die Forschungsprojekte der Universität Sevilla *Topografías del recuerdo. Espacio y memoria en la narrativa alemana actual* (FFI2015-68550-P) und der Universität Santiago de Compostela *ExFemLiOn: corpus on-line de autoras y textos autobiográficos digitalizados del exilio alemán* (Fem2016-8028-P) nicht möglich gewesen. Dies gilt ebenso für die Unterstützung durch die Goethe-Gesellschaft in Spanien. Allen Beteiligten sind die Herausgeberinnen zu herzlichem Dank verpflichtet.

Margarita Blanco Hölscher
Christina Jurcic

Oviedo im Oktober 2018

Leopold Federmair

Anmerkungen zur transversalen Ästhetik

1. Bei sporadischen Lektüren von akademischen Aufsätzen zur deutsch-sprachigen Gegenwartsliteratur, besonders von AutorInnen mit sogenann-tem Migrationshintergrund, ist mir aufgefallen, dass in den letzten Jahren die Vorsilbe ‚trans-‘ an Häufigkeit gewonnen hat im Verhältnis zur Vorsilbe ‚inter-‘, die sie manchmal ersetzt. ‚Trans-‘ verweist auf Bewegung, auf Dyna-mik; ‚inter-‘ auf ein Dazwischen, auf Beziehungen, die zwar nicht ohne Bewe-gung stattfinden, aber doch erstarren können, sodass sie zu Konstellationen werden. Es ist eine Frage des Akzents, der Aufmerksamkeitsrichtung, der in den Blick genommenen Aspekte. Ich selbst bin, ohne mich in meinem Tun und Lassen ständig sprachkritisch zu reflektieren (und ohne akademische Absichten), auf den Begriff der Transversalität gekommen, um bestimmten Erfahrungen des Schreibens, Lesens und Lebens Ausdruck zu verleihen. Es ist möglich, dass sich im mikrostrukturellen Paradigmenwechsel etwas vom Zeitgeist spiegelt; ja, dass es sich letztlich nur um terminologische Moden handelt. Niemand ist darüber erhaben, aber eine Aufgabe des Schriftstellers besteht darin, ein Sensorium für solche Vorgänge zu entwickeln und zur Gel-tung zu bringen.

2. Es ist *nicht* Aufgabe des Schriftstellers, Begriffe zu definieren, gegeneinan-der abzugrenzen und Begriffshierarchien zu errichten. Auf der Hand liegt, dass in der zweiten Hälfte des 20. Jahrhunderts Autoren und Werke an Zahl und Bedeutung zugenommen haben, die auf unterschiedliche Weise mit Ortswechseln, Reisen, Erfahrung des Fremden, Behauptung des Eigenen in fremder Umgebung, Berührung und Vermischung von Kulturen, Infragestel-lung von Identitäten usw. zu tun haben. Es gibt dabei freilich, wie bei anderen Phänomenen, etwa der technologisch beschleunigten Globalisierung, eine lange Vorgeschichte. Unter Germanisten war in der Zeit, als ich studierte, die Exilliteratur beliebt. Sie wurde durchforstet, ob ausreichend oder nicht, sei dahingestellt. Heute haben sich die Blickwinkel geändert, das deutschspra-chige Exil ist in historische Ferne gerückt, umgekehrt sind Autoren aus ande-ren Weltgegenden in Erscheinung getreten, die die heimische Literatursprache bereichert haben und bereichern. Bertolt Brecht, Thomas Mann, Joseph Roth haben die Sprache nicht gewechselt, aus mehreren Gründen, vor allen Dingen lag es nicht in ihrer Absicht, ein neues Zielpublikum anzusprechen,

außerdem ist ein Sprachwechsel im fortgeschrittenen Alter aufwändig, schwierig bis unmöglich. (Es gibt Beispiele wie Arthur Koestler und Stefan Heym, für die das nicht gilt. Beide sind in relativ jungen Jahren emigriert.)

Nach meinen Beobachtungen und für mein Empfinden ist das, was wir mit dem Wort ‚Migrantenliteratur' recht und schlecht benennen, dort am interessantesten, wo ein Sprachwechsel stattgefunden hat. Ein Sprachwechsel, der in den meisten Fällen eine Konfrontation des Autors mit einer neuen Kultur bedeutet, der auch dann Spuren hinterlassen wird, wenn der Schreibende in seinen Werken Erfahrungen verarbeitet, die vor diesem Einschnitt liegen. Bei weitem nicht alle Autoren mit ‚Migrationshintergrund' reihen sich in diese Kategorie, und es werden in Zukunft vielleicht weniger werden, je länger die von den Einheimischen gewünschten und geforderten Integrationsprozesse andauern. Der Boom der Migrantenliteratur ist womöglich schon vorbei. Wer sich in seiner Muttersprache ausdrückt, tut dies zumeist – oder bis zu einem gewissen Grad – auf natürliche Weise. Dasselbe gilt nicht für jemanden, der sich in einer Fremdsprache ausdrückt, sei er nun Schriftsteller oder nicht. Der Gebrauch der Fremdsprache ist für ihn a priori nicht selbstverständlich; möglicherweise kostet es ihn eine größere, eine andere Anstrengung, das, was er sagen will (und was wenigstens bis zu einem gewissen Grad von der Sprache unabhängig ist), zu sagen. Er weiß, was es heißt, jederzeit Fehler machen zu können, von der Norm abzuweichen, Regeln zu verletzen – im Guten wie im Schlechten. Freilich trifft Ähnliches auch auf den einheimischen Autor zu, der sich von der Sprache, der Umgebung, der Kultur, in der er auf natürliche Weise aufgewachsen ist, zunächst einmal distanziert, um – im Glücksfall – eine andere Sprache zu finden und zu erfinden, aber auch, um einen Blick auf Vertrautes walten zu lassen, der sich von überlieferten, oft starren Wahrnehmungssystemen abhebt. In gewisser Weise ist jeder Schriftsteller, der diese Bezeichnung verdient, exophon. Er schreibt, wie Proust einmal formulierte, in einer Fremdsprache und produziert einen ‚Gegensinn' (*contresens*), obwohl er sich seiner angestammten Sprache bedient. Aus demselben Grund verbringen viele Autoren ihr Leben als Außenseiter, im inneren Exil oder offener Dissidenz (die nicht unbedingt politisch ausgeprägt sein muss). Dass sich einheimische, muttersprachliche Autoren zu den zugewanderten, sozusagen fremden Autoren hingezogen fühlen – wenigstens auf mich trifft das zu, und ich wage dies ‚ein bisschen' zu verallgemeinern –, hat hier seine tieferen Wurzeln. Wir sind Kampfgefährten, Brüder und Schwestern im Geiste, Mitglieder einer fremdsprachlichen Suprainternationale, eines Zwischenreichs über (oder unter) den Kulturen. Ich glaube, dass viele Dichter – Lyriker, *poets, poetas, poètes* – genau deshalb so gern und so gut andere Dichter übersetzen, deren Muttersprache sie oft nicht gut beherrschen. Was sie kennen wie ihre Westentasche, sind die Ober- und Untertöne der Dichtung.

3. Auch Reiseliteratur, die in der zweiten Hälfte des 20. Jahrhunderts einen bemerkenswerten, vor allem auch qualitativen Aufschwung erlebte (Chatwin, Nooteboom, Karl-Markus Gauß, um nur drei Namen zu nennen), ist inter-kulturelle, oder besser: transkulturelle Literatur. Sie weist nicht selten Eigen-schaften ethnologischer Erkundung auf, als da wären: Staunen gegenüber dem Unbekannten, Beschreibung des Fremden im Vergleich zum Vertrauten, teilnehmende Beobachtung, und zwar auf Zeit. Ethnographen wie Hubert Fichte, Michel Leiris, Claude Lévi-Strauss waren bedeutende Erzähler. In meinem Essay *Lob der Entfremdung*, geschrieben vor bald einem Vierteljahr-hundert in einem Hotelzimmer unweit der Kathedrale der Stadt Mexiko, die aus Bausteinen eines aztekischen Tempels errichtet wurde – in diesem Essay habe ich zu erläutern versucht, inwieweit das Fremde, das zunächst Unver-standene, für die schöpferische Arbeit befruchtend wirken kann, zugleich Ausgangspunkt und Zielpunkt, den man erreicht, nachdem ein Prozess des Vertrautwerdens und der Anpassung provisorisch abgeschlossen ist. Ich habe diese Erfahrungen, die so oder ähnlich jeder aufmerksame Reisende macht, in Verbindung mit literarischen Verfremdungsverfahren gemacht, vor allem mit der abweichenden Wahrnehmung, die Viktor *Šklovskij als Merkmal des Ästhetischen benannte, und mit dem Brecht'schen* Verfremdungseffekt, dessen Ziel ebenfalls darin besteht, eingeschliffene Denk- und Wahrneh-mungsmuster aufzubrechen und dadurch neue Denkprozesse anzustoßen. Es ist vielleicht kein Zufall, daß eine deutsch-türkische Autorin, Emine Sevgi Özdamar, die politisch-erkenntnisbezogene Verfremdung Brechts, den sie als Schauspielschülerin bewunderte, und die Fremdheitserfahrungen der Emigrantin parallel beschrieb, wenngleich, wie mir scheint, ohne sich diese Parallele bewusst zu machen.

Ich selbst bin kein Reiseschriftsteller. Ich habe an verschiedenen Orten gelebt, jeweils für längere Zeit, habe mich zu den jeweiligen Sprachen und Literaturen hingezogen gefühlt, wollte sie genau verstehen und, vielleicht, durchdringen, was auf natürliche Weise dazu führte, dass ich zu übersetzen begann: ein ganz besonderes ,Trans-', *translatio, translation, traducción* usw. Bekanntlich kann man das Wort ,übersetzen' auch auf der ersten Silbe beto-nen, auf der Vorsilbe, dann ändert sich die Bedeutung ein wenig, es entsteht vor dem geistigen Auge das Bild eines Flusses und einer Brücke. Hin und her. Hin – aber auch wieder zurück. Man bringt etwas und sich selbst in

Bewegung (etwas, das heißt: Sinn). Man tauscht etwas aus und schafft eine neue Form und merkt irgendwann, daß auf Grenzen der Gemeinsamkeit stößt. Das Schaukeln, die Pendelbewegung, das ist auch jene Bewegung, die Michel de Montaigne nach dem Vorbild des Reitens für sein essayistisches Schreiben beanspruchte. Und in meinem Roman *Erinnerung an das, was wir nicht waren* gelangt der Erzähler, der ich bin, am Ende zu dem Wunsch, das Hin und Her zwischen den Welten möge andauern. Es sind, in diesem Roman, zwei so weit voneinander entfernte, diagonal zueinander positionierte, transversal zu verbindende Orte wie Argentinien, die europäisch geprägte, aber eben auch abgelegene, sich selbst überlassene, von der Vorgeschichte (vor Kolumbus!) immer noch berührte Gegend am Río de la Plata, den ich seinerzeit gern schaukelnd überquerte, eine Art Binnen-Hin-und-Her vollziehend, und Japan, wo ich anfangs gar nichts Vertrautes entdecken konnte und auch mit dem Rüstzeug des Vergleichens – Gemeinsamkeiten und Unterschiede – nicht weiterkam. Der Titel dieses Romans war lange Zeit, während ich daran arbeitete, *Analogia entis*, in Anspielung auf eine alte abendländisch-christliche Idee, die, wie ich immer noch glaube, für jedes Sprechen, besonders aber für das metaphorische und poetische, konstitutiv ist. Wir können, wenn wir etwas – Sinn! – verstehen und uns darüber austauschen wollen, dies nur tun, indem wir uns selbst erweitern, aber auch wieder zu uns zurückkehren, selbst wenn wir uns in der Zwischenzeit verändert haben. Das Subjekt, wir oder ich, im Singular oder im Plural, ist der Einzelne, es sind seine Leute, es ist seine Sprache, es sind die Menschen angesichts der Natur, der bedrohlichen wie der Schönen.

4. In jenen Ländern habe ich die Sprachen im Lauf der Zeit mehr oder weniger gut zu verstehen und zu sprechen gelernt. In Japan bin ich jedoch auf eine Barriere gestoßen, die Barriere einer Schrift, die in kurzer Zeit unmöglich zu erlernen ist, was aber Voraussetzung gewesen wäre, meiner Sehnsucht nachzugehen und, zum Beispiel, Yukio Mishima im Original zu lesen, wie ich einst Flaubert im Original gelesen hatte, obwohl mein Französisch noch sehr bescheiden war. Erst später habe ich begriffen, dass ich noch auf eine zweite Barriere gestoßen war, eine Barriere in mir selbst, die durch das fortgeschrittene Alter bedingt war, da die Lern- und Erweiterungsfähigkeit unweigerlich abnimmt, und zwar früher, als die meisten, da sie keine neuen Herausforderungen mehr annehmen, sich träumen lassen. Ich weiß mir zu helfen, *je me débrouille*, aber befriedigend ist meine Lage nicht. Ich habe eine Erfahrung des Scheiterns gemacht, die insofern wesentlich ist, als sie das radikale Scheitern des Lebens aller Individuen vorwegnimmt. Hätte ich längere Zeit, als ich

es tat, in Frankreich oder Italien gelebt, wer weiß, vielleicht hätte ich die Herausforderung angenommen und in der anderen Sprache zu schreiben begonnen – wie einst Juan Rodolfo Wilcock, der vom Spanischen ins Italienische wechselte, oder in heutiger Zeit Anne Weber vom Deutschen ins Französische (übrigens beide auch eifrige Übersetzer). Von meinen schreibenden Freunden in Deutschland, die relativ spät die Literatursprache gewechselt haben, weiß ich, dass sie sich mit dem mündlichen Ausdruck im Deutschen auch nach Jahrzehnten noch plagen. Diese Mühe und das wache Bewusstsein der Fehlbarkeit, die man in der ‚natürlichen‘ Muttersprache verdrängt, wirkt auf ihr Schreiben und kann – muss aber nicht – stilistische Eigenheiten hervorbringen, *contresens* und *contreforme*, die die deutsche Literatursprache in spezifischer Weise bereichern. Samuel Beckett ist einer der Vorläufer der translingualen, exophonen Literatur, wobei dieser Wechsel in seinem Fall auf einer völlig freien Entscheidung beruhte; nichts zwang ihn dazu, sich der französischen Literatursprache einzugliedern, nicht einmal die Aussicht auf ein zahlreicheres Publikum, das im englischen Sprachraum natürlich größer ist. Der von Beckett bewunderte Joyce verbrachte ebenfalls einen Großteil seines Lebens im Ausland (von Irland aus betrachtet). Er hat nie in einer anderen Sprache als der eigenen geschrieben – und gleichzeitig hat er in allen Sprachen geschrieben, hat äußerst heterogenes Sprach- und Denkmaterial zusammengeklittert. Bei nicht-exophonen, aber polyglotten Autoren wie ihm muss man immer damit rechnen, dass sich hinter der Erstsprache eine Zweit- und Drittsprache verbirgt, die zuweilen in den Vordergrund drängt. Trotzdem schrieb Joyce nicht über seine Beobachtungen in der Fremde, die er ja ebenfalls machte; nein, er schöpfte aus der Welt seiner Kindheit und Jugend, die ihn stärker prägte als alles, was später kam. Ich denke, es ist dies ein menschliches, sozusagen anthropologisches Attribut, dass wir die frühen Erfahrungen in der Regel nicht auslöschen können, sondern dass sie in allem durchscheinen, was wir später tun und behaupten. Auch dann, wenn wir uns rückhaltlos mit dem Anderen auseinandersetzen. „Dir selbst kannst du nicht entfliehen“, lautet ein Satz von Montaignes Zeitgenossen Justus Lipsius.

Was viele deutschstämmige Leser an den Erzählungen zugewanderter Autoren anzieht, ist eben dieses Fremde, das den Autoren selbst zumeist recht vertraut ist, also die vielen merkwürdigen Geschichten, die sie in den deutschen Sprachkontext einbringen. Ob dieses Leseverhalten einem Bedürfnis nach Exotismus geschuldet ist oder nicht – transkulturelle Autoren wie Melinda Nadj Abonji oder Nino Haratischwili tun nichts anderes als seinerzeit Joyce, sie tragen den Erfahrungsstoff der Welt ihrer Kindheit ab und spielen damit, sie verfremden, übertreiben, erfinden, aber in jedem Fall zehren sie schreibend von dem, was sie früher, fern von ihrem gegenwärtigen Kontext, waren. Mittlerweile kann man hier und da auch schon Leser- und Kritikerstimmen hören, die von den ewigen Migrantengeschichten genug haben. Auch diese Äußerungen scheinen mir nicht ganz unberechtigt zu sein. Es wäre eine arge Verkürzung, eine ganze (oder auch nur halbe) Literaturlandschaft auf eine bestimmte Konstellation des Literarischen festzulegen. Der Markt, der unweigerlich Mainstreams fördert, neigt dazu. Die transkulturellen Autoren selbst lassen sich nicht so gern festlegen, sie wollen in ihrer je eigenen Wendigkeit akzeptiert werden. Unsere lebensgeschichtlichen Prägungen sind nur eine Seite der Medaille, die man ‚Identität' nennt.

5. Transversale Beziehungen und Beziehungsgeflechte verbinden Orte in einer Biographie und auf dem Erdball, die auf den ersten Blick wenig oder nichts miteinander zu tun haben. ‚Motiviert' – das Wort kann hier nur unter Anführungszeichen stehen – sind sie durch Willkür, Zufall, Launen (wie jene Yoko Tawadas, die eines Tages in Sibirien, aus Japan kommend, den Zug Richtung Deutschland nahm), durch die Lust des Handelns an sich. Sie verfolgen keine Systematik, aber wenn sich Muster bilden, kann es sein, dass der Regisseur, der das Ich zu sein strebt, sie verstärkt oder abändert. Transversalität grenzt sich ab vom Allgemeinen, das heute oft als Globalität erscheint, deren Tendenz es ist, überall dieselben Regeln und Formen durchzusetzen, wohingegen Transversalität die Unterschiede bestehen lässt oder überhaupt erst ans Licht bringt und das Irreduzible, das in der großen Analogie nicht aufgehen kann, benennt. Transversalität ist dem Konzept der Hybridität als angestrebter Vermischung verwandt, erschöpft sich aber nicht darin, da sie das Geschiedene vielfach als solches bewahren will. Das transversale Ich bleibt in vielen Situationen auf – neugieriger oder auch kritischer – Distanz, es akzeptiert das Nebeneinander, achtet das Heterogene, betreibt behutsame Annäherung, die nicht auf Vereinigung abzielen muss. Hybridität kann zu einer Art Gleichmacherei werden. Die „kosmische Rasse", die der mexikanische Philosoph José Vasconcelos vor hundert Jahren beschwor und die bei der jungen russisch-deutschen Autorin Kat Kaufmann unter dem Namen „Gesamtrasse" auftaucht: Ich weiß nicht recht… Die Transversalität, die ich beschwöre – und nicht nur beschwöre, sondern verwirkliche –, fließt in Gefilden abseits von jeder Art von Mainstream. Sie betreibt Abweichung, immer aufs Neue. Das transversale Ich ist nie dort, wo man es erwartet. Algorithmen, diese Produktionsmaschinen des ‚Man', *können es niemals ausrechnen.*

*

Drei Nachbemerkungen:

1. Dieses Jahr (2017) wird zum letzten Mal der nach dem ersten exophonen Dichter deutscher Zunge benannte Chamisso-Preis vergeben. Wenn es zutrifft, dass Literatur mit sogenanntem Migrationshintergrund heute selbstverständlich ist, wie die offizielle Erklärung dazu lautet, der Sprach- und Kulturwechsel sozusagen nichts Besonderes mehr, dann hat der Preis, der die zugewanderten Autoren dankenswerter Weise gefördert hat, tatsächlich seine Schuldigkeit getan. Seine Einstellung wäre ein Indiz dafür, dass der Boom der Migrantenliteratur vorüber ist.

2. Eine Zeitlang wirkte der Migrationshintergrund im Literaturbetrieb und in den Massenmedien, damit aber auch bei vielen Lesern, als Bonus. Autoren wie Terézia Mora oder Sherko Fatah haben sich mehrfach dahingehend geäußert, sie wollten wegen der Qualität ihrer Werke anerkannt werden, nicht wegen ihrer Herkunft. Wie wäre es, wenn auch das professionelle Umfeld der Schreibenden sich von Neuem auf das eigentlich Ästhetische besänne? Zu welchem Abweichung, Verfremdung, Innovation wesentlich gehören...

3. Als ich vor einigen Jahren beim Bachmann-Literaturwettbewerb las, wurde von einer Jurorin in dankbarem Tonfall festgestellt, endlich könne man einmal eine interkulturelle Autorin – Olga Martynova – auszeichnen. Ihr Enthusiasmus ging an den Realitäten vorbei, denn im Jahr zuvor war mit Maja Haderlap ebenfalls eine Autorin gekürt worden, die ihre Gedichte in einer slawischen Sprache, ihre Prosa auf deutsch schreibt, wenn auch nicht als Zugewanderte, sondern von Geburt an in einer ethnisch gemischten Randzone des deutschsprachigen Gebiets lebend. Im Jahr danach war es die aus der Ukraine stammende Katja Petrowskaja, aber schon 1991 hatte Sevgi Özdamar den Preis erhalten. Angesichts solcher Betriebsblindheit kann man es nur gutheißen, wenn der Migrantenbonus gestrichen wird.

Oviedo, 7. März 2017

Marisa Siguan Boehmer

José (Francisco Agüera) Oliver

Migration, Interkulturalität und Utopie im andalusischen Schwarzwalddorf

José F. A. Oliver hat in seinen Interviews und Essays wiederholt das Haus seiner Kindheit im Schwarzwald beschrieben, wo auf zwei verschiedenen Stockwerken zwei verschiedene Sprachen bzw. Sprachvarianten gesprochen wurden, Alemannisch und Andalusisch, und wie er in ihnen, zusammen mit Standarddeutsch und -spanisch der deutschen Tages- und spanischen Abendschule aufwuchs. Er hat daraus seine eigene literarische Sprache gewonnen, die aus beidem schöpft und Wortspiele als Weltentdeckung betreibt. Im Zentrum seiner Poesie stehen laut eigener Aussage zu Anfang die Themen Identität, Heimat, auch Identität als kulturelle Identität. Figuren wie der Migrant, die Mutter und der Vater erscheinen immer wieder in seiner Dichtung; Erinnerung und Gedächtnis spielen dabei eine große Rolle. Die späteren Bände enthalten oft Reise- und Landschaftsgedichte, und der Dichter nimmt dabei die Figur des Nomaden für sich in Anspruch. Somit wird Identität zu einem Thema, das immer mehr zu einem existentiellen Nachdenken über Leben und Tod, Zeit und Vergangenheit führt.

Ich widme meinen Beitrag dem spielerischen Umgang mit Sprache und Tradition, der Olivers Themen ermöglicht und bestimmt, und der gerade durch das Aufwachsen in den verschiedenen Sprachen und dem Zusammenleben der Sprachen und Kulturen entsteht. Dafür beziehe ich mich hauptsächlich auf die Essays aus dem Band „Mein andalusisches Schwarzwalddorf" (2007) mit Berücksichtigung einzelner Gedichte aus Olivers literarischem Werk. Ich möchte darin der Thematik der kulturellen Identitätsbildung und Aspekten wie Migration, Interkulturalität, Erinnerung und Nomadentum nachgehen. Anders gesagt: ich möchte Olivers Poetik auslegen, indem ich diese Aspekte berücksichtige.

In Sprachen leben

Bei einer Lesung und einem Werkstattgespräch, wozu wir Oliver im Mai 2012 in die Universität Barcelona eingeladen hatten, sagte er, dass er sich beim Reisen zuhause fühle, weil er beim Reisen alle Schönheiten einer Sprache entdecken und sie in Poesie übertragen könne. Reisen wird also als Weltentdeckung und als Sprachentdeckung betrieben, und Sprachentdeckung als etwas, was über den konkreten und bekannten Sprachen steht, etwas, was also zuerst sinnlich, über Laute geht und dann rational und durch Erfahrung erfasst wird. Sie führt auf diesem Weg dazu, Welt zu verstehen, in der Welt zu leben. Damit wird aber auch das ‚in der Welt leben‘ zu einem ‚in Sprache leben‘.

Das ‚in Sprache leben‘ erweist sich für José Oliver, 1961 in Hausach im Schwarzwald von andalusischen Eltern geboren, erstmal aber als ein komplizierter Lernprozess. Er beschreibt ihn mit Hilfe des Raumes, in dem er aufwächst, die Stockwerke des schon erwähnten Hauses, in dem Alemannisch auf dem einen, Andalusisch auf dem anderen gesprochen wird, „ein Haus, das zwei Häuser war. Zwei Häuser, die zwei Kulturen verleibten. [...] Längst im Mehrfachen angekommen“[1], so schreibt er im Essay „wortaus wortein“. Dazu kommen die Hochsprachen, die in der Schule gelernt und gesprochen werden, und die Kulturen, die hinter ihnen stehen. Indem Olivers Vater dazu beitrug, dass in Hausach für die Kinder der 30 spanischen Familien eine Nachmittagsschule auf Spanisch organisiert wurde, trug er ohne es zu wissen dazu bei, die Bedingungen für einen realen Bilinguismus der Kinder zu schaffen, so wie er heutzutage von der Psycholinguistik gutgeheißen wird. Sprachen können von klein auf kompetent erlernt werden, wenn sie in all ihren Sprachregistern parallel gelernt werden, sodass sie als komplette Kommunikationsinstrumente parat stehen und nicht hilflos vermischt werden, sodass der Sprecher wählen kann, in welcher Situation er welche Sprache spricht (oder schreibt). Das ermöglicht ein bewusstes Spielen mit den Sprachen, auch ein spielerisches Vermischen als Akt der Souveränität, der Schöpfung. Dem jungen José Oliver stehen somit verschiedene gut gelernte Sprachsysteme zur Verfügung, die seinen Blick auf die Welt bestimmen. Sie bestimmen auch sein Wissen um die Welt. Er erzählt, wie unterschiedlich die Geschichte aussah, je nachdem, ob sie in den deutschen oder in den spanischen Lehrbüchern aus der Francozeit erlernt wurde: So musste er sich zum Beispiel fragen, ob die großen Conquistadores eigentlich Helden oder Kriminelle waren.

Mit den Sprachen ergaben sich ähnlich unterschiedliche Perspektiven. Man kann die Anfänge des Sprachexperimentierens, dem José Oliver in

---

1 José F. A. Oliver. „wortaus, wortein“. *Mein andalusisches Schwarzwalddorf.* Frankfurt a. M.: Suhrkamp, 2007. S. 17-31, hier S. 18.

seinen Gedichten nachgeht, mit dieser Erfahrung der Verschiedenheit der Sprachen in Verbindung setzen. Humorvoll erklärt Oliver wie die Tatsache, dass der Mond weiblich und männlich sein konnte, oder dass sein Großvater in Málaga ‚el mar' sagte, wenn er wenig gefischt hatte, und ‚la mar' wenn der Fang reichlich gewesen war, hingegen im Schwarzwald vom dort nicht existierenden ‚das Meer' gesprochen wurde, ihn sehr bald dazu gebracht hat, dem Arrikel zu misstrauen. Es hat ihn auch dazu geführt, in übersetzendem Sprachspiel, die *Mondin* und die *Meerin* zu schaffen: „Entwurf ins Spiel um die Bedeutungen: Wortes Körper und Wortes Seele"[2]. So entsteht auch letzten Endes eine Figur wie die *Mannmondin*. In dem Gedicht „13 Saiten, die meine Verse stimmen", das Oliver als eigene Poetik gerne vorliest, ist sie – die *Mannmondin* – der 10. Grund seines Schreibens:

Ich schreibe, weil die Mannmondin ein Bündel war, aus Reisig, Brüsten, Beichten, ein Vermächtnis Scham und Sonntagsbrache, die geheiligte Furcht der Verbotsgebote ins Jetzt, ins Fernere der Schuld.[3]

Man kann die *Mannmondin* als deutsche Zusammenfassung der Diversität von Deutsch und Spanisch sehen, als wörtliche Übersetzung von ‚der Mond' und ‚la luna' in einem Wort, könnte man sagen. Die Neuschöpfung wird damit zur Metapher für das Zusammenkommen einer ganzen Traditionswelt der Erotik und der religiösen Verbote, der Religion als Unterdrückung, der Scham und Schuldgefühle: die *Mannmondin* führt letzten Endes die Symbolwelt von García Lorcas ‚luna' ins Deutsche ein über die Erinnerung Olivers an die Sonntage der Kindheit im Schwarzwald.

Schreiben wird mit Worte-Aufstöbern gleichgesetzt, der Schreibende selber aber wird von vertrauten Buchstaben gejagt. „Heute suche ich wie morgen schon nach meinen Sprachen"[4], heißt es in „wortaus wortein". Diese Suche wird positiv und als Identitätsbildung angesehen: „ich, Wortmensch Erde, will Sprachen wie Gastgeber Freunde"[5], heißt es ebenfalls in „wortaus wortein".

---

2 Ebd. S. 19.
3 José F. A. Oliver. *fernlautmetz*. Suhrkamp: Frankfurt a. M., 2000. S. 112.
4 Vgl. Oliver. Schwarzwalddorf (wie Anm. 1). S. 18.
5 Ebd. S. 19.

Schreiben und Bewegung: in der Zeit, im Raum

Den von Descartes abgeleiteten Satz einer finnischen Schriftstellerin „I write, therefore I am" schreibt er über Lautähnlichkeiten um in: „I write before I am, Ich schreibe, bevor ich bin". Damit wird auf die zeitliche Dimension der Ich-Konstruktion durch Schreiben verwiesen, auf Vergangenheit, Erinnerung und Tradition und auch auf Zukunft: „Mitgeschrieben, so wollte es aus mir lesen, werde ich immer auch von der Zeit in mir und bin gleichzeitig doch erst nach dem, was mir Schreiben wird"[6].

Schreiben verortet sich in einer Bewegung, die von der Zeit getragen wird und in der das Ich gleichzeitig aktiv und passiv ist. Es wird von der Zeit getragen und von den Worten, von der Wortsuche gejagt. Von Worten, deren Artikel man misstrauen kann, die aber einen Rhytmus haben, Worte die im Ohr klingen. Erinnerung und Tradition gehen zusammen, wenn Oliver sich erinnert, wie sein Vater beim Fensterputzen Lorcas Lieder sang, auch seine Mutter sang sie. Für ihn liegt diese Musikalität im Ursprung seines Schreibens. Zugleich werden die Worte und die Laute durch das Schreiben sichtbar. Er erinnert sich daran, wie die Lehrerin in Hausach, die den Kindern das Schreiben beibringen sollte, eine Katze in die Klasse brachte und sie mit einem Wollknäuel spielen ließ: Die Kinder sollten die vom Wollfaden gebildeten Figuren nachzeichnen, Kringel, aus denen die ersten ‚os' und ‚es' wurden, die ersten Vokale. Hören und sehen gehen dabei zusammen, und die Bildlichkeit der Worte hat viel mit ihrer konkreten Beschaffenheit zu tun, lautlich und graphisch. So erzählt Oliver auch, dass ihm bei seinem Finnlandaufenthalt als Gast des Goethe-Instituts die finnischen Worte mit den vielen Vokalen und ‚els' die Spiele dieser Katze präsent machten und dadurch die fremde Sprache sofort etwas evozierte, was sich wiederum in die eigene Sprache übertragen ließ. Die fünfte der „13 Saiten", die seine Verse stimmen, lässt sich deshalb ganz wörtlich lesen und interpretieren:

> 5. Ich schreibe, weil ich mit den Dorfkatzen Buchstaben spielte und auf der Bretterbühne unseres Klassenzimmers fingertanzend am „o" und „e" die ersten Vokale umkreiste, Garnrolle um Wollknäuel, die ich ins Alphabet auffädelte.[7]

Hören, sehen, spielen, bewegen: diese Aspekte gehören zum Schreiben und zur neuen Sprache, die Oliver für sich sucht und die aus der spanischen und

---

6 „Dichtung und Nachhall". Vgl. Oliver. Schwarzwalddorf (wie Anm. 1). S. 40-65, hier S. 56.

7 Vgl. Oliver. fernlautmetz (wie Anm. 3). S. 111

deutschen Tradition der – klassischen, avantgardistischen, experimentel-
len – Moderne schöpft, um eigen zu sein. Dabei ist zu bemerken, dass die
spanische Tradition der Avantgarde, der Oliver sehr verbunden ist, die Dichter der Generation von 1927 und unter ihnen Federico García Lorca und
Rafael Alberti den traditionellen Formen der spanischen Volkslyrik in der
Tradition des Barock sehr verbunden ist. Die spanische Avantgarde bewertet
die traditionellen Formen der Poesie wie die Romanzen, *canciones, seguiri-
yas,* usw. in Zusammenhang mit den Ideen der ‚poesie pure‘, mit dem Vorhaben, der Sprache eine neue Bedeutung zu geben, die wieder zu den Dingen
zurückführen soll, also aus einer auf eigene Art sprachkritischen Haltung.
Dieses ist sowohl für García Lorcas wie für Albertis frühe Werke bestim-
mend. Dass García Lorca gesungen wird, dass seine Lieder Flamenco Rhyth-
men haben, gehört zu den frühesten Erfahrungen Olivers. Sie werden ihm
in seinem Elternhaus vermittelt und gehen zusammen mit der Familiengeschichte, mit der Migration der Eltern, mit dem elterlichen ‚Nichtankom-
men‘ in der neuen Sprache. Und sie bestimmen auch sein Suchen nach einer
eigenen neuen Sprache, sein ‚Ankommen‘ das eigentlich nie endet, weil seine
Identitätskonstruktion durch Schreiben geschieht und Schreiben ein unend-
licher Prozess ist. In *fernlautmetz* zitiert Oliver Octavio Paz:

> Gedichte sind stets unfertige und niemals zu vollendende verbale Objekte. Es
> gibt nichts, was sich definitive Version nennen könnte: Jedes Gedicht ist der
> Entwurf eines anderen, das wir niemals schreiben werden.[8]

Das nie zu Ende geschriebene Gedicht in der vergehenden Zeit, der Dichter
geographisch und zwischen den Sprachen in Bewegung. Auch Octavio Paz
hat sein Leben in Bewegung und Migration gelebt. Oliver identifiziert sich
mit ihm und mit weiteren lateinamerikanischen Autoren, die dieses Schicksal teilen:

> *nehmt mich mit*
> *Sepúlveda Cortázar Octavio Paz*
> *in die lauteren töne leise fragen*
> *will gastling sein*
> *atemzug windbuchstabe*
> *[...] so nah so nah so nah*
> *So nah am fluchtexil* [9]

---

8 Ebd. S. 108.
9 José F. A. Oliver. „nördlicher Gesang an Freunde". *Gastling*, Berlin: Das Arabi-
  sche Buch, 1993, S. 18.

Das Gedicht trägt den Titel „nördlicher Gesang an Freunde". Er steht in einem frühen Gedichtband von Oliver, der das Neuwort *Gastling* als Titel trägt und 1993 veröffentlicht wurde. *Gastling* verweist auf den angeblichen Gast, der in dem dubiosen Kompositum *Gastarbeiter* steckt, und auf das Suffix *-ling*, das zum Beispiel auch in *Fremdling* oder *Flüchtling* steckt. Indem Oliver diese beiden Worte und Konzepte verbindet, entsteht eine Position, die auf der Erfahrung des Fremdseins beharrt und damit auch auf die der Mobilität, und die sowohl Schmerz wie Bewegung und Gefahr, Fluchtexil, für sich in Anspruch nimmt.

Denn das Nomadentum, das Oliver für sich in Anspruch nimmt, ist zeitlich an erster Stelle durch die Migrationserfahrung des Vaters bedingt, somit durch die Erinnerung an ihn und an seine durch Hunger und Misere des Francospaniens aufgezwungene Emigration. Die Rede, die Oliver anlässlich des 40. Jahrestages der Ankunft des einmillionsten Gastarbeiters in Köln-Deutz hält ist unter dem Titel: „Wir, autobiographisch unterwegs von Deutschland nach Deutschland" im *andalusischen Schwarzwalddorf* abgedruckt und geht von einem Foto aus, in dem dieser Arbeiter, Armando Rodrigues de Sá, mit Blumenstrauß und Moped beschenkt, verlegen lächelnd abgebildet ist. Darin spricht Oliver über seinen eigenen Vater, über die Haltung des Ankommenden, das verlegene Lächeln dessen, der nicht auffallen will oder doch auffallen will ohne aufzufallen. Derjenige, der im Süden in einen Zug nach Norden eingestiegen war, um irgendwo in der Ferne auszusteigen. „Irgendwie und irgendwo. An einem Ort, den auch er irgendwie nur vom Hörensagen kannte. Ein *Irgendort*, der vielleicht *Zukunft* heißen würde"[10], schreibt Oliver. Die Haltung entspricht einem Leben „auf Zehenspitzen", in dem die eigene Kultur nur nach Feierabend oder an Wochenenden weitergesprochen, weitergelebt, weitergesungen werde.[11]

Für die Kinder der Migranten im Schwarzwald, also für den jungen Oliver, bedeutet diese Wochenendkultur an Sonntagen die praktische Lederhose durch eine spanische Festagskleidung zu vertauschen, gewaschen, gestriegelt und mit *Heno de Pravia* parfümiert zu werden (das gibt es noch, und wahrscheinlich hassen es alle spanischen Kinder) und besonders sichtbar zu werden als Fremder. Während der Woche konnte er in seiner Lederhose wie ein schwarzwälder Bub herumtollen, aber auch mit Lederhose zeigt sich seine Besonderheit in der Sprache, die er sich aneignet:

10　„Wir, autobiographisch unterwegs von Deutschland nach Deutschland". Vgl. Oliver. Schwarzwalddorf (wie Anm. 1). S. 89-113, hier S. 101.

11　Ebd. S. 104.

Losgelassen auf eine Sprache, die nach Erde roch, Tote vergessen machte und die uns – das wurde mir viel später erst klar – eigentlich ablehnte. Ablehnen musste. Deutsch und doch nicht deutsch. Spanisch und doch nicht spanisch. In Bewegung: Ich. Dazwischen: Bewusstes
Ein Kenner der heimischen Spielregeln, der zusehends außerhalb stand, je tiefer er in das Spiel hineinrutschte, die Regeln beherrschte, um sie heute noch zu durchbrechen[12]

Sprache und Perspektiven

Um die Regeln zu durchbrechen muss man sie beherrschen. Aus diesem beherrschten Durchbrechen erwächst sowohl Olivers eigene poetische Sprache wie seine Positionierung im Außen, in der Bewegung. Dieses Außenstehen geschieht sprachlich durch die parallele Wahrnehumg zweier Sprachen und lässt Oliver, so schreibt er,

die Dinge und ihre Verhältnisse ständig aus verschiedenen Perspektiven erleben. Augenblicke im Vergehenden in zwei Sprachen. Zuweilen bleiben Fetzen, die das Ganze nur erahnen. Dafür jedoch das Zerbrechliche herstellen.[13]

So kann ein Gedicht wie folgendes mit dem Titel „wassersprache" entstehen:

wassersprache

la mar machte
kindsmäuler lachen

el mar war
schambleiche Trauer
der Väter

dem meermann
die meerin[14]

Die Bewegung, das Reisen, das auch ein Reisen in Sprache ist, wird bei Oliver einer Zugreise gleichgesetzt. Damit aber gerät es in den Kontext der Zugreise

---

12 „wortaus wortein". Vgl. Oliver. Schwarzwalddorf (wie Anm. 1). S. 26-27.
13 Ebd. S. 54.
14 Ebd. S. 55.

seines Vaters, der Zugreisen nach Andalusien in den Sommerferien, die konnotiert und im Hintergrund stehen.

Manchmal kann ein einzelnes Gedicht die Welt erklären.
bisweilen genügt es, ein Buch, das vor einem liegt, an einer unerwarteten Stelle
einfach nur aufzuschlagen und in ihm für eine kurze Zeit innezuhalten. Vielleicht gar für die Verweildauer eines Gedankens oder einer Gefühlsregung
in dieser oder jener Verszeile einzukehren, einem Wort nachzublicken oder
einem unverhofften Bild die Sinne zu leihen, um anschliessend in Sprache
weiterzureisen. Wie in einem ersehnten Zug, in den man irgendwann doch
immer wieder einsteigt, ohne ein bestimmtes Ziel vor Augen. Ein Zug den
man irgendwo ebenso wieder verlässt, wenn man glaubt, angekommen zu sein.
Mehr ist nicht zu sagen als dieses: *„I /gegengleis im Kopf /überallhin. Heuer die
vogelperspektive“.* Davon das Unbestimmte
so stelle ich mir Vaters Ankunft vor 1 Zug 1 W:*erden* 1 Verwaisen [15]

Überallhin und *Vogelperspektive*, kursiv gesetzt und damit hervorgehoben,
deuten auf die Situation desjenigen, der die vorangegangenen Überlegungen
anstellt, sie sind Möglichkeiten des Nomadentums, sie deuten auf eine sou-
veräne Perspektive aus der Luft auf das Unbestimmte. Aus dieser Perspektive
wird die Ankunft des Vaters vorgestellt: Sie beschreibt ein Werden das mit
Erden zusammengeht, aber in Verwaisung mündet.
    Auch Erinnerung wird in den Zusammenhang dieser Reisen gestellt:
„Erinnerungen sind Reisende. Zeitpilger ohne Wiederkehr auf Wanderbüh-
nen, die Bahnhöfe erzählen. Ankunft und Abschied“[16]. Diese Sätze stehen
in dem Text, den Oliver im *Andalusischen Schwarzwalddorf* seinem Vater
widmet. Der Titel lautet „In jedem Fluß mündet ein Meer“. Er verweist auf
eins der schönsten Klagelieder auf einen Vater der spanischen Literatur: die
„Coplas a la muerte de su padre“ des Renaissancedichters Jorge Manrique. In
ihnen wird das Leben einem Fluss gleichgesetzt, der im Tod als Meer mündet: „nuestras vidas son los ríos que van a dar en la mar, que es el morir“. Oliver setzt seinen Text damit in die Tradition der hohen Literatur, weist seinen
Text als Klagelied aus und gibt ihm aber auch einen neuen Sinn: Indem das
Meer jetzt im Fluss mündet, mündet der Tod in jedem Leben, ist ihm eingeschrieben. Und der im Leben eingeschriebene Tod, der in das Leben mündet,
ist eine weitere der „13 Saiten“ die Olivers Verse stimmen:

---

15 Ebd. S. 17.
16 „In jedem Fluß mündet ein Meer“. Vgl. Oliver. Schwarzwalddorf (wie Anm. 1).
    S. 32-39, hier S. 32.

9. Ich schreibe, weil in meine Handteller das spanische M von Muerte hautge-
meißelt wurde, eigenhäutig Todin, die mir in jede Liebkosung Leben leibt, seit
ich ihre flüchtigen Entwürfe kenne. [17]

Auch er, der Tod, divergiert in beiden Sprachen, ist Tod und *Todin* zugleich.

Sprache und Tod, Sprache und Erinnerung

Der Tod wird aber nicht nur als individuelles Geschick im Leben beschrieben, es gibt auch den gewaltsamen Tod, den Mord, und dieser ist sowohl
in der nahen spanischen wie in der nahen deutschen Geschichte omniprä-
sent – wie auch die Gewalt, die ihn verursacht. Bei der Rede über Antonio
Rodrigues de Sá nimmt Oliver explizit Bezug auf die neonazi-rassistischen
Attentate und Morde der neunziger Jahre, auf den Ausländerhass. Und in
seiner Bewunderung für García Lorca steht auch das Bewusstsein von dessen
Ermordung, der er einige Gedichte widmet. So schreibt er ein Erzählgedicht
über seine drei letzten Tage: „Federico García Lorca, 16-19 August"[18], und
ein weiteres, das die Stille in Fuente Vaqueros nach seinem Tod zum Thema
hat: „lautlos-/stille" [19]: nach Lorcas Tod verstummt die Poesie.

Im gleichen Kontext steht ein Gedicht über Portbou, ein Ort in dem
spanische und deutsche Gewaltgeschichte im Tod Walter Benjamins zusam-
menfallen. Portbou ist der Ort, wo die besiegten spanischen Republikaner
über die Grenze zogen, ins Exil und in die französischen Lager, und der Ort,
wo Benjamin in der Gegenrichtung auf der Flucht den Tod fand. García
Lorca, Portbou und Benjamin werden in *fernlautmetz* aufeinanderfolgende
Gedichte gewidmet. Dabei steht Portbou für Erinnerung an Morde, die sich
später wiederholt haben und wird vom Präsens des Gedichts aus zu einem
Symbolort:

enthülllung
ist stellungskrieg derjenigen
die rehabilitieren
die morde fremdselbst
zum rauhen menschen-
klima gebracht

---

17 Vgl. Oliver. fernlautmetz (wie Anm. 3). S. 112.
18 Ebd. S. 45.
19 Ebd. S. 47.

Portbou z. B.
– wie sie auch uns schikanierten Jahre später –
angezählt entleibung zum bei spiel [...][20]

„Dichtung und Nachhall. Eine Skizze ins Übersetzen", eines der Essays im *andalusischen Schwarzwalddorf*, zeigt auf eine sehr schöne Weise, wie Übersetzung Nachdichtung ist und wie dabei eigene Gedichte entstehen. Es zeigt also den Prozess des Schreibens als Leseprozess. Ausgangspunkt sind zwei Gedichte von Lorca, „El silencio" und „El grito". Oliver kontextualisiert sie über seine eigenen Erinnerungen, Gefühle und Vorstellungen, er schreibt selber ein Prosagedicht das seinen Lesevorgang schildert und das ins Andalusien seiner Eltern führt, in den Hunger, in den Bürgerkrieg, in Auffassungen von ‚silencio' als ‚Stille' oder als ‚sich Stillen' ins Schweigen und von ‚grito' als ‚Schrei' oder als ‚Klageruf'.[21] Das wiederum führt zu poetischen Überlegungen in beiden Sprachen, die von der Erinnerung an den Großvater getragen werden, an ‚el mar' und ‚la mar', und die das weiter oben zitierte Gedicht „wassersprache" ermöglichen. Auch in diesem Text gibt es Überlegungen zu Zeit und Bewegung. Oliver kommt über die Erfahrung des finnischen Winters zu einem Begriff von Stille:

> Vom Olivdunkel her, in die imaginierten Netze jenseits des Hungers mündend, entsteht in Finnland ein erstes Notat auf der Suche nach der Universalität der Stille, die an diesem Trauerrand verströmt. [22]

Am Schluss steht die Übersetzung Lorcas; der Weg zu ihr hat eigene Gedichte erbracht im Lesen, im Denken und Erleben. Und hat die Einsicht gebracht, dass Lorcas ‚Ay!', das ‚Ay!' des Flamenco, nicht zu übersetzen ist: Es entspricht weder Hölderlins ‚Weh mir!', noch Friederike Mayröckers ‚Ach!'; es ist Sich-Singen und Gesungenwerden, es bedeutet „Gem:einsamkeit", und Olivers Schreibweise markiert im Wort die Einsamkeit in der Gemeinsamkeit. So wird das ‚Ay!' in die deutsche Sprache übertragen.[23]

---

20 Ebd. S. 20.
21 „Dichtung und Nachhall". Vgl. Oliver. Schwarzwalddorf (wie Anm. 3). S. 50.
22 Ebd. S. 61.
23 Ebd. Siehe die Übersetzung auf S. 60.

Sprachanalyse

Akribisch-poetische Sprachanalyse steckt hinter Olivers Neologismen und hinter der Graphie, die er für bestimmte Worte nutzt: so *Gem:einsamkeit*, oder *bew:orten*, wo im Akt des Worte- Gebens, ein Schaffensakt, der Ort markiert wird, also der Raum. Dieses *Bew:orten* wird über einem weiteren Neologismus realisiert, nämlich über *gedankenfühlen*: Denken geht ins Fühlen über, wird sinnlich. Sprache wird sinnlich aufgefasst über Hören und Sehen, auch bei nicht verstandenen Sprachen. „Über das Vertraute der Blick ins Fremde, um dadurch fragender oder gar fremd zu werden im Vertrauten"[24]. Es gibt bei Oliver auch *Fühlgedanken,* die von Wünschen beseelt werden können: So zum Beispiel vom Wunsch, „dass Zusammenleben machbar sei"[25].

Schreiben hat für Oliver immer mit Denken zu tun; sein Sprachexperimentieren ist im Grunde Sprachanalyse, die aus dem Bewusstsein des Plurilinguismus hervorgeht; sie fungiert als Weltanalyse und als Leben in der Welt, auch als ‚Lebenswissen', um einen Terminus von Ottmar Ette zu gebrauchen. In seiner Sprachanalyse und Experimentierlust steht er Autoren wie Friederike Mayröcker nahe, die er sehr schätzt und der er öfter Gedichte gewidmet hat.[26] Auch Paul Celan gehört zu den Dichtern, die er hoch schätzt und dem er Gedichte als Homage widmet. Beiden ist Sprachreduktion, Sprachanalyse, Sprachexperimentieren eigen. Die Autoren, die Oliver für sich in Anspruch nimmt, die ihm lieb sind, teilen Migration und Flucht, Verfolgung, Sprachanalyse, einige unter seinen Zeitgenosse auch das Leben in verschiedenen Sprachen wie Gino Chiellinno, Dante Andrea Franzetti, Ricardo Bader oder Gerhard Kofler.[27] Oliver schreibt auf Deutsch und veröffentlicht in Deutschland, nimmt so für sich auch die deutsche Tradition in Anspruch.

Jeder gute Dichter bereichert die Sprache, in der er schreibt, und zu sagen, die Sprache sei seine Heimat, ist fast schon zu einem Topos geworden, weil der Satz aus sehr unterschiedlichen Positionen gesagt worden ist. Er gilt wie

---

24 Ebd. S. 56.

25 „Wir, autobiographisch unterwegs...". Vgl. Oliver. Schwarzwalddorf (wie Anm. 3). S. 89.

26 So in *Gastling*, in *fernlautmetz*, in *finnischer wintervorrat.*

27 Zu den Autoren, die für Oliver wichtig sind siehe: Maria Eugenia de la Torre: *Vor der Tür bleiben müssen, An der Schwelle bleiben wollen: Identität und Bilingualismus im Werk von Emine Sevgi Özdamar, Joko Tawada und José F. A. Oliver.* Dissertation an der Universitat de Barcelona, 2011.

eine universelle Tatsache für die Sprache überhaupt, aber er wurde auch aus
der dramatischen Situation des Exils vieler Schriftsteller in fremdsprachigen
Ländern benutzt. Olivers Sprache bereichert die deutsche mit spanischer
Tradition und schafft damit eine ganz eigene, für die er öfter Glossare in seinen Büchern anbietet. Damit geht er aber auch der deutschen Sprache unter
die Haut, könnte man sagen, und öffnet die Augen für Bedeutungen. Heimat
wurde schon in seinem frühen Werk matt, und in seinem frühen Werk hat er
sich auch gegen einen festen Identitätsbegriff gesperrt: beide sind an keinen
festen Ort gebunden und bleiben aus der Erfahrung der Migration heraus
fraglich. Im Gedicht „Woher" heißt es:

Identitätskrise
Sagt man
Der „2 Generation" nach

Identitätskrise

Wie kann man
Von einer Krise sprechen

Wenn es niemals
Eine
Identität
Gegeben hat[28]

Behausung und Nomadentum in der Sprache (utopische Elemente als Möglichkeitsdenken)

Im *andalusischen Schwarzwalddorf* findet Oliver im Text „Hausach" eine
Position, die beide Termini, Identität und Heimat, umkreist:

> Ich hingegen fühle mich einfach nur behaust und uferkämmend in diesem
> grünen Meer, das nach Wald und Dämmerfeuchte riecht. Nach Luft, die Luft-
> schmeckt, und nach Gedanken, die Gefühle münden; die zur Besinnung kom-
> mend, weiterreisen und ein MEHR sich ergründen, an Identitäten. Beileibe
> nicht Verlust.[29]

---

28 Über Grenzen. Berichte, Erzählungen, Gedichte von Ausländern. Hg. Karl Essel-
    born, mit einem Vorwort von Irmgard Ackermann. München: dtv, 1987. S. 170.
29 Vgl. Oliver. Schwarzwalddorf (wie Anm. 1). S. 10-11.

Behausung statt Heimat, an einem Ort wo das Meer ein grünes Waldmeer ist, dessen Ufer von ihm gekämmt werden können. Gedanken, die zu Gefühlen werden und weiterreisen: Das sind die Bilder, die Oliver an verschiedenen Stellen benutzt hat, um sein Schreiben zu erklären. Behausung und Schreiben gehen zusammen, Meer wird zu Mehr indem es beide Meere umfasst, Identitäten sind plural. Weder Andalusien noch Deutschland sind konkrete Orte der Identifikation, sondern der konkrete Raum im Schwarzwald, der mit Andalusien in Symbiose steht, ganz wörtlich das andalusische Schwarzwalddorf, von Oliver über Sprache erschaffen, auf Utopisches verweisend. In diesem Sinne ist Sprache mehr Behausung als Heimat, und Schreiben ein Schreiben mit und gegen die Sprache, ein leidenschaftliches Schreiben, ein Leben im Schreiben. Und das geographische Nomadentum geht zusammen mit dem Nomadentum zwischen den Sprachen, der seinen Wortschöpfungen eigen ist.

Herta Müller erzählt in einem Essay mit dem schönen Titel „In jeder Sprache sitzen andere Augen", wie in dem Deutsch, das sie schreibt, das Rumänische präsent ist, wie sich daraus Bilder ihrer Metaphernwelt ergeben. Und sie meint, und dafür zitiert sie Jorge Semprún, spanisch aufgewachsen und im französischen Exil französisch schreibend, dass nicht eine konkrete Sprache Heimat sei, sondern das, was in ihr gesagt werde. Oliver würde wohl von Behausung sprechen.

Oliver benutzt im *andalusischen Schwarzwalddorf* auch das Alemannische und schreibt über die Fastnacht in Hausach. Über den Dialekt hat er auch in letzter Zeit wiederholt geschrieben. Bei den Essays zur Fastnacht geht es um alles andere als um Folklore: An der Fastnacht fasziniert Oliver – und auch das ist bezeichnend – das Subversive, das Lachen, die Begeisterung, der Freiheitstrieb: „Das Verlangen, ein anderer zu sein, ohne sich selbst in allem preiszugeben"[30]. Fasent erscheint damit geradezu als Bakhtinische Lachkultur, darin das Spiel mit Identitäten. In Olivers Schriften über den Dialekt wird darin die Möglichkeit hervorgehoben, über den Tellerrand zu schauen, anstatt sich auf das Gesicherte, Normierte zurückzuziehen.[31] Dialekt hat also auch sozusagen subversiven Charakter: er ermöglicht einen anderen Blick auf die Welt, betreibt Welterkundung.

---

30 „Maskenfiebrig eigen oder die gemeinsame Lust am Spättle". Vgl. Oliver. Schwarzwalddorf (wie Anm. 1). S. 73-79, hier S. 79.

31 José F. A. Oliver. „D Homiat isch au d Sproch: Heimat, einmal anders gesehen". *Schwäbische Heimat: Zeitschrift für Regionalgeschichte, württembergische Landeskultur, Naturschutz und Denkmalpflege* 63 (2012): S. 133-139.

Insofern kehrt Olivers geographisches und sprachliches Nomadentum stets in sein kleines Dorf im Schwarwald zurück und geht von ihm aus, verbindet Nomadentum mit Verankerung, Behausung mit Bewegung, schafft Identität über Identitäten. Wie bei allen guten Dichtern sperrt sich sein Werk gegen Klassifizierungen und schafft eine eigene Welt. Das Konzept ,Literatur ohne festen Wohnsitz'[32] könnte ihm nahe kommen, stößt sich aber an der Behausung im Schwarzwald oder an eine Verortung in der klar wäre, was ,eigen' und was ,fremd' ist, an Olivers affirmativen Identifikation zu Hausach als Waldmeer. Vielleicht dann eher der Begriff der Internationalisierung der Literatur, den Dieter Lamping geprägt hat. Und ein Begriff von Nomadentum, der sich nicht nur auf die Geographie bezieht, sondern auch auf ein Wandern zwischen den Sprachen, oder über den Sprachen als Konstruktionsprinzip einer eigenen Welt. Aber vielleicht kann man auf den Interpreten ein Gedicht von Oliver selber beziehen, aus dem 2010 erschienenen Gedichtband *fahrtenschreiber* – und damit schließe ich:

Notzeiler

[kopf & fühlen
nur 1 ariadnefaden als halt]

weg, wege[33]

---

32 Vgl. dazu Ottmar Ette. *ZwischenWeltenSchreiben. Literaturen ohne festen Wohnsitz*. Berlin: Kadmos, 2005.

33 José F. A. Oliver. *fahrtenschreiber*. Frankfurt a. M.: Suhrkamp, 2010. S. 49.

Axel Dunker   *Chronotopos ?*

Osterweiterung?

AutorInnen aus Osteuropa und die deutschsprachige Gegenwartsliteratur

Zu den bemerkenswertesten Phänomenen der deutschsprachigen Gegenwartsliteratur der letzten Jahre gehört der starke Anstieg von Autorinnen und Autoren osteuropäischer Herkunft, die in Deutschland, Österreich oder der Schweiz leben und ihre Texte in deutscher Sprache schreiben und publizieren. Irmgard Ackermann gibt 2008 eine bereits 15 Druckseiten umfassende bio-bibliograpische Auflistung von auf Deutsch schreibenden AutorInnen ost- und südosteuropäischer Herkunft.[1] In den noch nicht einmal zehn Jahren danach sind zahlreiche, z. T. sehr erfolgreiche und mit wichtigen Preisen prämierte AutorInnen dazugekommen: Olga Grjasnowa, Anna Seghers-Preis 2012; Nino Haratischwili, Anna Seghers-Preis 2015; Kat Kaufmann, Aspekte-Literaturpreis 2015; Olga Martynova, Ingeborg Bachmann-Preis 2012; Melinda Nadj Abonji, Deutscher und Schweizer Buchpreis 2010; Matthias Nawrat, Förderpreis zum Bremer Literaturpreis 2016; Katja Petrowskaja, Ingeborg-Bachmann-Preis 2013; Julya Rabinowich, Rauriser Literaturpreis 2009; Nellja Veremej, Förderpreis zum Adelbert von Chamisso-Preis 2014 u. a. m. Gerade was den Chamisso-Preis und den Förderpreis zum Chamisso-Preis angeht, könnte man eine große Anzahl weiterer Autorinnen und Autoren aufzählen. Andere, wie Saša Stanišić oder Terézia Mora, sind gerade in letzter Zeit mit weiteren sehr wichtigen Preisen ausgezeichnet worden, zuletzt Mora, die mit Preisen geradezu überhäuft wird: Bremer Literaturpreis, Preis der Literaturhäuser, Solothurner Literaturpreis. Nicht zuletzt darauf ist es wohl auch zurückzuführen, dass die Robert Bosch-Stiftung die Förderung des Adelbert von Chamisso-Preises einstellt, mit der Begründung, dieser sei nicht mehr nötig, weil die betreffende Literatur mittlerweile im Mainstream angekommen sei. Mit ihren Erfolgen haben die AutorInnen osteuropäischer Herkunft nicht nur quantitativ, sondern auch qualitativ den

---

1 Irmgard Ackermann. „Die Osterweiterung in der deutschsprachigen ‚Migrantenliteratur' vor und nach der Wende". *Eine Sprache – viele Horizonte... Die Osterweiterung der deutschsprachigen Literatur. Porträts einer neuen europäischen Generation.* Hg. Michaela Bürger-Koftis. Wien: Praesens, 2008. S. 23-38.

ProtagonistInnen etwa der deutsch-türkischen Literatur, an der die Kategorien der interkulturellen Germanistik und der sogenannten Migrationsliteratur zu großen Teilen entwickelt worden sind, längst den Rang abgelaufen. Daraus ergibt sich auch die Frage, ob diese Kategorien für die Literatur mit osteuropäischem Hintergrund überhaupt einschlägig sind oder ob sie nicht wenigstens modifiziert werden müssen.

Dabei ist natürlich auch die Kategorie ‚Osteuropa' sehr vage, unterstellt sie doch eine Zugehörigkeit, welche Vielfalt und Komplexität des Phänomens unter dem unscharfen Label ‚Osteuropa' subsummiert und damit sicher auch vereinfacht. Politisch-historisch bezieht sich der Begriff auf den ehemaligen ‚Ostblock', d.h. auf die frühere Sowjetunion und deren Einflussgebiete. Dass der Terminus ein heuristisches Konzept der Forschung darstellt, zeigt etwa das Programm der ‚Forschungsstelle Osteuropa' (FSO) an der Universität Bremen. Unter den politischen Vorzeichen des Kalten Krieges 1982 gegründet, versteht sie sich „heute als ein Ort, an dem der Ostblock und seine Gesellschaften mit ihrer spezifischen Kultur aufgearbeitet sowie die gegenwärtige Entwicklung in der post-sowjetischen Region analysiert werden"[2]. Die von der Forschungsstelle in Zusammenarbeit mit der Deutschen Gesellschaft für Osteuropakunde herausgegebenen Länderanalysen umfassen Russland, Polen, die Ukraine, Belarus, den Kaukasus und Zentralasien. Wenn man unter ‚Ostblock' den Einflussbereich der früheren Sowjetunion versteht, ließe sich dieser Raum noch nord-östlich um die baltischen Staaten sowie südöstlich um die Länder des ehemaligen Jugoslawien, Ungarn, Rumänien und Bulgarien ergänzen. Offenkundig handelt es sich dabei weder sprachlich noch kulturell um eine auch nur annähernd homogene Einheit. Christa Ebert nennt unter Bezug auf den Historiker Manfred Hildermeier (2006) Osteuropa einen „Diskursraum"[3], der sich aus der Fremd- und Selbstwahrnehmung gegenüber ‚Europa' konstituiert[4], wodurch doch wieder eine gewisse Homogenität hergestellt wird.

---

2 Vgl. zum Programm der Forschungsstelle: http://www.forschungsstelle.uni-bremen.de/de/2/20110606110855/Die_Forschungsstelle.html (aufgerufen am 17.7.2018).

3 Christa Ebert. *Literatur in Osteuropa. Russland und Polen*. Berlin: de Gruyter, 2010. S. 14.

4 In ähnlicher Weise spricht Stefan Troebst in seinem Beitrag „Osten sind immer die Anderen!" von ‚Mitteleuropa' als ein „exklusionistisches Konzept" (vgl. http://www.bpb.de/geschichte/zeitgeschichte/deutschlandarchiv/132980/osten-sind-immer-die-anderen; aufgerufen am 17.7.2019).

Gleichwohl scheint die vage Bezeichnung ‚AutorIn osteuropäischer Herkunft‘ ein wahrnehmbares Phänomen des Literaturbetriebs zu erfassen,
sodass die literaturwissenschaftliche Forschung bereits die Frage einer möglichen „Osterweiterung der deutschsprachigen Literatur"[5] bzw. eines „eastern
turn"[6] gestellt hat.

Aber was könnte das für die deutschsprachige Gegenwartsliteratur bedeuten? Wächst ihr hier in inter- oder transkultureller Perspektive etwas zu, was
man für die französischsprachige Literatur als Frankophonie bezeichnet
oder was für die englischsprachige einmal Commonwealth Literature hieß?
Hier fallen natürlich sofort die gravierenden Unterschiede ins Auge – Frankophonie und Commonwealth Literature haben oder hatten etwas mit den
ehemaligen Kolonialreichen Frankreichs und Großbritanniens zu tun. Für
die deutschsprachige Literatur macht das in Bezug auf Osteuropa keinen
Sinn, auch wenn es natürlich den nationalsozialistischen Eroberungs- und
Kolonisierungsdrang Richtung Osten gegeben hat[7], auf den durchaus Bezug
genommen wird in der einschlägigen Literatur. Außerdem leben franko-
phone oder auf Englisch schreibende Autoren wenigstens z. T. auch in Afrika
oder Indien, aber wohl nur sehr wenige auf Deutsch schreibende in St. Petersburg, Sarajevo oder Prag. Damit ist für die deutschsprachige Literatur mit
osteuropäischem Hintergrund, egal ob sie nun in Deutschland, Österreich
oder der Schweiz entsteht, von vornherein eine Migrationsbewegung ihrer
AutorInnen und fast immer auch ein Sprachwechsel einbeschrieben. Die
in Sibirien geborene Olga Martynova, die (in Frankfurt a. M. lebend) ihre
Prosa und ihre Essays auf Deutsch und ihre Lyrik auf Russisch schreibt, weist
vor diesem Hintergrund auf ein mögliches Klassifikationsschema hin:

– Autoren, die in ihre neue Sprachumgebung als Kleinkinder mitgebracht
wurden und ihre neue Sprache besser können als ihre vermeintliche Muttersprache.
– Autoren, die als Heranwachsende gekommen sind und eine bessere Vorstellung von ihrem ‚Migrationshintergrund‘ haben als die ersten.

---

5   Michaela Bürger-Koftis (Hg.). *Eine Sprache – viele Horizonte... Die Osterweiterung der deutschsprachigen Literatur. Porträts einer neuen europäischen Generation.* Wien: Praesens, 2008.
6   Renata Cornejo/Sławomir Piontek/Isabela Sellmer/Sandra Vlasta. „Vorwort".
Hg. dsb. *Wie viele Sprachen spricht die Literatur? Deutschsprachige Gegenwartsliteratur aus Mittel- und Osteuropa.* Wien: Praesens, 2014. S. 7-12, hier S. 7.
7   Vgl. dazu Kristin Leigh Kopp. *Germany's Wild East. Constructing Poland as Colo-
nial Space.* Ann Arbor: University of Michigan Press, 2012.

– Autoren, die als junge Erwachsene und als Autoren in ihrer ‚ersten Sprache‘
ihre zweite sprachliche und kulturelle Sozialisation erlebt haben.
– Autoren, die seit ihrer Geburt von mehreren Sprachen umgeben sind und
eine davon (oder mehrere) wählen.[8]

Martynova selbst fällt noch einmal in eine andere Kategorie, ist sie doch die
wahrscheinlich einzige auf Deutsch schreibende Autorin, die schon eine eta-
blierte Autorin war, als ihr erster Roman auf Deutsch erschien – ihr erster
Band mit Gedichten auf Russisch wurde bereits 1989 publiziert.[9]

Damit kommt eine biographische Perspektive in die Betrachtung von Literatur hinein, von der natürlich zu fragen bleibt, ob sie nicht doch der Literatur
immer äußerlich bleibt, obwohl man bei der Thematisierung von Inter- und
Transkulturalität wohl nie ganz an einer solchen Dimension vorbeikommt.

Martynova weist sofort im Anschluss darauf hin, dies sei ein weltweit
einheitliches Phänomen: „Schriftseller [*sic!*] aus den Außenbereichen der
jeweils aktuellen sprachlichen Metropole"[10]. Bezieht man das auf die uns
hier interessierende Literatur, würde der deutsche Sprachraum zur Metropole und der osteuropäische Hintergrund zur Peripherie – ein nicht nur aus
osteuropäischer Sicht wohl eher etwas beunruhigender Gedanke.

Man könnte umgekehrt auch die Frage stellen: was bringen diese AutorInnen mit? Die beim Suhrkamp Verlag für die Literatur Osteuropas zustän-
dige Lektorin Katharina Raabe antwortet auf die Frage, was die Literatur
dieser Region auszeichnet: „Geschichtslast und Geschichtenfülle. Formbewusstsein, Ironie, poetische Intensität als Antwort auf die Unsicherheit des
Lebens. In Russland und in den Ländern, die zwischen der Sowjetunion und
dem Westen eingekeilt waren, arbeiten sich die Autoren an vielem zugleich
ab: an der rasanten Transformation, an den Traumata der Diktatur." Gleichzeitig stellt sie den Begriff der osteuropäischen Literatur generell in Frage:
„Sie existiert nicht, es gibt nur die siebzehn Sprachen, die unbekannten Traditionen und ein paar Gestalten, die plötzlich einer großen ‚kleinen Literatur‘ ans Licht verhelfen"[11].

---

8   Olga Martynova. „(Gescheiterter) Versuch, Ornithologe zu sein". *Neue Rund-
    schau* 126 (2015), H. 1: S. 79-87, hier S. 80.

9   Vgl. Natasha Gordinsky. „Time Configurations: Olga Martynovas's Novel
    ‚Sogar Papageien überleben uns‘". *Gegenwartsliteratur* 14 (2015): S. 243-264,
    hier S. 243.

10 Vgl. Martynova. Versuch (wie Anm. 8). S. 80.

11 Sandra Kegel. „Die osteuropäische Literatur existiert nicht. Siebzehn Sprachen,
    unbekannte Traditionen, die plötzlich einer großen „kleinen" Literatur ans

Vielleicht ist es tatsächlich nicht zuletzt diese Geschichtenfülle, die auch die deutschsprachige Literatur von AutorInnen osteuropäischer Herkunft beim Publikum so beliebt macht. Denkt man an einige der erfolgreichsten Werke, etwa Saša Stanisić' *Der Soldat, der das Grammofon repariert* oder Nino Haratischwilis *Das Achte Leben. Für Brilka,* so finden wir genau diese, in Verbindung mit einer Erfahrungsfülle, von der es immer wieder heißt, sie gehe der an den entsprechenden Instituten in Leipzig oder Hildesheim geschulten deutschsprachigen Gegenwartsliteratur ab (wobei Stanisić selbst in Leipzig studiert hat). Das lässt sich auch als Anspruch formulieren – noch einmal Olga Martynova: „Es wird axiomatisch angenommen, dass die ,Migrantenautoren' ihre (mit Vorliebe) traumatische Erfahrung mitbringen und weite und fremde Welt erklären oder wenigstens zeigen"[12]. Martynova macht deutlich, dass sich dies auch als Zumutung verstehen lässt bzw. dass das für die Literatur entscheidende Kriterium nicht die Erfahrung ist, die man gemacht oder nicht gemacht hat, sondern zentral ist eine andere Frage: „[W]elche Wandlungen *erfahren* sie auf ihrem Weg vom Kopf zum Papier (eine andere, verdeckte Art Erfahrung)?"[13]

Ich möchte nun im Folgenden an einem exemplarischen Beispiel zu zeigen versuchen, wie eine solche ,Osterweiterung' konkret aussehen kann. Es handelt sich dabei um den ersten, 2010 im österreichischen Droschl Verlag erschienenen Roman *Sogar Papageien überleben uns* der späteren Bachmann-Preisträgerin Olga Martynova.

Erzählt wird darin in 88 kurzen Abschnitten die Geschichte der Russin Marina und ihres deutschen Freundes Andreas. Beide hatten vor 20 Jahren, vor dem Zusammenbruch der Sowjetunion, als Andreas in Leningrad Russisch studierte, eine Liebesbeziehung miteinander. Jetzt (2006) kommt Marina aus der Stadt, die inzwischen Petersburg heißt, nach Deutschland, um auf einem Kongress einen Vortrag über den russischen Avantgarde-Schriftsteller Daniil Charms zu halten. Über jedem der kurzen Kapitel findet sich eine Zeitleiste mit Jahreszahlen, die vom 5. Jahrhundert v. Chr. bis zum Jahr 2006 reichen. Die für den jeweiligen Abschnitt relevanten Jahreszahlen

---

Licht verhelfen: Die Lektorin Katharina Raabe spricht über die Schriftsteller Osteuropas, ihre Lage und ihre Übersetzer". *Frankfurter Allgemeine Zeitung.* 27.6.2015. (http://www.faz.net/aktuell/feuilleton/buecher/themen/katharina-raabe-ueber-die-schriftsteller-osteuropas-13670215.html; aufgerufen am 17.7.2018)

12 Vgl. Martynova. Versuch (wie Anm. 8). S. 83.
13 Ebd.

sind durch Fettdruck hervorgehoben. Oft sind das mehrere Zahlen, die darauf hinweisen, dass mehrere Zeiten in eine Beziehung zueinander gesetzt werden. Es ergibt sich somit ein diachroner Bezug, was bereits einen Unterschied zu der Mehrzahl an literarischen Texten ausmacht, die sich mit dem Phänomen Interkulturalität auseinandersetzen, was sich in den literaturwissenschaftlichen Untersuchungen dazu dann meistens wiederholt. 2016 hat eine Tagung an der Universität Luxemburg mit dem sprechenden Titel „Diachrone Interkulturalität" festgestellt, die literaturwissenschaftliche Interkulturalitätsforschung sei ganz überwiegend „gegenwartszentriert" und die „Notwendigkeit einer Historisierung" hervorgehoben, die zur notwendigen „Komplexitätssteigerung eines häufig zu undifferenziert gedachten Interkulturalitätsbegriffs" beitragen könne.[14] Viele Beispiele der Bücher von AutorInnen aus Osteuropa machen auf diese „historische[n] Konstruktionsbedingungen kultureller Alterität"[15] von sich aus aufmerksam. Für den Roman *Sogar Papageien überleben uns* gilt dies in besonderem Maße.

Das erste Kapitel des Romans ruft die Jahre 1973 und 2006 auf. Ein Ich erinnert sich daran, wie es als Kind von einer Frau, die als „Zeitflussweib"[16] mythisiert wird, durch einen Bergbach ans andere Ufer getragen wird. Um was für einen Bergbach es sich hier konkret handelt, bleibt – auch für das Ich selbst – undeutlich. Der Neologismus ‚Zeitflussweib' verbindet einen räumlichen Begriff (Fluss) mit einem zeitlichen, die Überquerung des Baches liegt für die Erzählerin in einer nicht zugänglichen Vergangenheit, zu der ein Übergang nicht möglich ist. Der Roman geht dann über in die Beschreibung der Ankunft der Ich-Erzählerin Marina in Deutschland im Jahr 2006. Am Flughafen wird die Zoll-Kontrolle passiert, nicht ohne die bei solchen Anlässen wohl allgegenwärtig gewordene Terrorangst aufzurufen. Mit dem Zug geht es dann an Weinbergen entlang, deren „Weinstockreihen wie die Zeilen einer Schrift"[17] aussehen. Der Umstieg in die S-Bahn mit ihrer Bewegung durch den Raum geht über in die Evokation der „stillen Zeiten der endenden sowjetischen Epoche"[18]: „In der Fensterscheibe der deutschen

---

14 http://wwwde.uni.lu/recherche/flshase/identites_politiques_societes_
    espaces_ipse/research_instituts/institut_fuer_deutsche_sprache_literatur_
    und_fuer_interkulturalitaet/news_events/tagung_diachrone_interkulturali-
    taet (aufgerufen am 10.2.2017).
15 Ebd.
16 Olga Martynova. *Sogar Papageien überleben uns*. Roman. München: btb, 2012.
    S. 7.
17 Ebd. S. 12.
18 Ebd.

S-Bahn sehe ich eine schmale gewundene Treppe in einem alten Haus in Leningrad"[19], was wiederum die Überquerung eines anderen Flusses heraufruft, der zugefrorenen Newa. In der Silvesternacht 1986/87 war sie mit Andreas, den sie russisch Andrjuscha nennt, zu einer Feier jenseits der Newa, die durch Leningrad/Petersburg fließt, eingeladen. „In der Mitte des Flusses kam es uns entgegen, das Neue Jahr"[20]. Die Überschreitung der Grenze am Flughafen ruft die (gefährliche – ist die Newa wirklich richtig zugefroren?) Überquerung einer anderen räumlichen Trennungslinie auf, die wiederum mit der Überschreitung einer Zeitgrenze in der Silvesternacht verbunden ist. Das erscheint hier zunächst als völlig harmlos, Andreas holt aus seinem Rucksack anlassgemäß eine Flasche Champagner hervor, was aber wiederum das Vorhandensein einer – jetzt politischen – Grenze aufruft: „[D]ie Flasche war dreimal so teuer wie meine neue Daunenjacke, die freilich sehr schick aussah, da sie aus dem Westen kam"[21]. Ein Fluss, der mit dem Anklang an den Anfang des Romans den Zeitfluss konnotiert, und eine mehrfache zeitliche Grenze – zwischen den Jahren 1986 und 1987, in der Erinnerung vor allem aber zwischen der Zeit vor dem Ende der Sowjetunion mit der Trennung von Westen und Osten und der danach. „‚Zum Raum wird hier die Zeit', sagte ich, nachdem wir in der Mitte des Flusses auf das Neujahr getrunken hatten. Ich wusste, dass Andreas nichts mit Wagner anfangen kann[22] und ich ihm mit dieser Zeile vulgär vorkam. ‚Stimmt', sagt Andrjuscha, ‚trinken wir auf Bachtin und seinen Chronotop!'"[23] In einem viel weitergehenden Sinne zum Chronotopos im Sinne Bachtins[24] wird die Newa dann im Fortgang des Romans.

Marina ist in Deutschland, um auf einem Kongress den russischen Dichter Daniil Charms vorzustellen, Mitglied der Oberiu-Gruppe (Katharina Raabes „unbekannte Traditionen"), „Vereinigung der Realen Kunst", der „letzte[n] Avantgardegruppe der russischen Kunst vor 1934"[25], die dem

19 Ebd. S. 15.
20 Ebd.
21 Ebd.
22 In Wagners ‚Bühnenweihfestspiel' *Parsifal* sagt Gurnemanz diesen Satz zu Parsifal – „Du siehst, mein Sohn, / zum Raum wird hier die Zeit." (Richard Wagner. *Die Musikdramen.* München: dtv, 1978. S. 834.)
23 Vgl. Martynova. Papageien (wie Anm. 16). S. 19.
24 Vgl. Michail Bachtin. *Chronotopos.* Aus dem Russischen von Michael Dewey. Mit einem Nachwort von Michael C. Frank und Kirsten Mahlke. Frankfurt a. M.: Suhrkamp, 2008.
25 Peter Urban. „Oberiu, Vereinigung der Realen Kunst. Editorische Vorbemerkung". *Schreibheft* Nr. 39 (1992): S. 16-18, hier S. 16.

Dadaismus und dem russischen Futurismus nahestand und „eine eigene Literatur des Absurden"[26] begründete; ein weiteres wichtiges Mitglied war Aleksandr Vvendenskij. Charms starb am 2. Februar 1942 in Leningrad, er verhungerte in der von den Deutschen belagerten Stadt. 1931 war er unter dem Verdacht „der Organisation und Beteiligung an einer antisowjetischen illegalen Vereinigung von Literaten" verhaftet worden.[27] Im Roman wird erzählt, wie Marina Malitsch, Charms' Frau, ihn im Leningrader Gefängnis aufsucht:

> Sie ging zum Gefängnis, um Charms ein Päckchen zu übergeben, ein bisschen Brot, das bedeutete im belagerten Leningrad, sie brachte ihm ihre eigene Ration und war selbst nah am Verhungern. Sie hatte die eingefrorene Newa zu überqueren, die Sonne strahlte, die Schneehaufen glänzten, die deutschen Flieger surrten das Lied der Zeit, die hier zum Raum geworden war. Sie kam an zwei Jungen vorbei, sie baten um Essen, dann fielen sie vor Schwäche um, sie ging weiter. Als sie ihr Ziel erreicht hatte, erfuhr sie, dass Charms gestorben war.[28]

Auch diese Konstellation, „die Jahre des NKVD-Terrors" und die „Blockade Leningrads durch Hitlers Wehrmacht"[29], bei der ca. eine Million Menschen verhungert sind, unter ihnen der im Gefängnis sitzende Dichter Daniil Charms, steht hinter der interkulturellen Begegnung zwischen Andreas und Marina.

Später erzählt ein Marina „unbekannter deutscher Autor",

> er wolle ein Buch über die Belagerung Leningrads schreiben, weil sein Vater dabeigewesen und mit vielen Wunden zurückgekehrt sei: „Hierzulande weiß niemand Bescheid über diese Belagerung. In Russland auch nicht, weil es in Russland verboten war, darüber zu sprechen." „Nein", sagte ich, „das stimmt nicht." „Doch", sagte er, „ich habe das in der Zeitung gelesen." Ich wusste nicht, wie ich darauf reagieren sollte. Seit ich denken kann, hörte ich von der Belagerung, der Blockade.[30]

Tatsächlich ist die Belagerung Leningrads, die sich in diesem Jahr zum 75. Mal gejährt hat, mit ihrer immensen Zahl an Todesopfern in Deutschland

---

26 Ebd. S. 17.
27 http://www.umsu.de/charms/texte/lebwe.htm (aufgerufen am 14.2.2017).
28 Vgl. Martynova. Papageien (wie Anm. 16). S. 37.
29 Vgl. Urban. Oberiu (wie Anm. 25). S. 18.
30 Ebd. S. 126.

bis heute kaum ein Thema.[31] Die deutschsprachige Literatur mit osteuropäischem Hintergrund führt es in den literarischen Diskurs ein, es bestimmt
den interkulturellen deutsch-russischen Diskurs mit, jedenfalls aus russi-
scher Sicht, was aus deutscher Sicht dann ebenfalls nicht wahrgenommen
wird. „Aber auch Andrjuschas Mutter sagte mir, als ich am Neujahrstag bei
ihr zum Essen war, jedes Jahr muss sie in dieser Nacht an die Bombardierun-
gen denken"[32]. Für die deutsche Seite hängen die Jahre 1941-1945 und 2006
auf eine andere Weise zusammen, das Silvesterfeuerwerk ruft für die Mutter Andreas' – der hier in seiner russischen Variante (Andrjuscha) benannt
wird – „die amerikanischen Bomben" auf. „Oder waren das schon russische
Kanonen?"[33] Und das ist keine Frage, die nur eine bald verschwundene
Generation betrifft.

> Als ich geboren wurde, lag zwischen mir und dem Zweiten Weltkrieg ein Vier-
> teljahrhundert. Dieser Krieg [...] war für mich als Kind fast so fern wie die
> Napoleonkriege, die Punischen Kriege oder der Spanische Erbfolgekrieg. [...]
> Heute ist mir der Zweite Weltkrieg, der im Sumpf der Geschichtsschreibung
> immer tiefer versinkt, viel gegenwärtiger als damals. Mein Vater ist tot, Andr-
> juschas Vater ist tot, ich sehe, wie die Nachwelt die Geschichte umschreibt.
> Vor einem Jahr hörte ich Radio im Frühstücksraum eines Dresdener Hotels.
> Das war am 22. Juni, am Jahrestag des deutschen Angriffs auf Russland. Der
> Sprecher sagte, die Russen beharrten immer noch darauf, dass ihr Land an die-
> sem Tag von Deutschland angegriffen worden sei. [...] Ich sagte Andreas: „Die
> Sieger schreiben die Geschichte. Doch die Geschichte Russlands schreiben die
> Besiegten."[34]

Diese Variation von Walter Benjamins berühmten Diktum, dass die
Geschichte immer die Geschichte der Sieger ist[35], verdeutlicht die geschichts-
politische Relevanz auch für die Gegenwart. Nach Heinrich August Winkler lässt sich Geschichtspolitik als „Kampf um das richtige Gedächtnis" und

---

31 Vgl. dazu Jörg Ganzenmüller. „Nebenkriegsschauplatz der Erinnerung: Die Blo-
    ckade Leningrads im Gedächtnis der Deutschen". *Osteuropa* 61 (2011): S. 7-22.
32 Vgl. Martynova. Papageien (wie Anm. 16). S. 38.
33 Ebd.
34 Ebd. S. 136f.
35 „Die jeweils Herrschenden sind aber die Erben aller, die je gesiegt haben. Die
    Einfühlung in den Sieger kommt demnach den jeweils Herrschenden allemal
    zugute." (Walter Benjamin. „Über den Begriff der Geschichte". Dsb. *Gesammelte
    Schriften*. Hg. Rolf Tiedemann/Wolfgang Schweppenhäuser. Frankfurt a. M.:
    Suhrkamp, 1991, Bd. I/2. S. 691-704, hier S. 696.)

„Inanspruchnahme von Geschichte für Gegenwartszwecke"[36] definieren. Genau damit, mit einer ‚politics of memory', haben wir es hier zu tun, was einmal mehr die Diachronie betont. Mit Jan und Aleida Assmann könnte man sagen, dass Martynova hier etwas aus dem russischen ‚kommunikativen Gedächtnis' in das deutsche ‚kulturelle Gedächtnis' überführt bzw. wieder einführt.

Vor dem Untergang der Sowjetunion gab es in russischen Familien, so erzählt Marina, *„Dinge von früher"*[37], d.h. von vor der Oktoberrevolution, und *„Dinge aus dem anderen Leben"*[38], das sind Dinge aus dem Westen, wie eine „längst ausgetrunkene Flasche Gin", eine „Modezeitschrift, sagen wir *Vogue"*[39] oder Marinas schon erwähnte Daunenjacke. Auch diese Gegenstände der materiellen Kultur haben interkulturelle Bedeutung. Vor allem an den ‚Dingen von früher' hängt aber Vergangenheit. Zu ihnen gehört:

> Eine indigoblaue Rokoko-Vase. In der Mitte der Vase ein Medaillon: Drei Frauen sitzen vor einer Rosenhecke, der Stoff ihrer Kleider [...] fällt in lockeren Falten über die gespreizten Knie. Ihre Pose ist lässig und erhaben zugleich. Vor dieser Vase in der Wohnung meiner Schulfreundin Lisa hatte ich Zeit genug, diese faszinierende Haltung zu üben, es gelang nicht.[40]

30 Seiten später, in einem Abschnitt, der mit dem Satz „Der Todesvogel breitete damals seine Schwingen über beide Seiten der Newa"[41] beginnt – da haben wir den Chronotopos wieder –, wird diesem Ding von früher seine Unschuld genommen. „Die Urgroßeltern meiner Schulfreundin Lisa wurden vom Dienstmädchen und ihrem Liebhaber, einem revolutionären Matrosen, in einer jener Nächte [der Oktoberrevolution von 1917] ermordet"[42] und ausgeplündert. Zurück blieb nur „viel Blut", „Lisas schlafende Großmutter" und „die indigoblaue Rokoko-Vase mit dem Bild von drei sitzenden Frauen vor einem Rosenbusch"[43].

---

36 Heinrich August Winkler. „Einleitung". Hg. Dsb. *Griff nach der Deutungsmacht. Geschichte der Geschichtspolitik in Deutschland*. Göttingen: Wallstein, 2004. S. 1-13, hier S. 11f.
37 Vgl. Martynova. Papageien (wie Anm. 16). S. 13.
38 Ebd. S. 15.
39 Ebd. S. 16.
40 Ebd. S. 13f.
41 Ebd. S. 44.
42 Ebd.
43 Ebd. S. 45.

Diese Zusammenhänge mögen als Demonstration der inneren Vernetzung von Olga Martynovas Roman genügen, die sich noch an zahlreichen weiteren Details zeigen ließe. Man kann diese Vernetzung lesen als Simulation eines in sich verschlungenen Gedächtnisses, eines individuellen wie eines kollektiven, was einmal mehr die These unterstützt, dass zumindest Teile der deutschsprachigen Literatur osteuropäischer AutorInnen der interkulturellen Literatur eine diachrone Zeitdimension einschreiben.

Hinzu kommt der Aufruf anderer, eben osteuropäischer Traditionslinien[44], was die Frage aufruft, ob wir als Germanistinnen und Germanisten eigentlich überhaupt noch (allein) dafür zuständig sind.

Zur Szene, die die zugefrorene Newa als (interkulturellen) Chronotopos aufruft und begründet, gehören weitere Elemente, die in diese Richtung weisen. Als sich Marina und Andrjuscha in der Silvesternacht auf das Eis der Newa wagen und ihnen das Neue Jahr entgegenkommt, heißt es: „Ich fühlte mich wie ein Luftballon, hohl und mit dunklem leichten Edelgas gefüllt, gewichtlos vor Angst"[45]. Was hier zunächst wie ein kontextloser Vergleich wirkt („Ich fühlte mich wie ein Luftballon"), wird im weiteren Verlauf des Textes mit dem Autor verknüpft, für den sich Marina in Deutschland aufhält, Daniil Charms. Ein auf 2006 datiertes Kapitel mit der Überschrift „Beschleuniger der Zeit" beginnt folgendermaßen:

Vor dem Haus gehen Studentinnen des Haussohnes, der Kunstgeschichte lehrt, mit Sektgläsern (die Gläser haben Gänsehaut) langsam hin und her. Wir schließen uns der Gesellschaft an. Noch ziemlich aufgeregt und zugleich ermattet, wie ich immer nach einem Vortrag bin, ertappe ich mich dabei, ein Gesellschaftsspiel vorzuschlagen. Das Spiel – *Beschleuniger der Zeit* – hat Daniil Charms erfunden: Man nimmt seinem Neffen einen mit Edelgas gefüllten Luftballon weg, der einen Teil seines Gases schon verloren hat, schon schlapp geworden ist, schon nicht mehr nach oben strebt, sondern in der Luft steht und eine gewisse Neigung zum Niedersinken aufweist. Man stellt sich vor, das sei eine hölzerne Kugel. Man ist ruhig, man liest, trinkt Tee, schaut aus dem Fenster, telefoniert – und all das innerhalb dieser einzelnen Sekunde, die diese hölzerne Kugel nach unten bringt (die sie nach unten gebracht hätte, wäre sie tatsächlich aus Holz), dieser dank des Charms'schen Drehs ausgedehnten Sekunde. So badet man in der Zeit, bekommt tausendfach mehr von dieser kostbaren Substanz. Nur würde ich das Spiel *Verlangsamer der Zeit* nennen.[46]

---

44 Für die Bezüge zu Ossip Mandelstam vgl. Gordinsky. Time Configurations (wie Anm. 9). S. 254-256.
45 Vgl. Martynova. Papageien (wie Anm. 16). S. 15.
46 Ebd. S. 79.

Als 1991 die Sowjetunion untergeht – Marina plant gerade ihre erste
Deutschlandreise – wird das so beschrieben:

> Nur über den Plätzen Leningrads (nicht lange mehr, zwei Wochen später
> waren sie bereits zu Plätzen Petersburgs geworden) hingen unsichtbare, aber
> spürbare Ballons, die mit der Begeisterung der siegenden Massen gefüllt
> waren, aber einen Teil ihrer Füllung bereits verloren hatten und nicht mehr
> nach oben strebten, sondern, schon etwas schlapp, in der Luft standen und
> eine gewisse Neigung zum Sinkflug aufwiesen ————[47]

Verständlich ist das nur, wenn man die Verbindung zu Charms herstellen
kann. Beschleunigt oder verlangsamt sich hier die Zeit? Die Szene mit den
schlapp gewordenen Luftballons wiederholt sich, als Marina 2002 mit Andreas ein Wochenende in Rom verbringt: „Als wir endlich auf dem Petersplatz
waren, war schon alles vorbei, die Menge ging auseinander, nur unsichtbare,
aber spürbare Ballons hingen in der Luft, mit Begeisterung gefüllt"[48] usw.
wie oben. „Andreas war sauer und ich sagte ihm, was ich von Massenbegeis-
terung halte"[49].

Diese interkulturelle Zusammenführung von Raum und Zeit (hier auch
von Petersburg und Petersplatz) auf Textebene kulminiert kurz vor Schluss
des Romans in einem auf 1941-1942 und 2006 datierten Kapitel mit der
Überschrift „Ich habe Angst vor den Geheimnissen der Zeit" in dem es weiter heißt: „Es wandelt niemand ungestraft unter dem trockenen Regen des
Stundenglases"[50] – natürlich ist das eine Anspielung auf eine der interkulturell einschlägigen Stellen aus Goethes *Wahlverwandtschaften* („Es wandelt
niemand ungestraft unter Palmen, und die Gesinnungen ändern sich gewiß
in einem Lande wo Elephanten[51] und Tiger zu Hause sind"[52], schreibt dort
Ottilie in ihr Tagebuch; in Martynovas Roman nimmt zuvor eine der

---

47 Ebd. S. 159.
48 Vgl. Martynova. Papageien (wie Anm. 16). S. 163.
49 Ebd.
50 Ebd. S. 190.
51 Untergründig wird hier das Kapitel „Russland ist die Heimat der Elefanten!"
    (Ebd. S. 44) aufgerufen, in dem davon erzählt wird, wie 1714 der erste Elefant
    aus Persien nach Petersburg gekommen ist.
52 Im Abschnitt „Aus Ottiliens Tagebuch" im 7. Kapitel des 2. Teils (Johann
    Wolfgang Goethe. „Wahlverwandtschaften". *Sämtliche Werke nach Epochen sei-
    nes Schaffens*. Münchner Ausgabe. Hg. Karl Richter u. a. Bd. 9. Hg. Christoph
    Siegrist u. a. München: btb, 2006. S. 457).

russischen Figuren des Romans die *Wahlverwandtschaften* als Reiselektüre
mit nach Deutschland, „er wollte in Deutschland etwas Deutsches lesen"[53].
Im Text geht es weiter:

> und die Gesinnungen ändern sich gewiss, wenn ein Stundenglas von innen
> gesehen wird, die Sandkörnchen, die Gänsehaut der Zeit [was über die Gänse-
> haut wiederum einen Bezug herstellt zu den Sektgläsern und dem Champag-
> ner auf der zugefrorenen Newa, A. D.] ... Es wandelt niemand ungestraft und
> die Gesinnungen ändern sich gewiss ... Wwedenskij und Charms haben diese
> Kribbelbläschen der Zeit aus der Nähe gesehen; sie waren dabei, die Geheim-
> nisse der Zeit zu lüften. Beinahe haben sie es geschafft, aber dann wurden sie
> von den vereinigten Kräften von Hitler & Stalin vernichtet: Charms, der kurz
> nach dem Kriegsausbruch vom sowjetischen Geheimdienst verhaftet wurde,
> verhungerte im Gefängnisspital, einer der Millionen Hungertoten in Lenin-
> grad während der deutschen Belagerung; Wwedenskij wurde in Charkow kurz
> vor dem Anmarsch der deutschen Truppen als unzuverlässiges Element gefan-
> gengenommen und auf dem Häftlingstransport erschossen. Als er im Schnee
> lag, weil er vor Schwäche nicht weiter gehen konnte, hatte er vor dem Gewehr-
> lauf nur diese eine Sekunde, die er als die einzig existierende entdeckt hatte:
> „Denn bevor die neue Sekunde dazu kommt, wird die alte verschwinden. Das
> könnte man so darstellen:
> Ø Ø Ø Ø Ø
> Ø Ø Ø Ø O
> Nur sollten die Nullen nicht durchgestrichen werden, sondern wegradiert."[54]

Das Letzte ist ein Zitat aus Aleksandr Vvedenskijs „Grauem Heft", das hier
an die Seite von Ottilies Tagebuch in den *Wahlverwandtschaften* tritt, zusammengeführt werden Goethe und die russische Avantgarde-Tradition in den
Personen von Charms und Vvedenskij.

Olga Martynova betreibt in ihrem Roman eine solche Verlangsamung
der Zeit, die den vergessenen historischen Untergrund der interkulturellen
Begegnung zwischen Russen und Deutschen oder verallgemeinert zwischen
Osteuropäern und Deutschen aufruft.

Zu diesem Untergrund gehört auch der Antisemitismus, den es in beiden totalitären Systemen gegeben hat. „Der jüngere Bruder meines Vaters",
erzählt Marina, „wurde von den Deutschen zusammen mit den Juden
deportiert, sein zartes Falkengesicht fiel ihnen als unslawisch, also jüdisch

---

53 Vgl. Martynova. Papageien (wie Anm. 16). S. 142.
54 Ebd. S. 190f. Vgl. Aleksandr Vvedenskij. „Das Graue Heft". *Schreibheft* Nr. 39
    (1992): S. 26-33, hier S. 32.

auf"[55]. Noch in den 80er Jahren halten sowjetische Funktionäre jemandem, der eine Amerikanerin geheiratet hat, vor, diese sei „nicht nur eine Kapitalistin und potenzielle Spionin [...], sie ist auch Jüdin"[56].

Doch dieses Thema spielt in *Sogar Papageien überleben uns* nur eine untergeordnete Rolle, auch wenn der Holocaust[57] durchaus präsent ist. Ein viel wichtigeres Element ist es natürlich bei AutorInnen, bei denen zu ihrem osteuropäischen ein jüdischer Hintergrund und damit noch ein weiterer ein Diaspora-Aspekt hinzukommt. Das gilt für den 1966 in Leningrad geborenen und heute in Österreich lebenden Vladimir Vertlib, wie für die 1970 bzw. 1986 in Kiew geborenen Katja Petrowskaja und Dmitrij Kapitelman. Im Debütroman *Der Russe ist einer, der Birken liebt* (2012) der 1984 in Baku in Aserbaidschan geborenen Olga Grjasnowa, die 1996 als jüdischer Kontingentflüchtling nach Deutschland gekommen ist, führt das dazu, dass ein sonst in der deutschsprachigen Literatur, die sich mit Israel beschäftigt, fast immer ausgesparter Bereich mit in den Fokus genommen werden kann: der Konflikt zwischen Israel und den Palästinensern. Der Holocaust, von dem die Großelterngeneration der Ich-Erzählerin betroffen ist, der Bürgerkrieg zwischen Aserbaidschan und Armenien um Berg-Karabach wie der blutige Konflikt zwischen Israel und den Palästinensern hat zu Traumatisierungen auf allen Seiten geführt, was in der Motivik des Romans zusammengeführt wird, aber keine Kommunikation über geteilte ähnliche Erfahrungen ermöglicht, sondern in eine Situation ohne Ausweg führt.[58]

Ich möchte abschließend noch kurz die Rolle des Jüdischen in einem weiteren Debütroman einer Autorin osteuropäischer Herkunft beleuchten, Kat Kaufmanns *Superposition*, für den sie 2015 den Aspekte-Literaturpreis für das beste deutschsprachige Prosadebüt des Jahres erhalten hat. Die 1981 in

---

55 Vgl. Martynova. Papageien (wie Anm. 16). S. 26.

56 Ebd. S. 23.

57 „It seems that precisely because the novel is written against the backdrop of German literary discourse in which the representation of the Holocaust plays a significant role, it is important for Martynova to shed light on a lesser known chapter in the history of WWII – the Siege of Leningrad – not in order to offer a competing narrative, but to offer the perspective of a Russion protagonist whose family history was deeply affected by the catastrophic event." Vgl. Gordinsky. Time Configurations (wie Anm. 9). S. 249f.

58 Vgl. Axel Dunker. „Deutschland, der Holocaust, Israel und die Palästinenser – ein fehlendes Thema in der deutschen Gegenwartsliteratur?" *Deutschland und Israel/Palästina von 1945 bis heute*. Hg. Katja Schubert/Laurence Guillon. Würzburg: Königshausen & Neumann, 2014. S. 137-148.

Leningrad (im Klappentext heißt es: St. Petersburg) Geborene kam Anfang der 90er Jahre mit ihrer Familie als jüdischer Kontingent-Flüchtling nach Deutschland. Im Mittelpunkt von *Superposition*, das man auch als Berlin-Roman lesen kann, steht die jüdische Musikerin und Komponistin Izy Lewin, die – wie auch der Roman – Grenzüberschreitungen auf ihre Fahnen geschrieben hat. Grenzüberschreitungen, die sich im Drogenkonsum, im Motiv der Bisexualität – „[m]ultiamorös und geschlechtsübergreifend"[59], heißt das im Roman – wie auf dem Gebiet der Interkulturalität gleichermaßen äußern. „In der neuen Weltordnung", so sagt es eine der Hauptfiguren gegen Ende des Romans, „ist das Durchmischen der Gene erwünscht und wird unterstützt, bis hin zum Stadium einer Gesamtrasse, welche keine genauen und/oder alle phänotypischen Merkmale zugleich aufweist"[60]. Izy erhebt das zum Programm: „Und fangen wir doch damit an, dass Juden die Faschisten aus den Deutschen vögeln und deren Kinder wiederum mit Moslems Nach-kommen zeugen"[61] (wobei das letzte Zitat auch einen guten Eindruck davon gibt, in was für einem streckenweise sehr rabiaten Stil dieser Roman geschrieben ist).

Doch der Status als jüdischer Kontingentflüchtling bringt Izy in eine in mehrfacher Hinsicht paradoxe Position. In jüdischem Verständnis ist sie gar keine Jüdin, weil ihr jüdischer Vater eine nicht-jüdische Frau geheiratet hat:"Aber die Juden, für die bin ich doch ein *Gar nicht echt*. Falscher Elternteil vom auserwählten Volk. Buhu."[62]. In bestimmten jüdischen Umfeldern führt das zu Diskriminierungen:"*Eine Schickse*, spotteten die dummen Krähen im Asylbewerberwohnheim und stritten sich, wer jüdischer ist und warum die Schickse hier ist und warum die auch Geld bekommt, Geld, das ihnen zusteht. Meine Mutter anmachen, diese Subjekte. Bin ich halt ein Bastard. Mischling. Was soll's"[63]. Tatsächlich ist der Vermerk ‚Jüdin' in Izys russischem Pass die Voraussetzung dafür, dass sie mit ihrer Familie nach Deutschland kommen konnte:

Schönes, richtiges, sich selbst kasteiendes Deutschland – wir sind deine Wiederbesiedlung, Scheinjuden. Juden nach Schein, kommt wieder rein. Fluchtwelle 1991. Einfach nur leben, uns entspannen, im europäischen Laisser-faire untertauchen. Weder Schläfenlocken wachsen lassen wie in Brooklyn noch

---

59   Kat Kaufmann. *Superposition*. Hamburg: Hoffmann und Campe, 2015. S. 240.
60   Ebd.
61   Ebd. S. 239.
62   Ebd. S. 99.
63   Ebd. S. 29.

Wehrdienst leisten in einem immerwährenden Krieg in Israel. [...] hätten wir nicht gewartet, hättest du dein Kontingent nicht aufgemacht, schönes, richtiges, sich selbst kasteiendes Deutschland ....[64]

Gegenüber anderen Einwanderern wie Türken oder gar Rumänen ohne festen Aufenthaltsstatus bringt sie das in eine privilegierte Position („Es tut mir sehr leid, dass ich hier Privilegien habe, weil quotenjüdisch, und ihr nicht"[65]). Das führt für Izy zu einer multiplen Identität. Äußeres Zeichen dafür ist ein Kreuz, dass sie um den Hals trägt. Nach einer Liebesnacht mit ihrem (jüdisch-russischen) Freund legt sie es ab:

Ich nehme Jesus von meinem Hals, lege mir seinen Stern um.
Izy Lewin, Blut steht höher als Moral.
Izy Lewin, die Jüdin liebt einen Juden.
Izy Lewin, die Russin liebt einen Russen.
Izy Lewin, die Deutsche liebt einen Deutschen.
Izy Lewin, die arme Sau liebt einen Schmock, der nichts versteht.
Izy Lewin trägt den Stern auf der nackten Brust.
Izy Lewin, das privilegierte Kind, das arme Asylantenkind.[66]

Das führt dazu, dass Izy, in welchem Kontext außerhalb ihrer Familie auch immer, zu den ‚Anderen' gehört: „Schön kantig geschliffen vom Resistenzen bildenden Anpassungs- und Assimiliationsprozess. [...] Wir sind das Extra in diesem Land. Wir sind die, über die man redet. Wir werden niemals hier passen. Und dort, wo wir herkommen, passen wir längst nicht mehr. Wir sind immer die anderen"[67]. Das Untertauchen ‚im europäischen Laisser-faire' funktioniert somit nicht, es bleibt eine Wunschvorstellung ebenso wie die Herstellung einer neuen Weltordnung mit einer ‚Gesamtrasse' eine Utopie bleibt. Diese Erfahrung verleiht dem Buch hinter seiner rabiaten Außenseite einen sehr melancholischen Unterton, der zum Reiz dieses Romans beiträgt.

Auch dieses Buch einer Autorin osteuropäischer und zusätzlich im beschriebenen Sinne ambivalenter jüdischer Herkunft fordert zu einem weiter differenzierenden Blick auf das heraus, was man als ‚Migrationshintergrund' auch der Literatur bezeichnet, ein Begriff, der von den AutorInnen selbst keineswegs geschätzt wird. „Benutzt du wieder dieses Wort?", fragt die Ich-Erzählerin in Olga Grjasnowas *Der Russe ist einer, der Birken liebt.*

---

64 Ebd. S. 69.
65 Ebd.
66 Ebd. S. 143.
67 Ebd. S. 65.

„Ich versuchte möglichst ironisch zu klingen, aber es gelang mir nicht. Immer wenn ich dieses Wort las oder hörte, spürte ich, wie mir die Gallenflüssigkeit hochkam. Schlimmer wurde es lediglich beim Adjektiv *postmigrantisch*"[68]. „Armes Asylantenkind, dachten sie sich bestimmt", heißt es bei Kat Kaufmann. „Jaja ... Migrationshintergrund. / Keine Ahnung habt ihr! Könnt ihr auch gar nicht! Und ich hätte euch gern fest in den Kiefer gegriffen, und in die starren angsterfüllten Augen geschrien – VORDERGRUND! MigrationsVOR-DER-GRUND!"[69]

Am schönsten, weil am ironischsten aber geht wohl Saša Stanišić mit diesem Begriff und seinen Konnotationen um. In seinem neuesten, 2016 erschienenen Band *Fallensteller*, dessen Titelerzählung seinen Erfolgsroman *Vor dem Fest*, für den er den Preis der Leipziger Buchmesse bekommen hat, fortschreibt, gibt es eine durch und durch deutsche Figur aus der uckermärkischen Kleinstadt Fürstenfelde, die einen Literaturpreis bekommt, was die Stimme der Dorfbewohner so kommentiert: „Wir wussten nicht mal, dass man für Literatur noch andere Preise gewinnen kann als den Nobelpreis und den einen, den der Jugo gewonnen hat." (Der Jugo ist natürlich Stanišić selbst). Die Begründung der Jury aber geht so:

> Robert Lada Zieschke komponiert in seinem rasanten Milieustück eine Sinfonie der Provinz jenseits der großen Themen und abseits des Mainstreams. Die originelle Musikalität seiner Sprache sucht ihresgleichen in seiner Generation, was sicherlich damit zu tun hat, dass Zieschke ein Autor mit Provinzhintergrund ist.[70]

„Geschichtslast und Geschichtenfülle. Formbewusstsein, Ironie, poetische Intensität als Antwort auf die Unsicherheit des Lebens", so hatte Katharina Raabe die Qualitäten der osteuropäischen Literatur insgesamt charakterisiert.[71] Man kann sie auf die deutschsprachige Literatur von AutorInnen osteuropäischer Herkunft übertragen. Sie bereichern die deutschsprachige Literatur und Diskussionen um Interkulturalität in Deutschland ungemein und immer wieder neu. Insofern möchte ich hinter das Fragezeichen hinter dem Wort ‚Osterweiterung' im Titel meines Aufsatzes ein entschiedenes ‚Ja, unbedingt' setzen.

---

68 Olga Grjasnowa. *Der Russe ist einer, der Birken liebt.* München: Hanser, 2012. S. 12.
69 Vgl. Kaufmann. Superposition (wie Anm. 59). S. 67.
70 Saša Stanišić. *Fallensteller.* Erzählungen. München: Luchterhand, 2016. S. 250.
71 Vgl. Kegel. Raabe über Schriftsteller Osteuropas (wie Anm. 11).

Leopoldo Domínguez Macías

Das Heimatlose erzählen

Raumdarstellung und Inszenierung des Erinnerns im Prosawerk von Marica Bodrožić[1]

> Der Krieg war vorbei, schon lange, aber ich wollte nicht in ein zerstörtes Land zurückkehren.[2]
>
> Das Leben fließt, wie könnte Identität dann etwas Festes sein?![3]
>
> Wir glitten vom Denken ins Erzählen, segelten auf unseren Erinnerungen und inneren Bildern hinüber, in irgendetwas Drittes, das wir noch nicht kannten.[4]

1. Einführung

Die Begriffe kulturelle bzw. nationale Identität sind in den letzten Jahren im Bereich der Gedächtnisforschung zur Diskussion gestellt worden. Der bisherige Fokus auf die nationale Dimension der Erinnerung beruht laut Astrid Erll auf dem Einfluss der Theorien und Werke vor allem von Maurice Halbwachs und Pierre Nora. Einerseits führt Halbwachs das Konzept vom sozialen Gedächtnisrahmen ein, was nach Erll „Verbindungen sowie eine gewisse Stabilität"[5] dieses Begriffes impliziert. In seiner Vorstellung des Gedächtnisses gibt Halbwachs besonders dem Raum eine identitätsstiftende Funktion: Er ermöglicht es, die Identität eines Menschen oder einer Gesellschaft durch die Erinnerungen zu gestalten und diese im Laufe der

---

1 Dieser Beitrag wurde vom spanischen Ministerio de Economía y Competitividad subventioniert im Rahmen des Forschungsprojekts „Topografías del recuerdo. Espacio y memoria en la narrativa alemana actual". (FFI2015-68550-P).
2 Marica Bodrožić. *Kirschholz und alte Gefühle*. Roman. München: Luchterhand 2012, S. 146.
3 Marica Bodrožić. „Die Sprachländer des Dazwischen". *Eingezogen in die Sprache, angekommen in der Literatur. Positionen des Schreibens in unserem Einwanderungsland*. Hg. Uwe Pörksen/Bernd Busch. Göttingen: Wallstein 2008, S. 67-75, hier S. 71.
4 Marica Bodrožić. *Das Gedächtnis der Libellen*. Roman. München: Luchterhand 2010, S. 29.
5 Astrid Erll. „Travelling memory". *Parallax*, 17: 4 (2010): S. 4-18, hier S. 10.

Zeit aufrechtzuerhalten.[6] Andererseits strebt Nora in seinem dreibändigen Werk *Les lieux de mémoire* an, das Gedächtnis Frankreichs wiederzugewinnen. Den Verlust des nationalen Gedächtnisses sieht Nora als eine Folge u. a. der beschleunigten Moderne, des Verzichts des Staates auf seine Rolle als Garant für die kollektive nationale Identität und der Dezentralisation und Erhöhung der Produktionsquellen der Erinnerung.[7] Für den Historiker sind Orte wie Denkmäler und Museen sowie mnemotechnische Rituale wie Festtage oder Militärparaden noch Überreste eines von Generationen übermittelten kulturellen Erbes. Laut Hue-Tam Ho Tai, Professor in Harvard für chinesisch-vietnamesische Geschichte, übersieht Nora in seinem Bild Frankreichs die Kolonialgeschichte, die überseeischen Gebiete sowie die Migranten-Gemeinschaften. So werden in den Thesen beider Autoren Phänomene wie Zuwanderung und Diaspora, Globalisierung und Kosmopolitismus nicht ausreichend berücksichtigt. Wie Stefan Neuhaus formuliert, gilt heute „die Zugehörigkeit zu einer Nation nicht mehr als identitätsstiftendes Paradigma"[8]. Die von Nora geschilderte „Pluralisierung und Intensivierung der Zugänge zur Vergangenheit"[9] trifft mit einem Moment zusammen, in dem die Triade Gedächtnis-Kultur-Raum in eine Krise geraten ist. Kulturelle

---

6　Über die Notwendigkeit des Raumes für die Existenz eines Gedächtnisses schreibt Halbwachs: „Gefühle, Überlegungen müssen sich durchaus wie alle beliebigen Ereignisse an einen Ort eingliedern, an dem ich mich zu diesem Zeitpunkt aufgehalten habe oder durch den ich zu diesem Zeitpunkt gekommen bin und der immer noch existiert". Halbwachs' Einschätzung stützt sich auf eine Idee von Auguste Comte. Comte stellt fest, dass die mentale Ausgeglichenheit des Menschen zum großen Teil davon abhängt, dass die materiellen Objekte, mit denen er in seinem Alltag interagiert, keine oder geringfügige Änderungen erfahren. Diese Unveränderbarkeit der Objekte bietet dem Menschen ein Bild von Stabilität und Beständigkeit: „[...] allein das Bild des Raumes infolge seiner Beständigkeit [gibt] die Illusion [...], zu allen Zeiten unverändert zu sein und die Gegenwart in der Gegenwart wiederzufinden". Maurice Halbwachs. *Das kollektive Gedächtnis*. Mit einem Geleitwort zur dt. Ausgabe von Heinz Maus. Aus d. Franz. von Holde Lhoest-Offermann. Frankfurt a. M.: Fischer 1985, S. 162f.

7　Vgl. Pierre Nora. *Les lieux de mémoire*. Bd. I (La République). In Zusammenarbeit mit Charles Robert Ageron, *et al*. Paris: Gallimard 1984.

8　Stefan Neuhaus. „Identität durch Erinnerung. Zur Vermessung der Vergangenheit in Uwe Timms Werk". *Das „Prinzip Erinnerung" in der deutschsprachigen Gegenwartsliteratur nach 1989*. Hg. Carsten Gansel/Pawel Zimniak. Göttingen: V&R Unipress 2010, S. 59-71, hier S. 59.

9　Aleida Assmann. *Das neue Unbehagen an der Erinnerungskultur. Eine Intervention*. München: C. H. Beck 2013, S. 32.

Identitätskonstruktionen sind nicht immer homogen, stabil und territorial fixiert. Es kann innerhalb einer dominanten Kultur andere kulturelle Formen geben, die an den Rändern mit dieser koexistieren oder in Wechselwirkung stehen. Ebenfalls sind kulturelle Identitäten zu beachten, die über und zwischen den nationalen, sozialen sowie kulturellen Grenzen gestaltet werden. In dieser Hinsicht fordert Wolfgang Welsch die Etablierung des Ausdrucks ‚Transkulturalität' ein.[10] Basierend auf dieser Forderung von Welsch spricht Erll über die Form einer reisenden Erinnerung als Befund eines transkulturellen Gedächtnisses. „Die Erinnerung", äußert Erll, „muss ‚reisen', in Bewegung bleiben, um zu überleben und einzelne Köpfe sowie gesellschaftliche Formationen zu beeinflussen"[11].

In *Production sociale de l'espace* (1974) fordert Henri Lefebvre die Verräumlichung von den Produktionsverhältnissen ein. Für Lefebvre ist der Raum kein reines leeres Gefäß, in dem sich die aufeinanderfolgenden historischen Ereignisse stattfinden, sondern ein soziales Produkt in enger Verbindung mit den Machtbeziehungen der verschiedenen Kulturen. In seiner Interpretation von Lefebvres Produktionsweisen des Raums unterscheidet Edward W. Soja zwischen einem wahrgenommenen, einem konzipierten und einem gelebten Raum.[12] Im ersten Modell wird der Raum nur in seiner materiellen Form beachtet. Das ist die Perspektive z. B. der Geographen. Im zweiten Modell wird der Raum aus einer mentalen Perspektive gesehen. Diese Form entspricht der Perspektive von Architekten, Stadtplanern und Kartographen. Das dritte Modell beruht auf der eigenen Wahrnehmung des Raums durch die Stadtbürger, die letzten Endes subjektiv diesen materiellen Raum erfahren und erleiden. Lebendig zu sein, erklärt Soja, bedeutet das Teilnehmen an der sozialen Produktion des Raums, etwas formen und geformt zu werden durch eine Räumlichkeit in ständiger Evolution.[13] Seine Lektüre Lefebvres' ‚dritten Raums'[14] wird von Homi K. Bhabha als eine

---

10   Wolfgang Welsch. „Transculturality – the Puzzling Form of Cultures Today". *Spaces of Culture: City, Nation, World.* Hg. Mike Featherstone/Scott Lash. London: Sage 1999, S. 194f.

11   Vgl. Erll. Travelling memory (wie Anm. 5). S. 12.

12   Vgl. dazu Jörg Döring. „Spatial Turn". *Raum. Ein interdisziplinäres Handbuch.* Hg. Stephan Günzel. Stuttgart/Weimar: J. B. Metzler 2010, S. 90-99.

13   Vgl. dazu Edward W. Soja. „La espacialidad de la vida social: hacia una reteorización transformativa". *Social Relations and Spatial Structures.* Hg. Derek Gregory/John Urry. London: Macmillan 1985, S. 1-24.

14   Edward W. Soja. *Thirdspace. Journeys to Los Angeles and Other Real-and-Imagined Places.* Cambridge/Oxford: Blackwell 1996.

neue Kategorie bewertet, die den kulturellen Austausch darstellt. Bhabhas dritter Raum ist nicht unbedingt ein geographischer Ort, sondern eher eine Bedingung, ein kultureller Druck, der als eine Membrane wirkt. Durch diese werden Einflüsse von der dominanten und marginalen Kultur wechselseitig filtriert.[15] Sie wird zu einem Standpunkt, an dem die unterschiedlichen kulturellen Formen sich kreuzen und darauf projiziert werden. Es ist der Bedarf nach der Suche von kulturellen Zwischenräumen, in denen individuelle bzw. kollektive Erfahrungen sichtbarer werden und sich Reaktionen erzeugen können. Außerdem konzentriert sich die Geschichtsschreibung auf die Zeitebene. Die Vorherrschaft der Zeit in der modernen, abendländischen Theoriebildung hat eine vergleichbare kritische Sensibilität bezüglich des Raumes verhindert.[16] Dieser wurde bisher aufgrund seiner Betrachtung als etwas Neutrales und Statisches verachtet. Laut Bhabha ermöglichen die Erinnerungen nicht nur Verbindungen zwischen Vergangenheit und Gegenwart, sondern gleichzeitig zwischen Zentrum und Peripherie zu erweitern. In Anlehnung an die Thesen von Walter Benjamin verteidigt er die spezielle Kraft, die den Erinnerungen innewohnt. Diese seien imstande, die lineare Sequenz der Geschichte aufzubrechen und ebenso die Gegenwart in einen dezentrierten und ausgedehnten Raum zu verwandeln.[17] Das subversive Potential von Erinnerungen entspricht zugleich dem literarischen Schaffen. In literarischen Texten werden kulturelle Indentitätskonstruktionen und Identitätsmodelle nicht nur unterstützt und verstärkt, sondern auch in Frage gestellt.[18] Ein besonderes Merkmal der aktuellen deutschsprachigen Migra-

---

15 Zit. nach Ana María Hernando. „El tercer espacio: cruce de culturas en la literatura de frontera". *Revista de Literaturas Modernas. Los espacios de la literatura.* 34 (2004): S. 109-120, hier S. 113.

16 Edward W. Soja. *Postmodern Geographies. The Reassertion of Space in Critical Social Theory.* London: Verso 1989, S. 11.

17 Homi K. Bhabha. *Verortung der Kultur.* Mit einem Vorw. von Elisabeth Bronfen. Dt. Übers. von Michael Schiffmann und Jürgen Freudl. Tübingen: Stauffenburg 2000, S. 6. Ähnlich wie das Erinnern nach Benjamin einer Re-Vision der Vergangenheit enthält, „wird also der Zwischenraum [...] zu einem der Intervention im Hier und Jetzt" (ebd. S. 10).

18 Gemäß Gansel sind es genau die interkulturellen Zwischenräume, in denen sich die höchste Anzahl von Irritationen und Verhandlungen der gesellschaftlichen Grenzen ergibt. Aufgrund des intensiven kommunikativen Austausches sind diese Räume oft von Akteuren bevölkert, deren Erlebnisse „in medialen und performativen Kunstformen" herauskristallisiert werden. Vgl. Carsten Gansel. „Zu Aspekten einer Bestimmung der Kategorie ‚Störung' – Möglichkeiten der

tionsliteratur besteht genau darin, die transkulturellen Ambitionen und die Transzendierungen der Grenzen seitens der Autoren zu veranschaulichen.[19] Die Grenzen werden in dieser Literatur der Post- oder Transmigration[20] als Kontaktzonen und Treffpunkte kultureller Differenz konzipiert. Darin werden Geschichten dargestellt, die sich über die Grenzen hinaus entwickeln und hybride Identitätsentwürfe entfalten. Die spielenden Subjekte sind in ständiger Bewegung und benötigen kulturelle Zwischenräume, um ihre Identitäten zu bilden. Aus dieser Perspektive, die die Figuren prägt und ins Zentrum der Erzählungen rücken, entstehen nach Bhabha neue Bilder und Raumkonstellationen.[21]

2. Schreiben als Suche des Selbst

Seit ihrem literarischen Debüt mit dem Erzählband *Tito ist tot* (2002) beschäftigt sich Marica Bodrožić mit der Komplexität der Identitätsbildung nach der Selbsterfahrung des Exils. Sie wächst bis zu ihrem zehnten Lebensjahr in Svib in der Nähe von Split im südkroatischen Dalmatien auf. 1983 zieht sie zu ihren Eltern nach Essen, wo sie ihre erste Muttersprache aufgibt, um die neue zu erlernen. Indem sie ihre Werke auf Deutsch schreibt, baut Bodrožić eine kulturelle Brücke zwischen dem Aufnahme- und dem

---

Anwendung für Analysen des Handlungs- und Symbolsystems Literatur". *Das ‚Prinzip Störung' in den Geistes- und Sozialwissenschaften*. Hg. Carsten Gansel u. Norman Ächtler. Berlin/New York: Walter de Gruyter 2013, S. 31-56, hier S. 36.

19 Laut Appadurai hat die Entwurzelung der Autoren zur Folge, dass ihre Werke zumeist nicht nur die Grenzen der Sprachen, sondern auch der eingeschränkten lokalen und nationalen Räume überschreiten, um neue translinguistische und transnationale Konvergenzen zu gründen. Vgl. Arjun Appadurai. *Modernity at Large: Cultural Dimensions of Globalization*. Minneapolis/London: University of Minessota 1996, S. 33-37.

20 Mahmut Karakus. *Neue Tendenzen in der Literatur der Postmigration in Deutschland: Transkulturell-Kosmopolitische Aspekte*. GSAA International Conference. Australian National University, 2016.

21 „Diese ‚Zwischen'-Räume stecken das Terrain ab, von dem aus Strategien – individueller oder gemeinschaftlicher – Selbstheit ausgearbeitet werden können, die beim aktiven Prozeß, die Idee der Gesellschaft selbst zu definieren, zu neuen Zeichen der Identität sowie zu innovativen Orten der Zusammenarbeit und des Widerstreits führen". Vgl. Bhabha. Verortung (wie Anm. 17). S. 2.

Auswanderungsland. So gelingt es ihr, „die Genauigkeit der deutschen Sprache mit der mediterranen Sensibilität"[22] zu vereinigen. Darüber hinaus versucht die Autorin durch diese Hin- und Herreise die zurückgelassene Heimat
in die gewonnene zu integrieren. Jedes Wort ihrer poetischen Texte entsteht
aus einer tiefen Sehnsucht und ist Anlass, um sich an die Landschaften ihrer
Kindheit zu erinnern und sich ihr wieder zu nähern. Aus dem Blick der früheren Jahre bildet Bodrožić eine „empfindungsbeladene Topographie"[23], der
sie ihre Fragen stellt und die ihre Gedanken leiten. Die Erinnerungsräume
spielen in ihren literarischen Werken nicht nur eine Rolle als Gedächtnisto-
pos, sondern bilden gleichzeitig ein grenzüberschreitendes experimentelles
Dazwischen,[24] indem sie darin Bindungsstellen zwischen Vergangenheit und
Gegenwart sowie zwischen verschiedenen Kulturräumen einfordert.

> Das Leben ist eine Reise, die sich selbst überschreibt, jeder Gedanke, jede
> Empfindung ist ein neuer Weg, der den eigenen Kern freilegt und die Sinne
> verfeinert. In Bewegung zu sein, das war, in der Obhut des Südens, schon in
> frühester Kindheit ein natürlicher Zustand für mich. Auch jetzt, auf meiner
> Reise zurück zum Kern des Kerns, zu jenen Landschaften, Orten und Men-
> schen, die mich geprägt, geformt, geknetet und geliebt haben, erscheint mir
> nichts so normal wie das Unterwegssein zu ihnen.[25]

Die Vergangenheit ist stets in der Gegenwart verankert. Jede gelebte Zeit
hinterlässt eine Spur, die nicht beseitigt werden kann, selbst wenn sie übersehen oder verdeckt wird. Wie die Ausgrabung einer archäologischen Fund-
stätte erlaubt es die Erinnerung, die tieferen Lagen des Wesens aufzuheben,
um in den „Kern des Kerns" vorzudringen. Das Erkunden des Inneren wirkt

---

22 Marie-Hélène Quéval. „Marica Bodrožić, L'un et le multiple". *Germanica*, 51
    (2012): S. 51-87, hier S. 51.
23 Raluca Rădulescu. „Hybride Identitäten zwischen Wortlandschaften. Marica
    Bodrožićs Prosaband *Sterne erben, Sterne färben". Germanica*, 51 (2012):
    S. 63-74, hier S. 64.
24 In ihrem Beitrag „Die Sprachländer des Dazwischen" äußert Bodrožić: Das
    Dazwischen – was ist das genau? Auch das Dazwischen ist erst einmal ein Gan-
    zes. Für mich als schreibenden Menschen ist es eine unerschöpfliche Quelle,
    ein Ort gleichsam, zu dem ich immer wieder gehen und den ich betreten
    kann – literarisch betreten –, und das bedeutet natürlich: Ich erfinde mein
    Dazwischen [...] Es ist eine Erfindung, eine Erfahrung, die sich beim Schreiben
    einstellt". Vgl. Bodrožić. Die Sprachländer (wie Anm. 3). S. 67.
25 Marica Bodrožić. *Mein weiß*er Frieden. München: Luchterhand 2014, S. 15.

als eine Rettung, indem es den Menschen aus den Fesseln des Vergangenen befreit und es ihm ermöglicht, so Paul Ricoeur, „sich auf die Zukunft auszurichten"[26]. Diese Reise ins Innere, das Öffnen der Fenster in sich selbst, gilt bei Bodrožić als notwendiger Anfang, um ihre Identität zu sondieren. Sie beginnt zuerst als eine Sprachreise. Durch das Lesen und danach das Erzählen in der eroberten neuen zweiten Sprache, versucht sich die Autorin aus der „Umzäunung der Biografie"[27] zu befreien. In ihrem Werk *Mein weißer Frieden* (2014) schreibt Bodrožić: „[...] es gab eine größere Welt, überall, nur kannte ich sie bisher nicht. [...] Räume und Träume gehörten in der neuen Sprache fest zusammen"[28]. Der Ausbruch der Jugoslawienkriege führt zu einer neuen Zäsur in ihrem Leben. In diesen Jahren schreibt sie ihre ersten Verse. Laut ihrer Aussage waren diese „ein vollkommen dilettantischer Versuch, mit den vielen Widersprüchen"[29] des Konfliktes fertig zu werden. Als ihre Eltern nach dem Krieg nach Kroatien zurückkehren, fühlt sich Bodrožić nicht mehr dem neu entstandenen Heimatland verbunden[30] und sie fasst den Beschluss, nach Paris zu ziehen. Den Pariser Aufenthalt stellt Bodrožić besonders in *Kirschholz und alte Gefühle* (2012) dar. Der Roman ist der zweite Teil einer Trilogie, die mit *Das Gedächtnis der Libellen* (2010) beginnt.[31] In beiden Werken wird über die gekreuzten Schicksale zweier Frauen erzählt, die aus dem Balkanland flüchten. Ähnlich wie viele andere Exilanten und Vertriebene treffen sich die Figuren in der Pariser Hauptstadt. Den Stoff für beide Romane findet man bereits in ihrem autobiographischen Essay *Sterne erben. Sterne färben. Meine Ankunft in Wörtern* (2007). In diesem erinnert sich Bodrožić an ihre Spaziergänge auf den Straßen von Paris und ihren Begegnungen mit Menschen aus dem ehemaligen Jugoslawien, die immer häufiger stattfanden:

---

26 Ebd. S. 9.
27 Marica Bodrožić. *Sterne erben. Sterne färben. Meine Ankunft in Wörtern*. Frankfurt a. M.: Suhrkamp, 2007. S. 11.
28 Bodrožić. Frieden (wie Anm. 25). S. 22.
29 Marica Bodrožić. „Die Schichtungen der Gefühle". Gespräch mit Maike Albath. *Cicero*, 25.11.2010.
30 Sie sagt: „Ich wollte nicht mehr mit Jugoslawien, nichts mehr mit Kroatien zu tun haben. Ein eigener Mensch sein, dachte ich jahrelang, das müßte lohnenswerter sein als die Identitätskarte eines Landes, das mit einem Mal [...] auseinanderfällt". Vgl. Bodrožić. Sterne (wie Anm. 27). S. 37.
31 Der letzte Teil der Romantrilogie erschien 2016 unter dem Titel *Das Wasser unserer Träume*.

Aus allen Himmelsrichtungen kamen sie gleich magnetisch auf mich zu. Wohin ich auch schaute, es gab sie einfach im permanenten Plural. Manchmal schnappte ich ein halbes Gespräch im Bus auf, drei, vier, Wörter in der Métro, vor dem Kino, in der Warteschlange, auf eine Art hörte ich ihnen zu, als könne ich satt werden am Gesagten.[32]

Die Entdeckung des verloren geglaubten jugoslawischen Erbes trifft plötzlich mit dem Gefühl der Einsamkeit in der neuen Großstadt sowie dem Erlernen einer neuen Landessprache zusammen.[33] Paris weckt den Wunsch, wieder in die früheren Jahre zurückzukehren:

> Mitten auf der Place de la Contrescarpe sah ich das Meer von Split vor mir, hörte die Kellnerinnen laut „adio" und „ciao" rufen, als befinde man sich mitten in Italien, mit einem lauten Nachgeschmack im Klang, mit farblichen Einsprengseln und der Bewegung der Wellen. Nicht das Deutsche lag also als Sprachgerüst für die neue Sprache in mir, sondern zu meiner großer Überraschung am Ende doch die Muttersprache.[34]

Mit dem Studium des Französischen wird Bodrožić bewusst, dass unter dem Deutschen der dalmatinische Dialekt und die Sprache ihrer Kindheit noch leben.[35] Außerdem stellt sie fest, dass überall in der Architektur der Metropole die Resonanzen ihres Herkunftslandes wieder spürbar erklingen.

---

32 Vgl. Bodrožić. Sterne (wie Anm. 27). S. 72.
33 Die Mehrsprachigkeit spielt in ihrem Erzählen eine außerordentliche Rolle. Neben dem Französischen finden sich englische und spanische Formulierungen in einigen ihrer Werke. Hier sind die Lateinamerikaner Jorge Luis Borges, Juan Rulfo und Bioy Casares sowie die spanischen Dichter Teresa von Ávila und Federico García Lorca für sie eine große Inspirationsquelle.
34 Ebd. S. 51.
35 Marica Bodrožićs erste Muttersprache war ein südslawisch-serbo-kroatisches Konglomerat. Dieses war eine Mischung von herzegovinischen Worten, osmanischen Klängen und einem dalmatinischen Dialekt, der sogar in den kroatischen Städten nicht verstanden wurde. Vgl. Michael Braun. „Die Kulturelle Neuordnung Europas". http://www.kas.de/wf/de/71.14159/ (aufgerufen am 14.10.2017).

3. Erinnern oder Vergessen

In ihren Schriften über das Gedächtnis reflektiert Aleida Assmann über den Nutzen und Nachteil des Erinnerns und des Vergessens. Jan Philipp Reemtsma betrachtet diese zwei Formen als „menschliche Eigenschaften, die weder gut noch schlecht sind, sondern beide dazu gehören, das Leben zu bewältigen"[36]. Während das Vergessen der normale Fall im menschlichen und gesellschaftlichen Leben ist, denn es erfolgt mühelos, geschieht nach Assmann das Erinnern als „unwahrscheinliche Ausnahme"[37].

Diese zwei Modi des Erinnerns und des Vergessens sind in *Das Gedächtnis der Libellen* durch die Haltungen der Hauptfiguren zu erkennen. Im Roman wird über die Reise der Protagonistin Nadeshda von Berlin nach Amsterdam erzählt. Während der Zugfahrt erinnert sie sich an die Liebesaffäre zu ihrem jüdischstämmigen Landsmann Ilja. In Sarajewo geboren, verlässt er nach dem Krieg die belagerte Stadt. Um sein Leben weiterführen zu können, beschließt er auf seine Wurzeln endgültig zu verzichten. Ilja, der verheiratet ist, entkommt seiner Geliebten genauso wie der Vergangenheit, die ihn ständig verfolgt. Auf dieser Reise versucht Nadeshda vergebens Ilja zu vergessen: „Weitergehen, sagte ich mir, du musst weitergehen".[38] Nadeshda ist durch die Protagonistin Nadja aus André Bretons gleichnamigem Roman (1928) inspiriert. Dort stellt Breton diese Gestalt als verloren im labyrinthischen Paris vor. Das Werk beginnt mit der zufälligen Begegnung zwischen dem Autor und einer geheimnisvollen jungen Frau. Diese nennt sich Nadja und übt auf ihn eine befremdliche Faszination aus. Sie erklärt ihm, dass sie sich für den Namen selber entschieden hat und dass Nadja im Russischen der Anfang des Wortes für ‚Hoffnung' ist. In der Erzählung Bodrožićs werden die Rollen der Figuren teilweise ausgetauscht. Wie Nadja hat Nadeshda ihren Namen erfunden und irrt ohne Ziel im Stadtraum umher. Als sie Ilja kennenlernt, übt er umgekehrt auf sie einen verführerischen Reiz aus.[39] Ilja, der wie ein Prophet spricht und ihr alles über ihre eigene Zukunft sagen will, verändert ihre Perspektive und gibt ihr neue Hoffnung zum Leben: „Durch seine Anwesenheit wird die farblose Welt farbig und hell. Ich rieche Farben,

---

36 Jan Philipp Reemtsma. „Wozu Gedenkstätten?". *Aus Politik und Zeitgeschichte*, 25/26 (2010): S. 3.

37 Aleida Assmann. *Die Formen des Vergessens*. Göttingen: Wallstein 2016, S. 30.

38 Vgl. Bodrožić. Gedächtnis (wie Anm. 4). S. 23.

39 Wie sie selbst erklärt: „Er ist nie wie Nadja für mich gewesen, weil ich seine Nadja war" (ebd. S. 107).

so, wie man das Meer riechen kann oder geschälte Orangen oder den prallen lebensschwangeren Herbst"[40].

Ihr zufälliges Treffen führt dazu, dass sie sich zum ersten Mal mit der Frage nach der Identität auseinandersetzt. Nadeshda unternimmt paradoxerweise mit Hilfe ihres Liebhabers, der sich selbst seiner eigenen Wurzeln entledigen möchte, eine Rückfahrt in ihre bisher verdrängte Vergangenheit. Anders als Ilja, der durch das Vergessen anstrebt, in die Zukunft vorzurücken, ist Nadeshda nicht in der Lage, die Verbindungen zu ihrer Herkunft für immer zu lösen. Wie Bretons Nadja stellt Ilja eine unmögliche Liebe dar. Ilja fungiert als Spiegel des Dazwischen, in dem beide orientierungslos eine Heimat suchen. Zugleich ist er Auslöser ihres Gedächtnisses. Er fordert in ihr das Bedürfnis nach einer Suche nach dem Kern ihres Seins heraus. Er stellt den Teil ihrer Geschichte dar, an dem Nadeshda weiterhin festhält. Ihr Glück erweist sich als vergängliche Rettung. Das Scheitern der Liebe zeigt, dass Nadeshdas innere Suche noch unvollständig bleibt. Wie durch eine mystische Offenbarung beschließt sie, ihr Erbe anzunehmen, um dieses in ihr Leben zu integrieren. Im Gegensatz zu Iljas immer wiederkehrendem Verschwinden, entdeckt sie, dass Vergangenheit und Gegenwart zusammengehören und dass sie eine Aufgabe des Erinnerns hat:

> Wenn ich abends allein nach Hause kam, aus dem Kino oder von einem Treffen [...] las ich immer in der Bibel. Ich fühlte mich von der Dunkelheit der Nacht beschützend umarmt. Eine neue Stille kehrte in mich ein. Ich fing körperlich an zu begreifen, dass unzählige Menschen vor mir das Gleiche wie ich erlebt hatten und dass diese Erfahrung in allen ihrer Variationen auf unzählige andere Menschen wartete. [...] Und mir schien in diesen Nächten [...], jeder Mensch sei eine Zahl und jede Zahl werde früher oder später an die Reihe kommen und ein Wesen mit Erinnerung werden, um später eine Summe aus allem zu ergeben. Wer sich nicht erinnert, hat keine Geschichte, der ist kein Mensch.[41]

Andererseits ist Nadeshdas erfundener Name – obwohl die Figur es selbst verneint – mit Nadeshda Mandelstam ebenso verbunden.[42] Sie führt eine nomadische Existenz. Nach dem qualvollen Tod ihres Mannes in einem russischen Durchgangslager, macht sie es sich zur Lebensaufgabe, sein dichterisches Vermächtnis zu bewahren. Dafür lernt sie seine Texte auswendig. In

---

40 Ebd. S. 9.
41 Ebd. S. 45.
42 Ebd. S. 19.

ihrem Roman schreibt Bodrožić: „Am klarsten lebt das Gedächtnis auf, wenn es etwas Verlorenes zu erinnern gibt"[43]. Nadeshdas Biographie ist zudem gewissermaßen mit der von Hannah Arendt verwandt. Laut Assmann stellt Arendt die Vordenkerin einer neuen Kategorie des Erinnerns dar.[44] Arendt meint, dass der Holocaust einen Wendepunkt in der Grundstruktur aller Zivilisationen darstellt, da diese damit zerbrochen wird.[45] Sie schreibt: „Der unterirdische Strom der westlichen Geschichte ist endlich an die Oberfläche getreten und hat die Würde unserer Tradition in Besitz genommen"[46]. Aus Grund dieses Zivilisationsbruches begründet Arendt die Notwendigkeit der Entwicklung einer neuen Menschenrechtspolitik sowie die Forderung nach einer „ethisch motivierten Erinnerung"[47] als gesellschaftliche Aufgabe.

4. Die Botschaft der Libellen

Laut Arendt kann der Mensch der äußeren Wirklichkeit nur widerstehen, wenn er ihr „ins Gesicht"[48] sieht. Es gibt nach Bodrožić keine Geschichte ohne Lücken. Die Lücken stehen oft für die Geheimnisse eines Lebens. Man lebt um sie herum, zergliedert sie. Trotzdem bleiben sie, da das Zergliedern vorübergehend ist. Die Lücken zu öffnen kann ein ganzes Leben kosten. Wie Simone de Beauvoir äußert, ist jedoch die Auslassung der Wahrheit „die gemeinste Form der Lüge"[49].

Als Nadeshda ihre Aufgabe akzeptiert, in die Vergangenheit zurückzublicken, wird sie mit den grausamen Erinnerungen ihrer Kindheit konfrontiert. Die Geheimnisse Nadeshdas sind mit den Libellen verbunden, die ihr Vater in einer Vielzahl getötet und in einem Album gesammelt hat. Die Tötung der Libellen stellt im Werk das Ende der Unschuld dar. So wird auch vermutet, dass er in der Kriegszeit Kinder umgebracht hat. Der Vergleich zwischen den getöteten Tieren und den Kinderopfern weist auf die Bedeutung der

---

43 Ebd. S. 62.
44 Aleida Assmann. *Das neue Unbehagen an der Erinnerungskultur. Eine Intervention*. München: C. H. Beck 2013, S. 187f.
45 Hannah Arendt. *Elemente und Ursprünge totaler Herrschaft. Antisemitismus, Imperialismus, Totalitarismus*. 9 Aufl. München: Piper 2003, S. xxix.
46 Ebd. S. xxxi.
47 Assmann. Das neue Unbehagen (wie Anm. 44). S. 188.
48 Marica Bodrožić. *Das Auge hinter dem Auge. Betrachtungen*. Salzburg/Wien: Otto Müller 2015, S. 23.
49 Ebd. S. 25.

Natur für Bodrožić hin. Die Schönheit der mediterranen Landschaft wird in ihren Texten dem Entsetzen des Krieges und der Zerstörungsmacht des Menschen gegenübergestellt.

Bodrožić gehört zu einer Generation von Schriftstellern, die in den meisten Fällen die historischen Ereignisse nicht selbst erlebt haben. Daher sind sie gezwungen, das Geschehene über eine räumliche und zeitliche Distanz zu rekonstruieren. Die Dringlichkeit der Erinnerung führt oft zu einer realen oder fiktiven Rückkreise ins Herkunftsland. Bei dieser wird der Kontrast zwischen den erinnerten und den wiederentdeckten Geburtsorten besonders betont. Laut Beatriz Portinari weicht die enttäuschte Vision der verbliebenen Autoren von der Perspektive der Migranten ab, die in der Lage sind – und sich dafür verantwortlich fühlen – diese verlassenen Orte zu mystifizieren.[50] Meiner Meinung nach liegt der Unterschied vor allem darin, wie die Exilanten die Geschichte Jugoslawiens in ihren Erzählungen darstellen. Diese wird niemals in allen schrecklichen Details wiedergegeben, sondern rückt in den Hintergrund. Die Abwesenheit der Autoren bei den Ereignissen fungiert in den Erzählungen als Filter, der diese Details fernhält.[51] Ein weiteres Merkmal von der Literatur der Migranten liegt in den Strategien, die die Autoren nutzen, um die biographischen Lücken beim Prozess ihrer Identitätskonstruktionen nach der Erfahrung des Exils zu füllen. Diese nachfolgenden Generationen verstehen das Erbe, das sie durch Geburt empfangen, nicht als passives Vermögen. Die Anerkennung und Aneignung des familiären Erbes bedeutet umgekehrt eine aktive Suche nach ihren familiären Wurzeln. Der persönliche Kontakt fördert die Auslegung der Vergangenheit, die durch die Untersuchungen vergegenwärtigt wird. Darüber hinaus ist in ihren Werken die mediatisierte Inszenierung des Erinnerns besonders repräsentativ. Ihre Suche wirft ein neues Licht auf die eigenen Biographien. Sie endet mit der Übernahme einer Funktion als Vermittler zwischen den Räumen, in denen

---

50   Beatriz Portinari. „La trama de Sarajevo". *El País*, 18.10.2008.

51   Wie z. B. in *Wie der Soldat das Grammofon repariert* (2006) von Saša Stanišić, *Tauben fliegen auf* (2010) von Melinda Nadj Abonji und *Wie ich mir das Glück vorstelle* (2014) von Martin Kordić. Im Fall Stanišićs entspricht seine Kriegserfahrung der sogenannten „1.5 Generation". Der Begriff wird von Susan Rubin Suleiman im Kontext des Holocaust benutzt, um die traumatischen Erlebnisse der Kinder zu unterscheiden. Laut Suleiman sind sie aufgrund ihres jungen Alters nicht ganz in der Lage, den wirklichen Umfang der Geschehnisse, die sich ihrem Gedächtnis einprägt, zu erfassen. Vgl. Susan Rubin Suleima. „The 1.5 Generation: Thinking about child survivors and the Holocaust". *American Imago* 59.3 (2002): S. 277-295, hier S. 277.

sie sich des Vergangenen annehmen und den inszenierten Raum erfahren. Die Notwendigkeit des Bauens von kulturellen Brücken bei der Identitätsbildung enthält als Gegenleistung die Pflicht ihres Erzählens. Dieses widmen sie vor allem den Opfern der Geschichte:

> Leben ist nicht Schicksal. Leben ist manchmal das Gegenteil davon. [...] Ich bin im Besitz des Albums, es enthält meinen wahren Stammbaum. Mein Erbe ist das Erbe vieler unglücklicher und einsamer Menschen. Wo immer ich ein Kind sehe, erinnere ich mich ein meinen Stammbaum, an die Kinderfüße, die meinem Vater zum Opfer fielen.[52]

In den Werken Bodrožićs überwiegt eine innere Sicht, mit der sie die Wirklichkeit zu interpretieren anstrebt. Nadeshda wird beruflich Physikerin. Ihre Entscheidung begründet sich nicht durch die Suche nach der präzisen Berechnung der Realität, sondern des Unsichtbaren, welches in den tiefen Schichten dieser Realität verborgen bleibt. „Aber am Ende [...] bin ich nur deshalb Physikerin geworden, die Linien, die die Welt zusammenhalten, können wir nicht mit dem Auge sehen"[53]. Nadeshdas Rückblick stellt wie bei Bodrožić eine Selbst-Erfindung dar. „Unser Blick", schreibt sie, „ist von Natur aus von einem Erfindergeist durchdrungen, der jenseits der erklärbaren Zuordnungen lebt"[54]. Die idyllische mediterrane Natur, die sie als Ressource für ihre erinnernde Stimme findet, wird in ihren Texten als versöhnendes Element für die Geschichte ihres Herkunftslandes eingefordert. Diese Natur, die ihre Kindheit beeinflusst hat und in der Zeit des Krieges zerstört wurde, besitzt noch eine starke Anziehungskraft. Sie ist fähig, sich gegen die menschliche Hand durchzusetzen, die Risse zu beseitigen und die Wunden zu heilen. Außerdem stehen die Libellen, wie andere Tierarten und Lebewesen, die ihre dalmatinischen Landschaften verkörpern, als Metapher ihres Erinnerungsprozesses dar. Aufgrund des Fehlens der wahren Erinnerungen bleibt den erzählenden Figuren nichts anderes übrig, als sich den Zeitzeugen der natürlichen Quellen anzuvertrauen: „Bei all dieser kaltblütigen Schönheit schien es, als hätte die Natur Gottes Rolle übernommen. Mich nahm sie selbstredend unter ihre Fittiche, schenkte mir Zuversicht, ließ mich teilhaben am Zeitmaß der Vögel. Ihre Wahrheit war schrecklich und doch war sie zeitgleich Schirm und Schild"[55].

---

52 Vgl. Bodrožić. Gedächtnis (wie Anm. 4). S. 249.
53 Ebd. S. 21.
54 Vgl. Bodrožić. Das Auge (wie Anm. 49). S. 8f.
55 Ebd. 142.

5. Der Raum als Transitbereich

Laut Marianne Hirsch stellt das Postgedächtnis einen besonderen Erinnerungsraum dar.[56] Aus diesem wird die Vergangenheit nicht zurückgerufen, sondern durch imaginative Investition und schöpferische Ausübung neu erfunden. Das Motiv der Suche nach Erinnerung und Identität wird in Bodrožićs späterem Roman *Kirschholz und alte Gefühle*[57] weiterentwickelt. Ihre Erzählerin, Arjeta Filipo, verlässt Sarajewo, um in Paris Philosophie zu studieren. Wie Nadeshda versucht sie einen neuen Anfang und ihre inneren Lücken mit der Liebe zu füllen. Seit der Kindheit leidet sie an kurzen Aussetzern im Bewusstsein. Die Erzählerin vergleicht das Erinnern mit einem Vogelschwarm, der sie an jeden Ort begleitet und mit ihr reden will, aber sie nicht mit ihm. Die Entscheidung Hiromis, mit dem sie in Paris zusammen wohnt, nach Tokio zurückzukehren sowie das Scheitern ihrer Liebesbeziehung führen dazu, dass sie sich für Berlin entscheidet.

In Arjetas neuer Wohnung in Berlin gibt es kaum Mobiliar außer einem Tisch aus Kirschholz, der ihrer Großmutter gehörte. Der Tisch stellt ihre einzige Verbindung mit der Vergangenheit dar. Nach fünf Jahren beschließt sie, nach der Zeit ihrer Kindheit zu suchen, um die Erinnerungen neu zu beleben und sie in Ordnung zu bringen. Für dieses Vorhaben benutzt sie ein kleines Zimmer im östlichen Teil der Wohnung, für welches sie sich bewusst entscheidet. Auf dem hundertjährigen Tisch, an dem sich Arjeta und Hiromi in Paris über Hannah Arendt unterhalten haben, verteilt sie zum ersten Mal die Fotos aus den Plastiktüten, die ihrer Mutter gehören. Indem sie die Fotos betrachtet, versteht sie, dass die Wunden des Krieges in ihr noch nicht ganz verschlossen sind. Das Schweigen ihrer Familie spürt sie als Last auf ihren Schultern. Sie verwandelt das Zimmer in einen neuen Ort, der die Echos Dalmatiens bewahrt. Die Vergangenheit, die sie zuvor abgelehnt hat, taucht als unverzichtbarer Teil ihres Lebens auf. Dieser neu entstandene Raum gibt ihr die Möglichkeit, sich vom Liebesleid zu erholen und ihrem Leben einen neuen Sinn zu geben.

In *Mein weißer Frieden* fährt die Erzählerin nach Split, nach Imotski, auf die Insel Vis, nach Zadar, in die Krajina, nach Mostar und nach Sarajewo.

---

56 Marianne Hirsch. „Projected Memory: Holocaust Photographs in Personal and Public Fantasy". *Acts of Memory: Cultural Recalls in the Present.* Hg. Mieke Bal/ Jonathan Crewe/Leo Spitzer. Hanover/London: University Press of New England 1999, S. 8f.

57 Für diesen Roman erhielt Bodrožić im Jahr 2013 den Literaturpreis der Europäischen Union.

Während ihrer Reise stellt sie fest, dass es keinen Ort gibt, der nicht vom Krieg gezeichnet ist. Er hat nicht nur die Landschaft zerstört, sondern auch die Seele der dortigen Menschen. Zwischen dem Einst und dem Jetzt klafft für sie ein Abgrund, der eine Wiederbegegnung erschwert. Eine ähnliche Grenze entdeckt sie in ihrer Beziehung mit dem Heimatland. In diesem liegen zwar die Wurzeln ihres Seins, aber sie merkt, dass sie nicht mehr in der Lage ist, die eigene Identität mit dem Boden einer einzelnen Nation zu verbinden. Darüber hinaus sind ihre Erkundungen vor Ort Anlass, um über die Vergangenheit und die Zukunft Europas nachzudenken. In diesen bosnischen und dalmatinischen Gegenden erkennt sie ein „Kaleidoskop europäischer Geschichte"[58]. Neben Gebäuden und Monumenten ist auch die Sprache ein Beispiel dafür, dass es in vergangenen Jahrhunderten nicht nur Krieg und Zerstörung, sondern auch einen permanenten kulturellen Austausch gegeben hat. Daher kommt sie zur Einsicht, dass Europa neue Brücken benötigt, gebaut aber von Menschen und nicht von Völkern. Sie schreibt: „Das unsichtbare Dazwischen ist ein Land. Ich will die Treppen zu diesem Land finden"[59]. Genau dieses Dazwischen, das für sie ein Ideal darstellt, wird in ihrem Erzählen realisiert. So setzen sich die Bilder der von den Figuren bewohnten Erinnerungsräume als eine einzige Einheit zusammen. In diesem projizierten, grenzenlosen Bereich erkennt sie das Ursprüngliche, den natürlicheren Menschenzustand. Nur dort ist es ihr möglich, ihre Zuflucht zu finden:

> Ins Unsichtbare hinein gehen die wissenden Schritte. Die Dielen leuchten honigfarben. Ich bin am Leben. Ich bin. Komm mit, die Zukunft wartet. Sie ist da. Überall. Hinter dem Gatter der Kindheit und an einer Brücke über der Seine, unter einem Maulbeerbaum in Charlottenburg, in deiner Küche, am alten Kirschholztisch, auf dem Balkon, unter den forschenden Blicken der eiligen Schwalben.[60]

6. Die Utopie Europas

Ein zentrales Werk von Hélène Cixous ist ihr Essay *Le Rire de la Méduse* (1975). In diesem bezieht sie sich auf Teresa von Ávila, deren Wissen sie mit dem Bild eines Vogelfluges vergleicht. Ähnlich der spanischen Mystikerin ist

---

58 Vgl. Bodrožić. Frieden (wie Anm. 25). S. 164.
59 Ebd. S. 15.
60 Vgl. Bodrožić. Kirschholz (wie Anm. 2). S. 110.

bei Bodrožić der Vogelflug Symbol der Freiheit des Denkens und der Grenzüberschreitungen, mit der sie in der Sprache experimentiert.

Durch ihr ständiges Unterwegssein zwischen den Räumen webt sie „eine
europäische Kultur des Teilens in Europa"[61]. In einem Interview mit Michael
Braun sagt sie: „[...] das Europäische, die Mehrzahl, als Grundfluidum [ist]
eine Luft, in der ich mich wohl fühle"[62]. In *Das Gedächtnis der Libellen* wird
Nadeshdas Vater als jemand beschrieben, der alle Sprachen der Welt lernen
wollte. Der Verfall der Figur gilt als Bespiel der Korruption des Geistes und
der Gefahr des Vergessens. Zum einen beruht sie auf dem Bild des sozialistischen Vielvölkerstaates, in dem die verschiedenen Sprachen, Religionen
und Kulturen scheinbar harmonisch zusammenlebten, als Anhaltspunkt
ihres Ideals eines vereinten Europas. Was Jugoslawien misslang, verteidigt
Bodrožić, könnte Europa erreichen, wenn die nationalen Konstrukte überwunden würden. Zum anderen betrachtet sie die Annäherung der Menschen
durch die Sprachen als „ein Bündnis zugunsten der Andern diesseits und jenseits der Grenzen"[63]. Dazu äußert sie: „Ich glaube, dass man [...] mit einer
gewissen Distanz die Sprache, die Dinge, die Menschen, überhaupt eine
Landschaft ganz anders sehen kann – oder sie bringt sich selbst anders ins
eigene Sehen"[64]. Sprachen ermöglichen es, sich selbst und andere zu betrachten. Außerdem haben sie ein transformatives Potential.[65] Sie machen nicht
nur diese innere Suche möglich, sondern sie eröffnen die Chance, Neues zu
schöpfen.[66]

Nach Bodrožic ist die Freiheit Europas ihr wertvolles Erbe. Diese Freiheit
ist immer wieder gefährdet. In *Mein weißer Frieden* vergleicht Bodrožić die
Jugoslawienkriege mit Auschwitz. Sie kritisiert den deutschen Bundespräsi-
denten, der 2012 behauptet hat, dass Europa auf sechzig Jahre Friedenszeit

---

61 Hans-Gert Pöttering. „Begrüßung". *Marica Bodrožić. Literaturpreis der Kon-
    rad-Adenauer-Stiftung*. Hg. Michael Braun/Susanna Schmidt. Sankt Augustin/
    Berlin: Konrad Adenauer Stiftung 2017, S. 15.
62 Marica Bodrožić. „Arbeit an der Freiheit". Gespräch mit Michael Braun. Vgl.
    Braun/Schmidt. Literaturpreis (wie Anm. 62). S. 65. Luft und Wasser sind wie-
    derkehrende Elemente in Bodrožićs Prosatexten. Beide sind flüssige, instabile
    Substanzen, die von selbst das Bild der Entgrenzung und Hybridisierung dar-
    stellen. Wie die Sprache, entwickeln sich nach Bodrožić Identitäten nur in per-
    manenter Bewegung.
63 Adolf Muschg, zit. n. Pöttering. Begrüßung (wie Anm. 62). S. 15.
64 Vgl. Bodrožić. Arbeit an der Freiheit. (wie Anm. 63). S. 75.
65 Vgl. Bodrožić. Das Auge (wie Anm. 49). S. 5.
66 Vgl. Bodrožić. Arbeit an der Freiheit (wie Anm. 63). S. 75.

zurückblicken konnte. Seine Vergesslichkeit stellt sie als Beweis dar, dass sich durch Europa noch ein Riss zieht, gefolgt von einer unreifen Erinnerungskultur. Des Weiteren erzählt sie in *Kirschholz und alte Gefühle* über eine deutsche Biologin, die mit Josef Mengele in Auschwitz gearbeitet und dort Augen von Menschen gesammelt hat. Mitte der neunziger Jahre waren die Augen in ihrer Wohnung noch immer in Gläsern aufbewahrt. Man fand sie bei ihr als die Frau starb. Bodrožic erklärt: „[m]ich hat es verstört, dass die deutsche Kritik praktisch nicht darauf eingegangen ist, sondern nur den Balkan im Auge hatte. Es ist immer leichter, das Eigene zu übersehen, aber eben das finde ich beunruhigend"[67]. Es gibt geographische und kulturelle Peripherien, die einem Zentrum suspekt sind. Laut Bodrožić wird alles Chaotische und Nicht-Zivilisierte den anderen zugesprochen, um den eigenen Diskurs auf Dauer zu bewahren und zu legitimieren. Wie Bhabha kritisiert, beschränkt die Überlegenheit eines historischen Blicks die Vision der Realität, indem diese die Möglichkeit verhindert, Simultaneitäten zu finden und Verbindungen im Raum zu erkennen. Die Kriege spiegeln andere Kriege wider und sind alle Feinde der Ethik. Nach dem barbarischen 20. Jahrhundert sieht wie Arendt die Autorin es als Pflicht, mit dem Erinnern und dem Erzählen nicht aufzuhören, um an der Integration und der Abschaffung von Grenzen in Europa intensiver zu arbeiten. Für diese Idee eines Europas soll nach Bodrožić die Identität nicht durch den Boden konstituiert werden. Ihr Konzept von Identität und Heimat entspricht unweigerlich der Suche nach anderen Instanzen wie z. B. die Liebe. Eine Liebe, die verborgen in der Natur der Sprache – als universell betrachtet – liegt. Die ursprünglichen Muster verstecken sich hinter dem Gerüst der Sätze, dem Rhythmus der Klänge und der Schönheit der Worte. Diese geheimen Muster, die im Unterwegssein fließen und die mentalen Grenzen in ihrem zeitlichen Verlauf fortwährend übertreten, stellen letztlich die Essenz des gemeinsamen Lebens dar. „Alles ist Musik," so Bodrožic, „es geht über in den allgemeinen Raum. [...] Ich stelle mir die Luft [...] als ein permanentes Gespräch vor, die Luft ist ein Lexikon, wäre ja schön, wenn wir sie alle irgendwann lesen könnten"[68].

---

67 Ebd. 67f.
68 Ebd. 80.

Giorgia Sogos

Eine Narration in Bewegung zwischen Identität und Alterität

Die Begegnung mit Deutschland im Werk Rumjana Zacharievas

Die erste massive Migrationsbewegung, die sich ab den fünfziger Jahren in der Bundesrepublik Deutschlands ereignete, hat das Bild des Landes unvermeidlich geändert. Diese erste Welle der Arbeitskräfte, die insbesondere auf das Jahr 1959 zurückgeht und aus den südlichen Ländern (hauptsächlich aus Italien und aus der Türkei) kam, hat dazu beigetragen, einen entscheidenden Anstoß auf das Wirtschaftswachstum der Nachkriegszeit zu geben. Bedingt durch das Phänomen der Auswanderung wurde gleichzeitig ein erster Versuch gemacht, sich mit der Arbeitswelt und zwar mit der Realität der ausländischen Arbeiter sowie mit ihrer Beziehung zu der deutschen Gesellschaft kritisch auseinanderzusetzen.

Das Thema der Migration wird so bald Anlass von literarischen Darstellungen. Im Kontext der sechziger und siebziger Jahre entsteht die sogenannte ‚Gastarbeiterliteratur‘, in der die Autorinnen und Autoren sich im Gegensatz zu dem vorherrschenden System setzten und die sozialen Unterschiede sowie die Missverständnisse innerhalb der Gesellschaft beleuchteten. Obwohl ihre Vertreter als Ziel hatten, vielmehr Verständnis in der Öffentlichkeit zu wecken, blieb die Gastarbeiterliteratur als ‚oppositionelle Literatur‘ am Rande der literarischen Szene. Neben dem Begriff ‚Gastarbeiterliteratur‘ erschienen ab Anfang der siebziger Jahre viele andere Bezeichnungen wie ‚Minderheiten-, Fremden- und Ausländerliteratur‘, die neue Fragestellungen auf literarischer Ebene versetzten. Im Rahmen des literarischen Diskurs wird die Perspektive des *Anderen* folglich in den Vordergrund gestellt.

Trotz dieser Entwicklung sowie der sozialen Änderungen, die die Migration als ständig wachsendes Phänomen hervorruft, hat die Mehrheit der Bevölkerung einen gewissen Widerstand gezeigt, die Anwesenheit des Multikulturalismus im eigenen Land zu akzeptieren und so sich selbst als Teil einer vielfältigen Gesellschaft zu betrachten. Diese Unfähigkeit, ein multikulturelles Denken und Handel zu entfalten, verbindet Deutschland mit dem Rest von Europa.[1] Allerdings ist in der deutschen Gesellschaft

---

1 Paul Michael Lützeler. *Schreiben zwischen den Kulturen. Beiträge zur deutschsprachigen Gegenwartsliteratur.* Frankfurt a. M.: Fischer, 1996. S. 7-18.

diese Verschlossenheit gegen die anderen Kulturen immer noch immanent, wie Kemal Kurt richtig betont hat. Das hat mit der Tatsache zu tun, dass Deutschland – anders als England und Frankreich – keine Kolonialmacht war und daher die Beziehung zu der Alterität noch nicht richtig entwickelt hat.[2] Der Provinzialismus der deutschen Kultur erklärt, wie die sogenannte ‚Migrationsliteratur' einen Prozess von Marginalisierung sowie Polarisierung durchlaufen hat: Während die ‚hohe' deutsche Literatur die deutsche Identität widerspiegelt, wird die ‚niedrige' Literatur lediglich als Ergebnis der deutschsprachigen Migrantinnen und Migranten aufgefasst.[3]

Wenn man aber in Betracht zieht, dass das Thema Migration in Zusammenhang mit dem beträchtlichen Einwanderungsprozess ab den fünfziger Jahren seinen Platz in der deutschen Literatur bald gefunden hat, muss man feststellen, wie das die Germanistik erweitert und mit neuen Ansätzen sowie Begriffen bereichert hat. Infolgedessen hat die Literatur der MigrantInnen im Lauf der achtziger Jahre zahlreiche Debatten verursacht. Im Mittelpunkt der Diskussion stand die Notwendigkeit, eine allgemeine Konzeptualisierung bzw. Definition der Germanistik zu geben und über die Rolle der Migrationsliteratur in diesem Zusammenhang zu forschen. Im Gegensatz zu der vorherrschenden Meinung, die der Migrationsliteratur keinen ästhetischen Charakter und eher die Abhängigkeit von der kanonischen deutschen Literatur unterstellt, stellt die Migrationsliteratur vielmehr eine Herausforderung an die deutsche Literaturwissenschaft dar. Diese Herausforderung verwirklicht sich zuerst auf der schriftlichen Ebene. Es handelt sich tatsächlich um eine literarische Produktion von AutorInnen nichtdeutscher Herkunft, die nicht bloß übersetzt, sondern meist direkt in der deutschen Sprache verfasst wird. In ihrer Kritik gegen das vorherrschende System zeigt diese Literatur ihren innovativen sowie revolutionären Charakter und setzt sich daher im Rahmen des postkolonialen Diskurses durch. In dem Machtverhältnis zwischen dem Herrschenden und dem Beherrschten erfüllt sich eine komplette Umkehrung der Perspektive: Nicht die deutsche Gesellschaft und Kultur, die als hegemonisch angesehen wird, sondern die Aussicht der Minderheiten, die diese Gesellschaft kritisch beobachtet und analysiert, steht zum ersten

---

2 Kemal Kurt. *Was ist die Mehrzahl von Heimat? Bilder eines türkischen-deutschen Doppellebens.* Reinbek b. Hamburg: Rowohlt, 1995. Vgl. A. Mansour Bavar. *Aspekte der deutschsprachigen Migrationsliteratur. Die Darstellung der Einheimischen bei Alev Tekinay und Rafik Schami.* München: Iudicium, 2004. S. 18.

3 Hiltrud Arens. *„Kulturelle Hybridität" in der deutschen Minoritätenliteratur der achtziger Jahre.* Tübingen: Stauffenburg, 2008. S. 24-27.

Mal im Vordergrund.[4] Die Werke der ausländischen AutorInnen zeugen von der Begegnung zwischen zwei Kulturen im Sinne einer dialektischen oder konfliktuellen Beziehung, in der *Identität* und *Alterität, Heimat* und *Fremde* im Mittelpunkt stehen. Durch die Darstellung verschiedener Situationen zeigt die Migrationsliteratur, wie der Kontakt mit dem deutschen Umfeld sich realisiert, im Sinne der Anpassung oder Isolierung des Subjekts. Anhand der postkolonialen Theorie von Homi K. Bhabha, der den Begriff ,Hybridität' im Gegensatz zu dem abgegrenzten Konzept von ,Identität' formulierte, verwirklicht die Migrationsliteratur das Zusammenfließen der Identität in die Alterität, wodurch das Subjekt zu dem Integrationsprozess innerhalb der Gesellschaft gelangt. Allerdings ist die Migrationsliteratur teilweise auch Darlegung von Diskriminierung, Ausgrenzung und sozialer Ungleichheit, die die Migrantinnen und Migranten auf verschiedene Ebenen der deutschen Gesellschaft erfahren haben.

Neben der Schilderung alltäglicher Situationen, die meist aus der männlichen Perspektive erzählt werden, in denen zum Beispiel die Männer die Hauptrolle des Arbeiters oder einfach des kritischen Beobachters spielen, findet in der Migrationsliteratur das intime Schreiben der Frauen ihre eigene Stimme. Trotzdem bleiben sie und ihre Werke immer noch am Rande der Forschung, obwohl Autorinnen wie die tschechische Schriftstellerin Libuše Moníková und die Japanerin Yoko Tawada sich durch zahlreiche Auszeichnungen literarisch durchgesetzt haben.[5] Die Frauenliteratur erlebt daher eine doppelte Marginalisierung in der literarischen Rezeption und zwar nicht nur im Vergleich zu dem starken Interesse an Werken der ausländischen Autoren, sondern auch wegen einer gewissen Verachtung gegenüber ihrer literarischen Produktion. In dieser Hinsicht kritisiert Suhr die Einstellung vieler ForscherInnen, die die Literatur der weißen deutschen mit der der ausländischen Frauen vergleichen und vielmehr in den Werken der ersten einen höheren Wert erkennen.[6]

Im akademischen Diskurs befinden sich die Werke der bulgarisch-deutschen Schriftstellerin Rumjana Zacharieva in einer ähnlich

---

4 Ebd. S. 24-34.
5 Ebd. S. 50-51. Arens erläutert, wie das Interesse an den deutschsprachigen Exponentinnen der zeitgenössischen Literaturwissenschaft und an ihren Werken in der Öffentlichkeit gering sei.
6 Heidrun Suhr. „Ausländerliteratur: Minority Literatur in the Federal Republic of Germany". *New German Critique* 46 (1989): S. 92-96.

unterrepräsentierten Lage.[7] Rumjana Zacharieva ist 1950 in Baltschick (Bulgarien), einem Dorf am Schwarzen Meer, geboren. Als Tochter von zwei Sportlehrern lebte sie bis zum dreizehnten Lebensjahr bei ihrer Großmutter mütterlicherseits in Baltschick. Zwei Jahre später lernte sie zufällig am Schwarzen Meer ihren zukünftigen deutschen Mann kennen. Während der Schuljahre am englischsprachigen Gymnasium in der Donaustadt Rousse tauschten sie sich Liebesbriefe aus, bis sie 1970 heirateten. Mit ihm zog die zwanzigjährige Rumjana nach Bonn, wo sie Anglistik und Slawistik studierte. Die literarische Tätigkeit von Rumjana Zacharieva zeigt sich frühzeitig und ebenso intensiv. Ihre ersten Gedichte gehen auf ihre Schuljahre zurück. Als sie dreizehn Jahre alt war, trat sie in Kontakt mit dem großem Literaturkritiker Ljuben Georgiev, der später ihre Gedichte in verschiedenen Zeitungen dem großen Publikum präsentierte. Nach der Veröffentlichung des Gedichts „Rodna rech" („Muttersprache") trat sie bei dem bulgarischen Schriftstellerverband in Sofia ein und ihre Gedichte wurden den wichtigsten Literaturkritikern der Zeit wie Iwan Tzwetkov, Tschavdar Dobrev, Mischev und Ljuben Georgiev vorgestellt. Trotz der Ehre der jungen Dichterin, in Kontakt mit einem solchen berühmten Kreis gekommen zu sein, wurde sie wegen ihres Alters ermutigt, nur Liebesgedichte zu schreiben.[8] An diese Zeit erinnert sie sich in einem Interview, in dem sie betonte, wie der literarische Kreis nur aus Männern bestand.[9] Darüber hinaus lässt sie durchblicken, dass sie als junge Anfängerin geringe Chancen auf dem literarischen Markt erhalten hätte. Trotzdem setzte sie ihre Leidenschaft und Begabung für das Schreiben unerschütterlich fort. Daraus erwächst eine breite literarische Produktion, die ihren Eklektizismus widerspiegelt: neben den Gedichten verfasst sie in der deutschen Sprache Romane und Erzählungen sowie Hörspiele und Übersetzungen aus dem Bulgarischen. Neben ihrer Arbeit als freie Schriftstellerin ist Rumjana Zacharieva seit 1989 auch als Rundfunkautorin für den WDR (Westdeutscher Rundfunk) in Köln tätig.

---

7 Vgl. Arens. Kulturelle Hybridität (wie Anm. 3). S. 50f. Arens erläutert allerdings, dass der Name von Rumjana Zacharieva als einzigen unter fünfzehn Männern im Rahmen der Vorträge für das Kolloquium 1985 zum Thema ‚Ausländerliteratur' in Bad Homburg vertreten wurde.

8 Vgl. Ekaterina Klüh. *Interkulturelle Identitäten im Spiegel der Migrantenliteratur: Kulturelle Metamorphosen bei Ilija Trojanow und Rumjana Zacharieva*. Würzburg: Königshausen & Neumann, 2009.

9 Safiye Can. „Ich war keine Heldin, nie eine gewesen!" Rumjana Zacharieva im Interview mit der Heinrich Böll Stiftung. *Heimatkunde*. 16. September 2014.

Nur fünf Jahre nach ihrer Ankunft in Deutschland und zwar im Jahr 1975 begann Rumjana Zacharieva auf Deutsch zu schreiben, eine Sprache, die sie vorher nicht beherrschte. Ihre erste deutsche Veröffentlichung war ein Gedichtband *Geschlossene Kurve* (1978), für den sie den Förderpreis des Landes Nordrhein-Westfalen erhielt. Neben weiteren Gedichtbänden wie *Fegefeuer* (1979) und *Schwur* (1984), in denen lyrische Elemente ihrer Heimat und ihrer eigenen Geschichte auf Deutsch enthalten sind, schrieb sie auch die Romane *Sieben Kilo Zeit* (1991) und *Bärenfell* (1992), die zusammen mit *Transitvisum fürs Leben* (1993) eine Trilogie mit autobiographischen Zügen bilden. Durch die Hauptfigur Mila geht sie im Roman *Sieben Kilo Zeit* auf ihre Kindheit in Bulgarien zwischen dem Ende der fünfziger und der Mitte der sechziger Jahre ein. Vor diesem Hintergrund gibt die Schriftstellerin ein Bild von den Pflichten, die ein Grundschulkind in der sozialistischen Zeit hatte. Unter anderem erinnert Rumjana Zacharieva daran, dass in den Sommerferien jedes Kind sieben Kilo Kamille pflücken, zweiundzwanzig Bücher lesen, jeden Tag die Schönschrift üben und die Sommerliste der unbekannten Wörter ohne Zuhilfenahme des Wörterbuchs schreiben musste. Im Roman *Bärenfell* kehrt die schon 46-jährige Mila im Sommer 1996 mit ihrem deutschen Mann und ihren zwei Töchtern in ihre Heimat zurück. Hier wird sie mit ihrer Vergangenheit sowie mit ihrer neuen und fremdsprachlichen Identität konfrontiert. Getrieben von Erinnerungen an ihre Jugend im poststalinistischen Bulgarien einerseits, und von den zwanzig Jahren in Deutschland als Ausländerin andererseits, befreit sich die Schriftstellerin Mila schrittweise von dem sogenannten ‚Bärenfell‘, das mit der Zeit dicker geworden ist und als eine Art Schutzmantel gegen Anpassung galt. Diese Befreiung ergibt sich im Laufe einer Wanderung ins Balkangebirge.

Die Erfahrung mit der Alterität wird von der Hauptfigur Mila im Roman *Transitvisum fürs Leben* geschildert, die fünfunddreißig Jahre ihres Lebens in Deutschland und zwar in Bonn wieder durchgeht. Auf diesen Roman, in dem die Begegnung Milas mit Deutschland thematisiert wird, konzentriere ich meine Analyse. Die Ankunft Milas im Westdeutschland der siebziger Jahre fällt mit der schnellen Heirat mit Johannes zusammen, einem jungen deutschen Architekt, den Mila und ihre Eltern an einem Sommertag 1966 in Warna am Schwarzen Meer kennenlernten. Die Erzählung stellt die Eindrücke sowie die Schwierigkeiten einer jungen bulgarischen Frau dar, die aus dem sozialistischen Osten in die Welt des Kapitalismus landet und sich mit einer fremden Kultur und Sprache auseinandersetzen muss. Der Kontakt mit der Fremde entpuppt sich für Mila als eine Art von Schock: Das Zusammenleben mit dem deutschen Ehemann, das in einen Zusammenstoß zwischen zwei Kulturen und Mentalitäten mündet, und die Unfähigkeit, die deutsche Sprache zu beherrschen, treibt Mila zur Isolation und zur Einsamkeit. Trotzdem überwindet Mila am Ende diese Phase und dank eines Anpassungsprozesses gelingt es ihr, sich selbst als Teil der deutschen Gesellschaft zu fühlen.

In dieser Narration in Bewegung zwischen Identität und Alterität realisiert sich der Kontakt mit der Alterität in drei verschiedenen Phasen, die die Beziehung Milas zu ihrer eigenen Identität enthüllen.

Die Fremde erscheint ihr zum ersten Mal in der bekannten Heimat durch die Figur eines „jungen (Ende zwanzig), großen, brünetten, sportlichen, sehr männlichen Mannes"[10], der mit seinem charmanten Lächeln und seiner englischen Aussprache als Verkörperung der kapitalistischen Welt angesehen wird. Der *Westler*, dessen Erscheinung wie eine Art von Epiphanie beschrieben ist, fasziniert sofort die Eltern von Mila, die den jungen und erfolgreichen Architekt aus Westdeutschland als zukünftigen Bräutigam für ihre Tochter betrachten. Getrieben von ihren Träumen, den Eintritt ihrer Tochter in die kapitalistische Welt zu erleichtern, versuchen sie die Aufmerksamkeit des Fremden auf die Eigenschaften von Mila zu lenken. Ähnlich wie Verkäufer preisen sie die poetische Begabung und Interesse des Mädchens an und werben für sie. Das Mädchen wirkt so als unbewusstes Opfer ihrer Eltern, das als kostbare Ware für den besten Käufer gehandelt wird. Diese erste Begegnung mit dem „noch nie Erfahrenem"[11] und zwar mit dem „echten westdeutschen Kapitalist"[12] bezaubert jedoch auch Mila, die mit dem deutschen Architekt das Interesse für Kunst teilt. Der echte Kontakt mit der Alterität konkretisiert sich vier Jahre später, als die schon verheiratete Mila am Frankfurter Flughafen landet und dort ihren Mann trifft. Das Warten im großen Saal verwandelt sich in eine Art von Show: aus verschiedenen Richtungen wecken die bunten und leuchtenden Reklametafeln ihre Aufmerksamkeit, die sie mit Slogans und Werbung in Versuchung bringen, ihr Geld auszugeben. Alles wird von Mila mit Begeisterung beobachtet. So steht diese erste Phase unter dem Zeichen des Enthusiasmus, da die junge Bulgarin bald feststellt, dass sie in die Welt des Fortschritts eingetreten ist.

Da die Auseinandersetzung mit der Alterität einen ständigen Vergleich zu der eigenen Identität impliziert, zieht Mila automatisch eine Parallele zwischen dieser fremden Welt und ihrer Heimat, die mit kritischem Abstand betrachtet wird. Im ‚Herzen des Kapitalismus' merkt Mila, dass die

---

10 Rumjana Zacharieva. *Transitvisum fürs Leben*. Berlin: Horlemann, 2012. S. 12.
11 Ebd.
12 Ebd. S. 13.

Deutschen den Kult der ‚Zivilisation' pflegen. Im Gegensatz zu den groben und aufdringlichen Manieren des bulgarischen Volkes zeigen sich die Deutschen vielmehr als freundlich und respektvoll. Die Reklame mit ihren Lichtern und Farben scheinen sie im Land der Höflichkeit und Sauberkeit in den Wirbel des Konsums sozusagen schweigsam hineinzureißen. Dieser Überfall wird allerdings von der jungen Bulgarin, die aus dem sozialistisch-kommunistischen System stammt, auf eine positive Art und Weise interpretiert: der Eintritt in das „Wunderland" – so bezeichnet Mila die kapitalistische Welt – entspricht einem Befreiungsprozess von der „Wir-Bewusstseinseinhaltung" zugunsten der Freiheit, Demokratie und des Triumphs des Individualismus.[13] Ebenso enthüllt sich die Fahrt mit dem Volvo ihres Mannes auf der Autobahn nach Bonn als eine euphorisierende Erfahrung. Mila entdeckt hier, wie der Geruch des Neuen, des Sauberen und des Fremden überall herrscht. Die deutsche Landschaft eröffnet sich den Augen der neugierigen Beobachterin in ihrer perfekten Ordnung, als ob eine klare Linie am Wegesrand gezogen würde im Gegensatz zu dem „natürlichen Chaos auf [den] bulgarischen Straßen"[14]. „Eine fremde Schönheit"[15] erscheint Mila ihr neues Haus, „die weiße Villa in der Rheinallee, Schwester unzähliger weißer, beige-, lindgrün-, hellblau-, helllila- und sogar rosafarbener Villen"[16], wo alles „angenehm kühl und erschütternd sauber ist"[17]. Dieses Eintauchen in die Stille, Sauberkeit und Helligkeit evoziert noch einmal die Erinnerung an die „alten, dunkeln, schmuddeligen und sozialistisch miefigen Pappkoffer"[18] ihrer Heimat, „die nach Moder riechen"[19]. Außerdem spiegelt sich diese erste Begeisterung für die Fremde auch in der Beziehung Milas zu ihrem Mann Johannes. Obwohl Mila ihren deutschen Mann noch nicht gut kennt, sieht sie in ihm die Erfüllung all der kühnsten Träume ihrer Mutter sowie aller bulgarischen, balkanischen und Ostblock-Mütter: im Westen zu leben und mit einem Westler verheiratet zu sein.

Seit dem Enthusiasmus der ersten Phase zeigt das Leben in der Fremde Licht und Schatten. Dank Johannes, der die Rolle zwischen Mila und der Alterität spielt, wird ihr die Fremde mit der Zeit immer bekannter. So lernt

---

13 Ebd. S. 9.
14 Ebd. S. 26.
15 Ebd. S. 28.
16 Ebd.
17 Ebd.
18 Ebd.
19 Ebd.

Mila in dieser zweiten Phase einige Aspekte der deutschen Kultur kennen, die aus der Perspektive der bulgarischen Frau merkwürdig oder lustig sind. In diesem Zusammenhang kann Mila zum Beispiel ihre Überraschung nicht verbergen, als sie in den rheinischen Vorgärten die Zwerge entdeckt, oder als sie in dem Obst- und Gemüsegarten ihrer Schwiegereltern bemerkt, dass alles ordentlich und sauber erscheint. Diese kulturellen Unterschiede tauchen vor allem von der ersten Begegnung an mit ihren Schwiegereltern auf, bei denen Mila in einer Art von interkulturellem Austausch die kulinarischen Gebräuche und Traditionen erfährt. Der Roman hebt aber gleichzeitig hervor, wie die Wahrnehmung der Alterität von Klischees und Vorurteilen geprägt ist. So erscheint Deutschland für Mila von Anfang an als das Land der Sauberkeit und Höflichkeit und die Deutschen als barbarisch, sauber, ordentlich und stolz. Ebenso wird die bulgarische Mila aus der Perspektive des zivilisierten Johannes als eine ‚Barbarin‘ betrachtet. Auf diese Weise unterzieht Johannes seine Ehefrau einem ständigen Erziehungsprozess, der als Ziel hat, Mila die guten deutschen Manieren beizubringen und sie zu einem Teil der bürgerlichen Gesellschaft zu machen. Obwohl Johannes dieselbe Absicht wie Milas Eltern hat, handelt er anhand einer männlichen Logik, die auf die Unterwerfung der Frau zielt. Die Hauptfigur wird daher Gefangene eines skrupellosen Mechanismus‘, der ihre Würde, ihren Verstand und ihr Selbstbewusstsein vernichtet und ein Gefühl von Ohnmacht, Schuld und Scham erzeugt. Im Lauf dieses langsamen und stillen Zähmungsprozesses, in dem eine Anforderung des Mannes mit einem Geschenk gemildert wird, erkennt Mila manchmal „eine barbarische Tat"[20]. Allerdings ist sie unfähig zu reagieren, da sie durch die ökonomische Abhängigkeit und aus Dankbarkeit an ihn gebunden ist. Diese Ambivalenz in der Beziehung mündet in eine weitere Entfremdung, sodass Mila eine doppelte Alterität erlebt, die sich auf der privaten und öffentlichen Ebene ergibt.

> Von einem Moment auf den anderen verwandelt sich mein Bräutigam, mein Ein und Alles, erneut in einen Fremden, noch schlimmer, in einen fremden Deutschen. Mir ist kalt, mich friert von Kopf bis Fuß, denn fortschrittliche Bulgaren mögen keine Deutschen, sondern Franzosen, Engländer und Amerikaner.[21]

Johannes, der als ein Bindeglied zwischen dem *drinnen* und *draußen* beziehungsweise zwischen Identität und Alterität fungieren sollte, trägt zu einer

---

20 Ebd. S. 35.
21 Ebd. S. 25-26.

progressiven Entwertung der Identität einerseits und der Isolierung der Frau andererseits bei, da er ihre poetischen Träume unterdrückt. Die Einsamkeit Milas wird vor allem von der deutschen Sprache verstärkt, die als eine Grenze zwischen ihr und der Welt aufgebaut ist. Die Ankunft in Deutschland bedeutet für sie den Aufenthalt „im Land der verlorenen Muttersprachen"[22]. Zu einer ersten, plötzlichen Erfahrung mit der deutschen Sprache kommt es im Auto, als Johannes das Radio anstellt. Diese schockierende Entdeckung wird so registriert:

> Solange ich am Flughafen war, im Sprachfetzenwirrwarr aus Deutsch, Englisch, Französisch, aus lauter slawischen und anderen Sprachen, war mir nicht bewusst, dass ich vollkommen isoliert und allein bin. Hier im Auto höre ich dem deutschen Berichterstatter aufmerksam zu, verstehe kein Wort und eine eisige Gänsehaut überzieht meinen Rücken, pflanzt sich bis ins Herz fort, bis in die Eingeweide hinein. Gott sei Dank spricht Johannes Englisch mit mir, Englisch verstehe ich nach fünf Jahren englischsprachigem Gymnasium sehr gut, aber Deutsch... Wenn Deutsch wenigstens Russisch wäre! Warum hab ich kein Deutsch gelernt? Wie soll das werden, ohne Sprache?[23]

Mila erfährt auf diese Weise, wie die Alterität ihre negativen Seiten in sich birgt und mildert ihre Isolation mit der Nostalgie des Bekannten, die in den Konturen ihrer Heimat liegt sowie ihrer ersten Liebe für den bulgarischen Künstler Alexander. Die Sprachlosigkeit und der Verzicht auf ihre literarischen Träume erzeugen in ihr einen emotionalen Stress, der von Alpträumen bis hin zu Suizidimpulsen führt.

Während der Schlafkur erlebt Mila eine neue Phase, die unter dem Zeichen der Wiedergeburt steht. Ein neues Leben regt sich in ihr und nach diesem neuen Gefühl entscheidet sie sich, nicht mehr von der Vergangenheit zu träumen, sondern in der Gegenwart zu leben und ihre Wurzeln in der deutschen Gesellschaft zu schlagen. In einer Art von Herausforderung an die patriarchalische Ordnung lernt sie die deutsche Sprache, sie zu beherrschen und als kreatives Mittel einzusetzen. Dieser Emanzipationsprozess gelingt mit Hilfe der mit ihr befreundeten deutschen Ärztin Stella. Durch sie lernt Mila, Herrin ihres Lebens zu werden und sich als Frau, als Mutter zwei Töchter und als bulgarisch-deutschsprachige Schriftstellerin durchzusetzen.

Diese Metamorphose realisiert sich deutlich durch die Begegnung mit der deutschen Sprache, die ihre Assimilation in der deutschen Gesellschaft

---

22 Ebd. S. 36.
23 Ebd. S. 21.

markiert. Als Beherrscherin dieses Befreiungsprozesses lässt sich Mila von der Macht der Sprache erobern und gleichzeitig überschwemmen. In der deutschen Sprache verschmilzt sie ihren ursprünglichen Wunsch, der Teil ihrer Identität ist, mit ihrer neuen Identität: eine Schriftstellerin zu werden und auf Deutsch zu schreiben.

Die neue Sprache Deutsch, der ich von Anfang an schutzlos ausgeliefert war und immer noch bin, attackiert mich permanent, nimmt mich zusätzlich von außen ein. Das Leben in mir teilt seine Zellen rasant, überflutet mich mit einer Überproduktion an Hormonen, die mir den Verstand benebeln und zu bestimmten Zeiten des Tages und der Nacht tatsächlich rauben. Mein Bewusstsein, in dessen Zentrum mein Ich thront, verliert Konturen. Ich kann nicht feststellen, wann und in welcher Weise ein neues Wort oder ein Satz mein Inneres erreicht, wann, wie, wo es in mir reift und eines Tages durch meinen Mund geboren wird. Nur das Aufhellen im Gesicht meines Gegenübers, während ich mich auf Deutsch zu unterhalten versuchte, zeugt von Fortschritten im Lernprozess.[24]

Auf diese Art und Weise nimmt Mila die Alterität nicht mehr als etwas Fremdes wahr, sondern als Teil ihrer Identität, vereinnahmt diese und überträgt sie auf ihre Töchter als Teil ihres kulturellen Erbes. Denn – dem Motto des Buches nach – das Leben ist in diesem metamorphischen Prozess zum Durchfahren da. Ein Transitvisum genügt.

---

24 Ebd. S. 128.

Olga García

Eine Literatur, die auswandert

Oder: sich fremd fühlen im eigenen Leben. Deutsche Literatur aus Rumänien

Wie niemals zuvor in der Menschheitsgeschichte leben wir in einer Epoche, in der der sogenannte *homo migrans* dominiert. Dieser schon vor Jahrzehnten von dem Historiker Klaus J. Bade geprägte Begriff beschreibt Menschen, die sich durch verschiedene Länder, Kulturen und Sprachen bewegen; er umfasst sowohl Immigranten, die auf der Suche nach besseren Arbeitsbedingungen sind, politische Dissidenten, politisches Asyl Suchende, religiös verfolgte Flüchtlinge, Ausgewanderte, *Familiennachzügler,* die Bader „*eurokoloniale Rück- und postkoloniale Zuwanderer*" nennt.[1] Zugleich hat man festgestellt, dass rein rechnerisch, noch nie in der Geschichte so viele Menschen außerhalb ihrer Muttersprache gelebt haben wie heute.

Die Auswirkung, die die übermoderne Mobilität, die globale Migration auf die Neukonzipierungen der Nationalliteraturen hat, ist ein komplexes Phänomen wie die Untersuchung der Literatur und der Migration. Es soll – für den Moment zumindest – bewusst auf jeden konzeptuellen Begriff verzichtet werden, da sich später in dieser Arbeit einer der Fokusse darauf richten wird, zu analysieren, wie die Literaturwissenschaft, die Medien und die Literaturkritik deutschsprachige Emigranten aus Rumänien behandelt haben, die in den 80er Jahren in die Bundesrepublik Deutschland auswanderten. In gewisser Hinsicht handelt es sich bei diesen Personen um Repräsentanten eines atypischen *homo migrans,* da diese nach ihrer Übersiedlung nach Deutschland nun in einem Land leben, dessen offizielle Sprache ihre Muttersprache ist – ganz im Gegenteil zu der Situation in ihrem Herkunftsland.

Die Existenz deutscher Sprachinseln in der Region Siebenbürgen reicht bis ins 12. Jahrhundert zurück, im Banat ist sie seit dem 18. Jahrhundert dokumentiert. In diesen beiden geographisch-kulturellen Gebieten des heutigen Rumäniens hat ohne Unterbrechung ein deutschsprachiger Bevölkerungsteil gelebt: die sogenannten *Siebenbürger Sachsen* und die *Banater Schwaben.*

---

1 Klaus J. Bade. *Homo migrans. Wanderungen aus und nach Deutschland. Erfahrungen und Fragen.* Essen: Klartext, 1994. S. 13.

Zwischen den beiden Gruppen gab es untereinander keinerlei Austausch und bis weit in die Anfänge des 20. Jahrhunderts existierten keine oder nur spärliche Beziehungen zur rumänischen Bevölkerung. Jedoch – und im Gegenteil zu deutschsprachigen Minderheiten in Osteuropa und der ehemaligen Sowjetunion – wurden diese nicht aus Rumänien vertrieben, wie dies in Polen oder in der Tschechoslowakei der Fall war, noch wurden sie, wie in Yugoslawien, vernichtet. Dies geschah jedoch nur wegen der guten Beziehungen zwischen den Bruderregimen der Diktaturen Antonescus und des „Dritten Reichs". Ebenfalls im Gegenteil zu anderen deutschsprachigen Minderheiten Osteuropas war in Rumänien Deutsch Bildungs- und Kultursprache, ein Umstand, der es ermöglichte, dass sich genuine literarische Ausdrucksarten entwickeln konnten, die zusammen die sogenannte ‚fünfte deutsche Literatur' bildeten.

Diese auf ihren kompakten linguistischen Inseln verankerten Sprachgemeinschaften sollten die Protagonisten einer inversen Migration und eines tatsächlichen Exodus werden, um als „Deutsche unter Deutschen"[2] zu leben, wie ein bekanntes Motto aus den 80ern lautete.

In diesem Jahrzehnt verließ eine ganze Generation von Literaten aus politischen Gründen die Sozialistische Republik Rumänien, unter ihnen Johann Lippet, Rolf Bossert, Werner Söllner, William Totok, Richard Wagner und Herta Müller. Aus den Ereignissen auf der deutschen Literaturbühne der späten 80er und der frühen 90er Jahre ragt das plötzliche Interesse an dieser Schriftstellergeneration hervor.[3] Die komplexe Verflechtung zwischen politisch-sozialen Ereignissen in Osteuropa hatte zur Folge, dass die Bürger Westeuropas, wenn auch nicht auf eine von Exotismus freie Art und Weise, wiederentdeckten, dass es in einem abgelegenen Winkel Südosteuropas Leute gab, die auf Deutsch dachten und schrieben.

Ebensowenig darf vergessen werden, dass innerhalb des Auflösungsprozesses der Ostblockstaaten Rumänien einen Sonderfall darstellt. Ohne jeglichen Zweifel kann behauptet werden, dass in jenen turbulenten Jahren die deutsche Literatur aus Rumänien zu einer Mode wurde: man veranstaltete Seminare, an denen Autoren teilnahmen, die schon in Deutschland ansässig waren, entsprechende Werke wurden herausgegeben, es erschienen diverse

---

2 Manuela Westphal. „Familiäre und berufliche Orientierungen von Aussiedlerinnen". *Aussiedler: deutsche Einwanderer aus Osteuropa*. Hg. Klaus J. Bade/Jochen Oltmer. Osnabrück: Universitätsverlag Rasch, 1999. S. 127-149, hier S. 127.

3 Vgl. Cristina Tudorica. *Rumäniendeutsche Literatur (1970-1990). Die letzte Epoche einer Minderheitenliteratur.* Tübingen/Basel: Francke, 1997.

Anthologien mit literarischen Produktionen sowohl von Emigranten als auch von Personen, die sich noch in Rumänien befanden – und an Preisen und Auszeichnungen mangelte es nicht.[4]

Diese Autoren verwandelten sich in die Repräsentanten der ‚rumäniendeutschen Literatur‘. Jedoch handelt es sich hier bereits um das erste terminologische Problem, da die *rumäniendeutsche Literatur* ein Konzept mit verschiedenen Bedeutungen darstellt, das sogar für die Repräsentanten dieser (vorsichtig und unter Vorbehalt formuliert) Literatur selbst ein komplexes ist. Der Begriff ‚Rumäniendeutsche‘ taucht nach dem Ersten Weltkrieg auf, um verschiedene deutschsprachige Volksgruppen zu bezeichnen, die im – während des monarchischen Regimes – sogenannten Großrumänien angesiedelt sind: es handelt sich dabei um die *Siebenbürger Sachsen,* die *Banater Schwaben,* deutschsprachige Bevölkerungsgruppen in der Bukowina, in Bessarabien oder in der Dobrudscha nahe dem Schwarzen Meer.[5]

Der Begriffsgebrauch wurde im Verlauf der folgenden Jahrzehnte beibehalten, jedoch mit der Besonderheit, dass ein Konzept, das aus einer politischen Neuordnung stammt, in die Literaturgeschichte übergeht, um mit ihm die literarische Produktion von Bevölkerungsgruppen deutscher kultureller Herkunft zu bezeichnen. Deshalb ist die Bezeichnung ‚rumäniendeutsch‘ ein *Kunstwort.* Man denke daran, dass gemäß dieser Logik sich auch das Werk von Dichtern wie Rose Ausländer und Paul Celan unter diesen Begriff subsummieren ließe. In einem weiteren Schmierenkomödienakt, der nicht mit ‚Noch schwieriger‘, sondern vielmehr mit ‚Noch absurder‘ betitelt war, wurde das Konzept ‚rumäniendeutsch‘ durch den unaufhaltsamen Größenwahnsinn des Ceaușescu-Regimes sogar noch ausgeweitet und man errichtete mit ihm eine rumänische literarische Historiographie, die sich bis in vergangene Zeiten ausdehnte.

So wurde beispielweise Nikolaus Lenau zur rumänischen Literaturgeschichte gezählt! Angesichts eines solchen historischen, geographischen und kulturellen Unsinns hätte man im Grunde erwarten können, dass, wenn das Regime schon Trajan als ‚unseren Kaiser‘ betrachtete und verehrte, es auf

---

4 Auswahl der Anthologien: *Nachrichten aus Rumänien. Rumäniendeutsche Literatur.* Hg. Hans Stiehler. Hildesheim/New York: Olms Presse, 1976. *Ein Pronomen ist verhaftet worden. Die frühen Jahre in Rumänien. Texte der Aktionsgruppe Banat.* Hg. Ernest Wichner. Frankfurt a. M.: Suhrkamp, 1992. *Das Land am Nebentisch. Texte und Zeichen aus Siebenbürgen, dem Banat und den Orten versuchter Ankunft.* Hg. Ernest Wichner. Leipzig: Reclam, 1993.

5 Vgl. Annemarie Weber. *Rumäniendeutsche? Diskurse zur Gruppenidentität einer Minderheit (1944-1971).* Köln/Weimar/Wien: Böhlau, 2010.

gleiche Weise auch Maria Theresia als ‚unsere Kaiserin' in die offizielle Historiographie hätte inkorporieren können.

Tatsache ist, dass sich der Begriff ‚rumäniendeutsch' bis in unsere Tage gehalten hat, auch wenn er ein bloßes Konstrukt sein und von den Mitgliedern der nationalen Minderheit selbst und im Zusammenhang seiner Umwandlung, um mit ihm eine Literatur zu definieren, kontrovers diskutiert worden sein mag. Die verschiedenen Positionen dieser Diskussion lassen sich in der Sonderausgabe der Zeitschrift *horen* von 1987 und in dem im Jahr 1989 erschienenen Band mit dem Titel *Nachruf auf die rumäniendeutsche Literatur,* welcher das Ergebnis eines Treffens an der Universität Marburg war, nachlesen. Der kontroverse Begriff war Gegenstand von Polemiken wie es verschiedene Sammelbände, die in den 90er Jahren veröffentlicht wurden, zusammenfassend belegen. Unter den Autoren selbst vertritt Richard Wagner die gegenläufigste Position bezüglich des Begriffs. In einem persönlichen Gespräch im Jahr 1995 korrigierte er folgendermaßen meinen Gebrauch des Adjektivs ‚rumäniendeutsch'.

> Wenn Sie sagen, eines Rumäniendeutschen Schriftstellers, dann kann man das auf zwei Arten verstehen, entweder man versteht es in dem Sinn von der Herkunft her, daß ich aus diesem Zusammenhang komme, also einfach persönlicher Art, oder man versteht es in einer traditionellen Weise wie früher auch die Rolle der rumäniendeutschen Autoren verstanden wurde, nämlich als Personen, die verantwortlich wären für die Minderheiten, die öffentliche Personen wären und auch eine kulturpolitische Rolle hätten im Bezug auf die Minderheiten, so verstehe ich mich nicht. Ich verstehe das im Bezug auf mich persönlich, deshalb sehe ich keine Aufgabe für mich der Minderheit gegenüber, ich sehe einfach Interessen bei mir, die mit meiner Biographie zu tun haben, da war es für mich wichtig, solche Lebensläufe zu schreiben, wie das in *Begrüßungsgeld* und *Ausreiseantrag, Die Muren von Wien* ist oder auch in *Giancarlos Koffer,* aber ansonsten sind, wenn man von Aufgaben des Schriftstellers sprechen will, sind das Aufgaben eines Schriftstellers hier als deutscher Schriftsteller, die mich weitgehend interessieren, das heißt ich schreibe neben meinen literarischen Büchern ja auch Essays vor allem über osteuropäische Phänomene, über und danach diese Phänomene jetzt, aber auch über deutsche Phänomene, ich schreibe auch Glossen, ich schreibe auch in Zeitungen, und das sind Themen, die meistens direkt nichts mit Rumänien zu tun haben, über Rumänien in Zeitungen habe ich seit langem nicht mehr geschrieben, [...][6]

---

6 Olga García. „Deutsche Literatur wäre in dem Sinn föderal... Gespräch mit Richard Wagner". *Anuario de Estudios Filológicos XIX* (1996): S. 223-239, hier S. 239.

Darüberhinaus ist es bekannt, dass er und die Mitglieder der *Aktionsgruppe Banat*[7] sich in Wirklichkeit als Repräsentanten einer antirumäniendeutschen Literatur verstanden wissen wollten.

Was nun die rumäniendeutsche Literaturgeschichte betrifft, so haben wir als Aktionsgruppe ja damit angefangen, gegen die rumäniendeutsche Literaturgeschichte zu schreiben. Wir haben uns nicht empfunden als Teil der rumäniendeutschen Literatur, sondern als eine Art anti-rumäniendeutsche Literatur.[8]

Von germanistischer Seite aus hat man versucht, alternative Begriffsdefinitionen zu skizzieren. Heinrich Stiehler spricht von der „deutschsprachigen Literatur Rumäniens", Horst Fassel verwendet die Formulierung „deutsche Literatur auf dem Gebiet des heutigen Rumänien"[9] und Roxana Nubert schreibt über die „deutschsprachige Literatur im rumänischen Kulturraum"[10].

Nichtsdestotrotz wirbt René Kegelmann für die Beibehaltung des Begriffs und argumentiert folgendermaßen:

> Mir erscheint es [...] am plausibelsten, beim Begriff „rumäniendeutsche Literatur" zu bleiben, da er sich als einziger [sic!] der diskutierten Bezeichnungen auch auf die in der BRD entstandene Literatur anwenden läßt. [...] In dem Begriff „rumäniendeutsche Literatur" ist die Prägung durch die rumänische Umgebung und der Bezug zur deutschen Literatur und Sprache enthalten.[11]

---

7   1972 gründet Richard Wagner gemeinsam mit seinen Studienfreunden Rolf Bossen, William Totok, Gerhard Ortinau, Anton Sterbling, Johann Lippet, Ernest Wichner, Werner Kremm und Albert Bohn die sogenannte *Aktionsgruppe Banat*, die knapp drei Jahre später vom Geheimdienst zerschlagen wurde.

8   Wilhelm Solms. Hg. *Nachruf auf die rumäniendeutsche Literatur*. Marburg: Hitzeroth, 1990. S. 269.

9   Diana Schuster. *Die Banater Autorengruppe: Selbstdarstellung und Rezeption in Rumänien und Deutschland*. Konstanz: Hartung-Gorre, 2004. S. 20.

10 Bezüglich der terminologischen Betrachtung aus der Perspektive Rumäniens sei hier erwähnt, dass Roxana Nubert, Lehrstuhlinhaberin der Universität Timişoara im Rahmen des Kongresses *Germanistik zwischen Regionalität und Internationalität: 60 Jahre Temeswarer Germanistik*, der das sechzigjährige Bestehen der Fachrichtung Germanistik feierte, mit dieser Definition eine der Kongresssektionen betitelte. Im Gegensatz dazu trug die Sektion im Rahmen eines 1996 abgehaltenen Kongresses den Titel *Deutschsprachige Literatur in Südosteuropa*.

11 Rene Kegelmann. *„An den Grenzen des Nichts, dieser Sprache..." Zur Situation rumäniendeutscher Literatur der achtziger Jahre in der Bundesrepublik Deutschland*. Bielefeld: Aisthesis, 1995. S. 19.

Oder die letzte Formulierung zum Thema:

> Das heißt auch, dass die rumäniendeutsche Literatur in meinem Verständnis
> nicht mehr existiert, seit ihre Autoren und Leser ausgereist sind und nicht mehr
> auf dem gemeinsamen rumänischen Territorium leben. Im Übrigen jeder, den
> ich kannte, der in dieser Literatur schrieb, schrieb nicht, um in dieser Literatur
> zu bleiben, sondern um in die deutsche Literatur herauszufinden.[12]

So muss man, auch wenn schon so der Begriff an sich eine hohe Komplexität
aufweist,[13] noch die Positionen der Literaturkritik und der Literaturwissenschaft hinzufügen, die seit Jahrzehnten darum bemüht sind, Fachbegriffe zu
skizzieren, die erfolgreich die unterschiedlichen Phänomene *Literatur* und
Migration in Einklang miteinander bringen. Dieses Unterfangen war ein
terminologisches Experimentallabor, dessen Arbeit mittlerweile vollständig zum Erliegen gekommen ist. Nachdem heutzutage obsolete Begriffe wie
*Gastarbeiterliteratur, Ausländerliteratur, Migrantenliteratur, Migrationslite-
ratur* etc. überwunden wurden, fügte man eine lange Liste mit Begriffsneu-
definitionen hinzu, die nicht davon ablässt, die riesige Wirklichkeit, auf die
sie vorgibt sich zu beziehen, neu- und umzudefinieren. Zugleich haben sich
weitere Syntagmen wie ‚multikulturelle oder interkulturelle Literatur‘ in
beständige modische Begriffsetiketten verwandelt, so kann auch Anna Rossell anmerken:

> Ahora sabemos que en Europa existe una sociedad multicultural, que como
> consecuencia de ello se produce una *literatura intercultural*, [...]. Y de repente
> el mundo adquiere conciencia de su pluralidad. ¿Es que no sabíamos antes que
> el mundo era plural?[14]

Andererseits bestände die Möglichkeit, sich zu fragen, ob die Adjektive
‚interkulturell‘ und ‚multikulturell‘ nicht ein Element der Distanzierung

---

12 Richard Wagner/Christina Rossi. *Poetologik. Der Schriftsteller Richard Wagner
   im Gespräch*. Klagenfurt: Wieser, 2017. S. 59.

13 Eine eingehende Darstellung der Begriffsgeschichte findet sich bei Andrei Cor-
   bea-Hoisie. „Erneute Anmerkungen zum Begriff „Rumäniendeutsche Literatur". Versuch einer ideologiekritischen Dekonstruktion". *Pluralität: eine inter-
   disziplinäre Annäherung. Festschrift für Moritz Csaky*. Hg. Gotthart Wunberg/
   Dieter A. Binder. Wien/Köln/Weimar: Böhlau, 1996. S. 81-99.

14 Anna Rossell. „Manifestaciones poéticas de la identidad en la literatura de auto-
   res neoalemanes: ¿a qué llamamos literatura intercultural?" *Revista de Filología
   Alemana* 15 (2007): S. 127-137, hier S. 128.

und eine exotische Konnotation beinhalten und sich so als im Grunde inadäquate Termini herausstellen, da die Literaturen in deutscher Sprache, in denen auf die eine oder andere Weise der sogenannte ‚Migrationshintergrund' gegenwärtig ist, mittlererweile nichts Spezifisches und, besser gesagt, nichts Besonderes mehr an sich haben. Insofern haben die Germanistik und die Literaturwissenschaft noch ein Vokabular zu erarbeiten, dem es gelingt, Literaturen angemessen zu beschreiben, die sich momentan auf der ganzen Welt in Entwicklung befinden.

Um zur Generation der Schriftsteller zurückzukehren, die Rumänien in den 1980er Jahren verlassen haben, soll folgende Frage gestellt werden: Wie soll das Phänomen der Migration mit einem jeweils partikulären und spezifischen Einzelfall in Einklang gebracht werden? Diese Künstlergeneration kam als – aus ‚deutscher' Perspektive –*Aussiedler* nach Deutschland. Sie selbst betrachteten sich jedoch weder als solche, noch als Bestandteil der bundesdeutschen Bevölkerung, sondern vielmehr als politische Exilanten einer kriminellen Diktatur. Davon verschieden ist die Betrachtungsweise, die ihnen von ihren deutschen Mitbürgern zuteil wurde, die sie als ‚Ausländer' einordneten, und dies nicht etwa aufgrund eines unbekannten Dialekts, sondern wegen einer harten Aussprache und andersartiger Sprachmelodie.

Es ist interessant, dass sich Claudio Magris 1986 in seinem Werk *Die Donau. Biographie eines Flußes* der grundsätzlichen Problematik der deutschsprachigen Schriftsteller, die in Rumänien schreiben, einen Abschnitt widmet:

> Der unmittelbar bedrohte rumänisch-deutsche Schriftsteller lebt und erlebt diese Fremdheit, die Duplizität, die Identitätskrisen, welche die Dichtung stimulieren. Abgesondert von der deutschen Welt, vergegenwärtigt er rumänische Realität in einer Sprache, die jener fremd ist; wenn er sich andererseits zur Emigration in die Bundesrepublik entschließt, also den Exodus wählt, gerät er in ein westliches Land, das vollkommen verschieden ist von seiner Heimat – in gewisser Hinsicht weniger „deutsch" –, über die er weiterhin schreibt, während sich dieses Land, das er verlassen hat, im Verlauf der Jahre verändert und ihm immer fremder wird.[15]

Diese Dichotomie zwischen „dem Eigenen" und „dem Fremden", wobei Letzteres eigentlich das „wirkliche Eigene" sein müsste, ist nur ein Detail im Integrationsprozess, den jeder einzelne dieser *Aussiedler-Autoren* erlebt

---

15 Claudio Magris, *Die Donau. Biographie eines Flußes*. München: dtv, 2007. S. 361.

hat, als er oder sie Rumänien verlassen hat. Man denke hierbei an Richard
Wagners lakonischen Satz „Allein mit meiner Sprache"[16] oder Herta Müllers
„Mein Sprachzug und mein Minderheitendeutsch"[17]. Bei all diesen Autoren
ist jene Sprachproblematik deutlich zu erkennen. In Rumänien wurden sie
immer als *die Deutschen* betrachtet, und in Deutschland wiederum verwandelte sich ihr Akzent in eine Barriere.[18] Herta Müllers Vortrag „Bei uns in
Deutschland" aus dem Jahr 2000 ist in diesem Kontext als paradigmatisch
anzusehen.[19]

Joachim Wittstock prägte für diesen Vorgang, den er und seine aus Siebenbürgen und dem Banat stammenden Mitreisenden durchlebten, den
Begriff *Ankunftliteratur.*[20] In beinahe dokumentarischen Textarten haben
diese Autoren ihre Erfahrungen und Eindrücke in Werken festgehalten –
beispielsweise in Büchern wie *Es ist nicht alles in Ordnung, aber ok* (1985)
von Werner Söllner; *Protokoll eines Abschieds und einer Einreise oder Die
Angst von dem Verschwinden der Einzelheiten* (1990) von Johann Lippets
oder in den Erzählungen *Ausreiseantrag* (1988) und *Begrüßungsgeld* (1989)
von Richard Wagner.

Für diese Schriftsteller, nun Bürger der Bundesrepublik Deutschland,
werden in den kommenden Jahren die Erfahrungen der Diktatur und der
Schwierigkeiten eines Neuanfangs in Deutschland ein fester Bestandteil ihrer
literarischen Produktion sein, auch wenn es zum Zerfall der Ostblockstaaten
kommen wird. Im Fall Herta Müllers wird dies mit derselben Intensität und
Präsenz erfolgen wie in ihren ersten Werken; bei anderen Autoren, wie bspw.
Richard Wagner wird die Erfahrung der Immigration ein fortdauerndes

---

16 In *Poetologik* durchwandert Richard Wagner sein Werk. Vgl. Wagner/Rossi.
    Poetologik (wie Anm. 12). S. 59.
17 Herta Müller. „Mein Schlagabtausch, mein Minderheitendeutsch". *Das Land
    am Nebentisch. Texte und Zeichen aus Siebenbürgen, dem Banat und den Orten
    versuchter Ankunft.* Hg. Ernest Wichner. Leipzig: Reclam, 1993. S. 173.
18 Vgl. Olga García. „In deutscher Sprache dichten. Eine Minderheit in der Min-
    derheit: die antirumäniendeutsche Literatur". *Hospitality & Hostility in the
    Multilingual Global Village.* Hg. Kathleen Thorpe/Anette Hörn/Alida Poeti/
    Véronique Tadjo. Stellenbosch: Sun Press, 2014.
19 Vgl. Herta Müller. *Der König verneigt sich und tötet.* München/Wien: Hanser,
    2003. S. 176-185.
20 Franz Heinz. „Eingeständnisse über eine Ankunftliteratur. Die Aussiedler-
    Autoren und ihre westliche Ernüchterung". *Die siebenbürgische-Deutsche Lite-
    ratur als Beispiel einer Regionalliteratur.* Hg. Anton Schwob/Brigitte Tontsch.
    Köln/Weimar/Wien: Böhlau, 1993. S. 71-88, hier S. 84.

literarisches Thema sein; konstruieren doch die Ich-Erzähler der Romane Wagners ihre Identität basierend auf zwei Diskurskomplexen. Einerseits geben sie sich ein narratives Profil als Immigranten, andererseits zeichnen sie sich prädominierend als *Flaneur*, der die Wirklichkeit und Ereignisse, größtenteils in Berlin, beobachtet[21], aber dennoch ein *Fremder* bleibt[22]; im Sinne eines „Noch-Nicht-Dazugehörens"[23], wie es Herta Müller formulierte.[24]

Bislang wurde in diesem Aufsatz die kritische Rezeption von Richard Wagners Werk bis 2007[25], soll heißen während der ersten zwanzig Jahre seines Lebens in Deutschland, nachverfolgt. Richard Wagner ist ein Autor, der schon 1990 für sich den *Sonderstatus* beansprucht hat, jemand zu sein, der sich ,nirgendwo zu Hause fühlt'.[26] In der BRD wurde er als Rumäne bezeich-

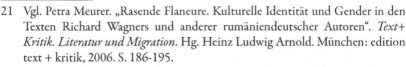

---

21 Vgl. Petra Meurer. „Rasende Flaneure. Kulturelle Identität und Gender in den Texten Richard Wagners und anderer rumäniendeutscher Autoren". *Text+ Kritik. Literatur und Migration*. Hg. Heinz Ludwig Arnold. München: edition text + kritik, 2006. S. 186-195.

22 „Das Flanieren war für mich aber auch der Weg von einer Gesellschaft in die andere, denn es war repräsentativ für die Zeit des Weggangs und der Ankunft. Ich hatte damit ein Bild für den Wechsel der Gesellschaft gefunden." Vgl. Wagner/Rossi. Poetologik (wie Anm. 12). S. 79. In seinem Roman *Belüge mich* (2011) führt Wagner das Motiv des Flaneurs weiter, und zwar zum ersten Mal weiblich ausgestaltet.

23 Herta Müller. *Reisende auf einem Bein*. Berlin: Rotbuch, 1989. S. 58.

24 Der erste Prosaband Herta Müllers nach ihrer Übersiedlung nach Westberlin ist *Reisende auf einem Bein* (1989). Das Buch ist ein Dokument ihrer Ausreise aus Rumänien und ihrer Ankunft in Westberlin. Die rumäniendeutsche Irene ist die Hauptgestalt einer Erzählung, in der Spannungen zwischen Nähe und Ferne, Fremdheit und Vertrautheit, Bindung und Trennung herrschen. Irene fühlt sich fremd in einem fremden Land, und für sie vergrößert sich das Gefühl der Heimatlosigkeit im realen Exil. Es gibt in dem Buch auch Menschen, denen sich Irene verbunden fühlt: der Italiener auf dem Baugerüst, der alte Bettler oder die Frau, die in den Zug nach Marburg einsteigt. Sie sind Menschen für Irene, die ständig ,Reisende' sind.

25 Vgl. Olivia Spiridon. *Untersuchungen zur rumäniendeutschen Erzählliteratur der Nachkriegszeit*. Hamburg: Igel, 2002. S. 330-331. Vgl. Schuster. Banater Autorengruppe (wie Anm. 9). S. 245-255. Olga García. „Richard Wagner: un escritor rumanoalemán entre el Banato y Berlín'. *Cruzando la frontera*". Hg. Ana R. Calero/Domingo Pujante/Miguel Teruel. Valencia: Universität de Valencia, 2007. S. 249-263.

26 Vgl. „Ein Ostschriftsteller wird zuerst einmal als ein politisches Phänomen wahrgenommen". Vgl. Wagner/Rossi. Poetologik (wie Anm. 12). S. 48-61.

net, in Rumänien als Deutscher und er selbst hat sich innerhalb der deutschen Minderheit Rumäniens als ein *Menschewik* betrachtet, also als eine ‚Minderheit in der Minderheit'.

Überblickt man den literarischen Werdegang Wagners, kommt man zu dem Ergebnis, dass sein Schreiben ab Mitte der 90er Jahre sich von der rumänischen Thematik mehr und mehr abwendet, in *Der Mann, der Erdrutsche sammelte* (1994) äußert der Autor selbst, dass zwei Drittel seines Werks mit seinem unmittelbaren Umfeld zu tun haben.[27] In *In der Hand der Frauen* (1995), *Lisas geheimes Buch* (1996) und *Im Grunde sind wir alle Sieger* (1998) ist der literarische Schauplatz jeweils die Hauptstadt des wiedervereinigten Deutschlands, durch die eine herumstreifende Figur durch Bars, Peep-Shows und Bordelle irrt. Durch diese Figur avancierte Wagner zu einem „Berliner Autor"[28]. Die drei Werke sind stark von eigenen Erfahrungen geprägt und wirken symbolhaft für die Ankunft in der neuen Lebensrealität. Jedoch fanden diese Geschichten über Einsamkeit und Entwurzelung in der Großstadt nur ein geringes Echo in der Literaturkritik; die wenigen Kritiken, die das Werk untersuchten, vielen negativ aus. Ein Teil der Kritiken spielte auf die ersten Veröffentlichungen Wagners in der BRD an und wiesen auf die thematische Abkehr hin, die der Autor im Vergleich zu seinen früheren Veröffentlichungen vollzogen hatte. Sicher ist, dass seine Ankunft in Deutschland 1987 Gegenstand einer großen Aufmerksamkeit seitens der Literaturkritik gewesen war und seine beiden ersten Publikationen wohlwollend aufgenommen wurden. Seitdem wurden seine Veröffentlichungen (Gedichte, Erzählungen oder Essays) im Maße wie sie als zentrales Thema Rumänien behandelten, mehrheitlich mit lobenden Kritiken bedacht. Jedoch fallen die Kritiken mehr und mehr negativ aus, als eine ‚deutsche' Thematik und Problematik zu überwiegen beginnt und sich ein inhaltlicher Bühnenwechsel vollzieht. Im Jahr 2002 im Zusammenhang seines fünfzigsten Geburtstags prägte der Kritiker Hannes Krauss die Wendung „Ein Rucksack voller Osten", um Wagners thematische Rückkehr nach Rumänien zu beschreiben.[29] Dies bedeutete jedoch nicht eine vollständige Kehrtwendung seitens der Haltung der Kritik, sondern muss vielmehr als eine in gewisser Hinsicht zu erwartende positive Einschätzung der Rückkehr zum ‚ersten' Wagner verstanden werden.

---

27 Vgl. García. Gespräch mit R.Wagner (wie Anm. 6). S. 236.
28 Vgl. Spiridon. Untersuchungen. (wie Anm. 25). S. 229.
29 Hannes Krauss. „Ein Rucksack voller Osten. Die Tugenden des Beobachtens". *Freitag* 15 (2002): S. 21-22.

In Wirklichkeit bezeugt die Rezeptionsgeschichte Richard Wagners wie die der übrigen Autoren seiner Generation den Umstand, dass während der ersten Jahre dieser Schiftstellergruppierung in der Bundesrepublik von einem Boom ihrer Werke auf dem deutschen Buchmarkt gesprochen werden muss.[30] Es lässt sich nicht leugnen, dass sie der Exotenbonus ihrer Herkunft und ihre Biographien bevorteiligten; darüber hinaus erhöhten die Ereignisse im Zusammenhang mit dem Ende der Diktatur Ceaușescus die mediale Aufmerksamkeit, die ihnen ohnehin schon zuteil wurde und befeuerte noch die spezifische Diskussion über das *Rumäniendeutsche,* von dem sich die Schriftsteller einerseits nicht befreien konnten und das andererseits von einigen von ihnen bis zu einem gewissen Grad kultiviert und instrumentalisiert wurde. In gewissen Fällen müsste man sogar von einer Marktübersättigung sprechen, zudem wäre es womöglich interessant, zu untersuchen, inwiefern die Versuche seitens von Schriftstellern besagte Rumäniendeutsche-Thematik zu verlassen dazu beitrugen, dem Vergessen des Marktes anheimzufallen. (Etwas, das noch als Forschungsdesiderat aussteht).

Ein weiteres Beispiel für den Umstand, wie diese Autoren mit ihrem unleugbaren Bonus ihren medialen Aufmerksamkeitshöhepunkt erreichten und später ein immer schwächeres kritisches Echo auslösten, lässt sich an der Reaktion der Medien angesichts der Verleihung des Nobelpreises für Literatur an Herta Müller im Jahre 2009 und den Folgen, die diese auf dem Verlagsmarkt hatten, beobachten. Es ist anzunehmen, dass manche Pressevertreter damals das erste Mal nach einem Foto dieser ‚unbekannten' Schriftstellerin suchten, was dazu führte, dass einige Journalisten Müller mit der damaligen schwedischen Botschafterin in Berlin verwechselten. Ebensowenig fehlten die Zeitungsschreiber, die der Belagerung der Wohnung der Schriftstellerin mit einem Übersetzer an ihrer Seite beiwohnten, um die ersehnten Äußerungen der kürzlich Prämierten aus dem Rumänischen ins Deutsche unverzüglich übersetzen zu können; außerdem wurde darüber spekuliert, ob Müller den Preis als Deutsche oder als Rumänin annehmen würde.[31] Abgesehen von dieser Reihe von Missgeschicken hatte

---

30 Vgl. das Kapitel „Der rumäniendeutsche Schriftsteller und der deutsche Büchermarkt". *Deutsche Literatur Ostmittel- und Südosteuropas.* Hg. Anton Schwob. München: Südostdeutsches Kulturwerk, 1992. S. 68-89. So auch das Kapitel „Die Rezeption der Banater Autorengruppe nach der Ausreise". Vgl. Schwob/ Tontsch. Beispiel Regionalliteratur (wie Anm. 20). S. 138-201.

31 Vgl. Luis Acosta Gómez. „Los exilios de Herta Müller". *Revista de Filologia Románica* Anejo VII (2011): S. 425-441.

die Verlagswelt tatsächlich Schwierigkeiten, Büchereien mit Werken Herta Müllers zu beliefern und zwar nicht nur im Hinblick auf ihre in andere Sprachen übersetzten Werke, sondern es mangelte auch an vorrätigen Büchern auf Deutsch.[32]

Ebensowenig darf man außer Acht lassen, dass Müller bis auf *Atemschaukel,* ein Buch, das im Jahr der Nobelpreisverleihung erschien, seit 1997 keinerlei Erzählungen mehr veröffentlicht hatte; möglicherweise war dies die entsprechende Reaktion auf die thematische Monomanie, die Mitte der 90er Jahre auf dem deutschen Buchmarkt herrschte und auf die schon weiter vorne angespielt wurde? Ihre collagierten Texte waren im Prinzip ‚Pausen' zwischen einem Prosawerk und einem anderen, aber nach der Verleihung des Literatur-Nobelpreises kam nur *Mein Vaterland war ein Apfelkern* (2014). In einem großen Gespräch mit Angelika Klammer erzählt sie nun zum ersten Mal ausführlich von dem, was sie zum Schreiben gebracht hat und was ihr Leben als Autorin bestimmt: von der dörflichen Kindheit im diktatorisch regierten Rumänien über die Ausreise nach Westdeutschland. *Hunger und Seide* (2015) besteht aus einer Sammlung von Essays aus den Jahren 1990 bis 1995. Tatsächlich bleibt Herta Müller ihrem Lebensthema treu[33], aber seit 2009 publiziert sie nur Collagen (*Vater telefoniert mit den Fliegen,* 2012). Vielleicht ist Rumänien als Schreckensort und Quelle einer negativen Inspiration vorbei. Sie lebt schon zu lange in Deutschland.

Ein anderer Fall ist der des ehemaligen Ehemanns Herta Müllers, Richard Wagner, wahrscheinlich der Autor dieser Generation, der sich nach seiner Auswanderung am besten ‚integriert' hat; Wagner hat offensichtlich am

---

32 So der Kommentar von Juan José del Solar, Übersetzer ins Spanische von Texten Herta Müllers seit 1990, auf dem Europäischen Übersetzerkollegium in Straelen, der bezeugt, dass am Ende dieses Jahrzehnts der Verkauf der übersetzten Werke Müllers im Grunde inexistent war. Vgl. auch dazu: „*Atemschaukel,* der Nobelpreis und die Pastior-Debatte machten Müller weltweit bekannt, wobei eindeutig Schwerpunkte in Osteuropa zu erkennen sind: In Helsinki, Tallinn, Vilnius, Bukarest, Zagreb, Ljubljana, Belgrad, Sofia und Tirana lagen die Übersetzungen von *Atemschaukel* bereits im Jahr 2009 auf den Büchertischen. In den Jahren 2010/11 erschienen, auch veranlasst durch den Nobelpreis, einunddreißig Übersetzungen, unter anderem in Sankt Petersburg, Baku, Paju, Bengalen, Tokio und São Paulo – Orte, wo Müller zuvor nicht bekannt gewesen war." Sandra Richter. *Eine Weltgeschichte der deutschsprachigen Literatur.* München: C. Bertelsmann, 2017. S. 452.

33 Vgl. Müllers Rede zur Eröffnung der Ruhrtriennale 2017 „Ein Ausweg nach innen". *Süddeutsche Zeitung* 19./20.8.2017: S. 18.

besten die Schwierigkeiten der Änderung überstanden, die entstehen, wenn Literatur nicht mehr als politische Waffe, sondern vielmehr als nicht sonderlich beständiges existenzsicherndes Medium verwendet wird; außerdem ist er einer der Autoren, der sich von einem *Minderheitenautor* in einen *Mehrheitsautor*[34] verwandelt hat. Der Autor selbst gibt einen möglichen Grund dafür 1997 in einem Interview an:

> Ich stelle meine Herkunft nicht aus, ich frage mich nach ihrer Bedeutung für meine heutige Situation, und mehr soll es nicht sein. Das wiederum macht unter Umständen den Abstand zu früheren Kollegen aus. Ich schreibe nicht so, als würde ich noch im Banat leben. [...] Die Zeit in Berlin erhält natürlich immer mehr Gewicht. Ich habe nach der Wende von 1989 über die osteuropäischen Probleme geschrieben, weil ich es für nötig hielt. Diese Fragen in die deutsche Öffentlichkeit hineinzutragen, weil der Westen unmittelbar davon betroffen war, es aber nicht zu merken schien.[35]

Aufgrund all dessen wäre die weitere Verwendung des Begriffs ‚rumäniendeutsch‘, sogar im Sinne René Kegelmanns, unangebracht. Diesen Umstand illustriert die kurze Erwähnung der letzten drei Titel, die Richard Wagner veröffentlicht hat: im Jahr 2011 veröffentlichte er zusammen mit Thea Dorn *Die deutsche Seele,* ein großformatiges Buch mit 560 Seiten, dass sich in einen Bestseller verwandelte und von dem sich mehr als 70.000 Exemplare verkauften. 2014 erschien mit *Habsburg. Bibliothek einer verlorenen Welt* ein nur schwer in eine literarische Kategorie einzuordnendes Werk, das sich thematisch mit Mitteleuropa beschäftigt, und zwar nicht nur mit der deutschsprachigen Literatur in der alten österreichisch-ungarischen Monarchie, sondern eine sehr eigene Sicht auf die Gegenwart derjenigen Gebiete entwickelt, die damals das Habsburgerreich bildeten. Zuletzt erscheint 2015 *Herr Parkinson,* ein Werk, mit dem sich der Autor zu der Gruppe von Schriftstellern wie Kathrin Schmidt (*Du stirbst nicht,* 2010), Wolfgang Herrndorf (*Arbeit und Struktur,* 2013), David Wagner (*Leben,* 2014), Bodo Moorshäuser (*Und die Sonne scheint,* 2014) und Thomas Melle (*Die Welt im Rücken,* 2016) gesellt, die allesamt Beiträge zum Binom *Krankheit und Literatur* verfassten. In diesem Buch gibt Wagner einem Degenerationsprozess literarische Form, in

---

34 Vgl. Spiridon. Untersuchungen (wie Anm. 25). S. 234.
35 Richard Wagner. „Ich stelle meine Herkunft nicht aus“. *Daß ich in diesem Raum hineingeboren wurde. Gespräche mit deutschen Schriftstellern aus Südosteuropa.* Hg. Stefan Sienerth. München: Südostdeutsches Kulturwerk, 1997. S. 305-317.

dem sich sein Körper seit 15 Jahren befindet. Er personifiziert die Krankheit in *Herr Parkinson* und setzt damit die romantische Tradition des Doppelgängers fort, darüber hinaus entwirft er die in gewisser Hinsicht unmögliche Utopie, zugleich Schriftsteller zu sein und an Parkinson zu leiden, da alle an dieser Krankheit Erkrankten Gefahr laufen, zu verstummen.

Bevor dieser Beitrag zu seinem Ende kommt, seien hier noch ein paar Bemerkungen zu den weiter oben genannten Autoren im spanischsprachigen Raum angebracht. Es ist überraschend, dass sich seit 1990 bei den Übersetzungen der Texte Herta Müllers, die im Verlag Siruela erscheinen, nichts an der Präsentationsart der Werke der Schriftstellerin geändert hat. Im Klappentext von *Niederungen – En tierras bajas* ist zu lesen: „Der vorliegende Band vereint fünfzehn Erzählungen Herta Müllers, eine der herausragendsten neuen Stimmen der rumänischen Literatur auf deutscher Sprache"[36].

Zwei Jahre später liest man bezüglich *Der Mensch ist ein großer Fasan auf der Welt – El hombre es un gran faisán en el mundo*: „Herta Müller ist zu einer der wertvollsten und beständigsten Stimmen der rumänischen Literatur auf deutscher Sprache geworden"[37].

In ihrem neuesten Werk *Mein Vaterland war ein Apfelkern – Mi patria es una semilla de manzana* (2016), ebenfalls bei Siruela erschienen: „Herta Müller stammt von nach Rumänien emigrierten Schwaben ab und ist zu einer der wertvollsten und beständigsten Stimmen der rumänischen Literatur auf deutscher Sprache geworden"[38].

Womöglich ist es notwendig, in Zukunft ethnoterritoriale Klassifikationen zu vermeiden, auch wenn es auf kurze Sicht wahrscheinlich unmöglich sein wird, sich von der Neigung zu befreien, die unendlichen Feinheiten menschlicher Erfahrungen und des menschlichen Wissens in genau begrenzte und abgesteckte Parzellen und Etiketten aufzuteilen; inklusive der Begriff „Eastern turn" in der deutschsprachigen Literatur. Außerdem sind wir zu

---

36 Herta Müller. *En tierras bajas*. Madrid: Siruela, 1990. (Text übersetzt von der Verfasserin)

37 Herta Müller. *El hombre es un gran faisán en el mundo*. Madrid: Siruela, 1992. (Text übersetzt von der Verfasserin)

38 Herta Müller. *Mi patria es uni semilla de manzana*. Madrid: Siruela, 2016. (Text übersetzt von der Verfasserin) Jedoch ist es notwendig, darauf hinzuweisen, dass bereits vor 30 Jahren José Reina Palazón in einem Dossier der Zeitschrift *Turia* mit einer deutlich angebrachteren Wendung seine Dichterauswahl bezeichnet hat: „Die deutsche Literatur in Rumänien." *Turia*, 4/5 (1986). S. 99 -117.

sehr daran gewöhnt, Vorurteilen, die auf geographischer Herkunft basieren, sogar dann Glauben zu schenken, wenn es noch nicht einmal möglich ist, aufgrund von Unwissen diese Herkunftsorte zu verorten.

Literaturwissenschaft und -theorie werden neue Begriffe entwerfen müssen, die eine globalisierte Welt treffender und akkurater beschreiben, als dies dem heutigen wissenschaftlichen Vokabular möglich ist. Vorschläge wie die Ottmar Ettes, der eine *Poetik der Bewegung* vorschlägt, die auf Konzepten der Bewegung, Dynamik und der Mobilität basiert, charakterisieren unsere heutige Gegenwart weitaus besser und bieten sich als terminologische Richtschnur an, in der der *Migrationshintergrund* eine entscheidende Rolle spielt. Raum und territoriales Gebiet sind keine entscheidenden Faktoren mehr, zumindest haben sie ihren exklusiven Charakter verloren. Ette verwehrt sich gegen jegliches statische Konzept von Literatur und spricht von „Literaturen ohne festen Wohnsitz"[39], eine Idee, die zu einer Neukonzeption des Begriffs von Nationalliteratur(en) führen müsste.

---

39 Ottmar Ette. „Willkommen im Aufbruch". *Wissenschaftskolleg zu Berlin. Jahrbuch 2004/2005*. Hg. Dieter Grimm. Berlin: Wissenschaftskolleg, 2005. S. 48-57.

Isabel García Adánez

„Beides geht nicht"

Der Fall Herta Müller

1. Einführung

Herta Müller lebt seit 1987 in Deutschland und gilt spätestens seit dem Literaturnobelpreis 2009 als deutsche und nicht mehr als rumänische Autorin, so wie es noch auf den Klappentexten älterer Ausgaben ihrer Romane zu lesen war. Ungeachtet dessen haftet ihr nicht selten der Stempel ‚konfliktreich' oder ‚umstritten' an, denn ihre Lyrik ebenso wie ihre politische Haltung, ihre Lebenseinstellung und ihr leichter Akzent im Deutschen (immerhin ihre Muttersprache) lassen sich im modernen und wohl geordneten Westdeutschland schwer in eine Schublade stecken. Die explizite Ablehnung von Klassifizierungen und Auferlegung von Normen, die das gesamte Werk von Herta Müller prägt, sei es Roman oder Essay, komplettieren sich nun in den offenen Schilderungen ihrer jüngst in Form eines Interviews erschienenen Autobiographie *Mein Vaterland war ein Apfelkern* (2014).[1] In den letzten Kapiteln kehrt sie zurück in jene Monate, die sie in der vermeintlichen Freiheit der Bundesrepublik Deutschland verlebte, während sie in einem Übergangsheim auf ihre Einbürgerung wartete und dort ihr erstes Hindernis sein sollte, dass in den Antragsformularen nicht vorgesehen war, dass jemand politisches Asyl beantragen konnte, der bereits deutscher Abstammung war, oder dass ein unbescholtener deutscher Staatsbürger politisch verfolgt sein konnte, was wiederum zur Folge hatte, dass die Mühlen der Bürokratie anfingen zu arbeiten und sogar das in Zweifel zogen, was bis dahin ihre persönliche Identität gewesen war.

Die schonungslose Beschreibung dieser für sie traumatischen Erfahrung, dass auch im freien Deutschland der Zwang herrschte, sich engen Normen anzupassen, ebenso wie man sich verdächtig machte oder sogar zur *persona non grata* wurde, weil man schlicht keine klare Definition der eigenen Identität präsentieren kann, all dies bricht mit dem, was in Deutschland noch immer fast ein Tabu-Thema darstellt: die alltägliche Realität in diesen sehr

---

1 Herta Müller. *Mein Vaterland war ein Apfelkern. Ein Gespräch mit Angelika Klammer*. München: Hanser, 2014.

wenig bekannten Übergangsheimen und die Eingewöhnungs- oder Anpassungsphase der Bürger aus dem Osten nach ihrer Ankunft im Westen. Mit Themen wie Identität, Sprache und der Infragestellung von Normen knüpft die Autobiographie an einige frühere Essays an, in denen die Autorin anprangert, wie das Aufoktroyieren von Standards in diesem demokratischen Staat auch eine perfide Form der Unterdrückung sein kann und sie beansprucht die Freiheit nach Anderssein, ohne sich notwendigerweise dem Diktat irgendeines Formulars fügen zu müssen. Dieses jüngst erschienene Buch ist der Höhepunkt ihres schriftstellerischen Schaffens, es enthüllt viele Aspekte der gesellschaftlichen und politischen Realität Deutschlands, die nicht länger verschwiegen werden sollten.

2. Das Problem der Klassifizierung oder „Beides geht nicht"

Herta Müller und ihrem damaligen Ehemann und ebenfalls Schriftsteller Richard Wagner gelang es 1987, nach Jahren der Verfolgung durch die Securitate, die Genehmigung zur Ausreise aus ihrem Geburtsland Rumänien zu erwirken. Bis zu ihrer endgültigen Niederlassung in Berlin verbrachten sie einige Zeit im Übergangsheim Nürnberg-Langwasser, einer der Aufnahmestellen für ‚Flüchtlinge' oder ‚Aussiedler', aus den Ländern des damaligen Ostblocks (Russlanddeutsche, Banatdeutsche, Ostdeutsche, etc.). Dort musste die Autorin, die unter Ceaușescu als Feindin des Regimes verfolgt wurde, zu ihrer Überraschung und großen Bestürzung erfahren, dass das Gastland nicht die erhoffte Freiheit brachte, sondern eine Reihe weiterer Verdächtigungen und traumatischer Momente auf sie warteten. Der erste Spießrutenlauf bestand darin, unzählige offizielle Formulare auszufüllen – allesamt denen ziemlich ähnlich, die sie bei der Ausreise aus Rumänien beizubringen hatte – und sich Verhören zu unterziehen, da sie im Verdacht stand, eine Agentin der Securitate zu sein, ausgerechnet jenes Geheimdienstes, der sie bis dahin verfolgt hatte:

> Wie vor der Ausreise in Rumänien hatte man auch im Übergangsheim einen Laufzettel. Auch von der Landsmannschaft brauchte man einen Stempel, ich musste ihr Büro als Bittstellerin betreten und wurde mit Häme empfangen. Man sehe mir gut an, sagte der Beamte, dass die deutsche Luft mir nicht guttue.
> [...]
> Politisch an den Verhören war nur der Verdacht, ich sei eine Agentin, die Wirklichkeit der Diktatur kam überhaupt nicht vor. Über mein Leben wollte

der BND gar nichts wissen, sonst hätte er seinen Verdacht nicht aufrechter-
halten können. Diese Taktik erinnerte mich an die Taktik der Securitate, wo
man mich auch nur mit Erfindungen konfrontiert hat, damit die Wirklichkeit
nicht vorkommt. Wie ist das möglich, fragte ich mich, ohne Absprache haben
die beiden Geheimdienste das gleiche Drehbuch.[2]

Wie sie in ihrer Autobiographie *Mein Vaterland war ein Apfelkern* aus dem
Jahr 2014 ausführlich beschreibt, waren all die Verdächtigungen und die
schlechte Behandlung zum größten Teil auf die Interventionen der Lands-
mannschaft der Banater Schwaben zurückzuführen, die ihre Arbeit von der
ersten Publikation an boykottierte und die Autorin dahingehend in Verruf
brachte, ein wenig positives Bild dieser deutschsprachigen Minderheiten zu
zeichnen, ein Bild, das mit dem trügerischen Idyll des Biedermeier nichts
gemein hatte (sie spricht von ‚Postkarten-Idylle‘), mit dem diese deutschen
Verbände außerhalb des deutschen Staatsgebiets – wie auch die Russland-
deutschen und andere während der Zeit der ‚Aussiedlungen‘ im Osten
angesiedelte Minderheiten – an dieses, jenseits deutscher Grenzen nachge-
bildete ‚Mutterland‘ anknüpfen. Man darf auch nicht vergessen, dass diese
heimattreuen Ostverbände während des Dritten Reiches gegründet worden
waren und damals alles, was ‚undeutsch‘ war, ebenfalls qua Gesetz bestraft
wurde. Nach allem, was die Autorin in der Autobiographie enthüllt, haben
sich die Einstellungen jener, die diesen Verbänden vorstehen, seither wenig
verändert und sind im günstigsten Fall von einem extremen Konservativis-
mus geprägte Organisationen; im schlimmsten Fall ist es durchaus vorstell-
bar, dass diese sogar mit den rumänischen Geheimdiensten gegen sie kolla-
borierten. In den Augen dieser Heimatverbände konnte eine rechtschaffene
Deutsche, die Respekt vor den guten Traditionen und dem ordentlichen
Bild dieser kleinen Deutschland-Nachbildung bei den Banater Schwaben
hatte, keine irgend geartete Staatsfeindin und auch für nichts politisch verfolgt sein, außer sie war eine dieser *personae non grata*, aber dann gab es
natürlich Gründe, sie als solche zu betrachten, und im weiteren Sinne auch
als ‚undeutsch‘.

In der Denkart der Beamten ist das Verdächtigste eben genau dieses
Unvermögen, eine klare Definition ihrer Voraussetzungen bei der Ankunft
in der BRD zu präsentieren, wonach ein ‚guter Deutscher‘ nicht mit der Definition eines politisch Verfolgten zusammenpasst, und es ebenso wenig eine
logische Erklärung dafür zu geben scheint, dass ein politischer Flüchtling

---

2   Vgl. Müller. Mein Vaterland (wie Anm. 2). S. 193.

perfekt Deutsch spricht und als Schriftsteller in dieser Sprache schreibt.
Plötzlich kommen in Westdeutschland auf die Autorin eine Reihe von Fra-
gestellungen bezüglich ihrer eigenen Identität zu, die ihr zuvor nicht in den
Sinn gekommen wären.

Nach all dem Leid, das ihr in Rumänien widerfahren war, ist es ein schwe-
rer Schlag für sie, sich mit einem neuen Problem konfrontiert zu sehen, das
nur als kafkaesk zu beschreiben ist, wenn man nicht in die von den Beamten
akzeptierten Definitionen passt und diese versuchen, die Identität einer Person auf die entsprechenden Kästchen ihrer Formulare zu reduzieren.

> Die Behörden wollten mich dauernd auf die Familienzusammenführung fest-
> legen. Und man hat mir gesagt, ich muss mich entscheiden, ob ich Deutsche
> bin oder politisch verfolgt. Und ich habe gesagt: beides. Beides, haben sie
> gesagt, geht nicht, dafür haben wir kein Formular.[3]

Dieselbe unerfreuliche Erfahrung mit der Bürokratie im Übergangsheim
beschreibt Richard Wagner in der autobiographischen Erzählung *Begrüßungsgeld*[4] von 1989, wenngleich das Buch insgesamt nicht so sehr die
beklemmende Situation der Verhöre und der politischen Verdächtigungen
behandelt, sondern die Anpassung an das neue Leben im Westen allgemein.
Trotz alledem finden sich im Text eindeutige Elemente, die uns ihn selbst
und Herta Müller in den Figuren von Stirner und Sabine[5] erkennen lassen.

Wagner entwirft eine Szene, in der es dem diensthabenden Beamten sicht-
lich schwer fällt zu glauben, dass – nachdem sie ja Deutsche waren – der
Grund für das Ehepaar, nach Deutschland auszuwandern, nicht die Familienzusammenführung war:

---

3 Ebd. S. 194.
4 Diese Information verdanke ich Prof. Dr. Olga García García.
5 Richard Wagner. *Ausreiseantrag. Begrüßungsgeld*. Berlin: Aufbau, 2002, S. 99:
   „Antragsteller spricht gut Deutsch und gibt an, nach seinen Eltern Banater
   Schwabe zu sein. Zwölf Klassen Schule, Mutter- und Umgangssprache sowie
   Volkszählungen deutsch. Sein Vater sei wegen seines Deutschtums in die UdSSR
   verschleppt gewesen. Die mitausgesiedelte Ehefrau gibt an, nach ihren Eltern
   Banater Schwäbin zu sein. Zwölf Klassen Schule, Mutter- und Umgangssprache
   sowie Volkszählungen deutsch. Ihr Vater sei von 1943 bis Kriegsende deutscher
   Soldat (Waffen SS) und bis 1946 englischer Kriegsgefangener. Ihre Mutter sei
   wegen seines Deutschtums in die UdSSR verschleppt gewesen. Angaben erscheinen glaubhaft."

Zu wem sind Sie ausgewandert, fragte der Beamte.
Zu niemandem, sagte Stirner. Wir haben Rumänien aus politischen Gründen
verlassen.
Der Beamte hörte auf zu tippen.
Zu wem sind Sie *also* ausgewandert.
Wir haben keine Verwandten in der Bundesrepublik, sagte Sabine.[6]

Dieser Aufenthalt im Übergangsheim mit seinen unangenehmen Verhören
und seiner kafkaesken Bürokratie spiegelt sich bereits in Ansätzen in Herta
Müllers weniger bekannten Roman *Reisende auf einem Bein* wider, den sie
gleich 1989 in Westdeutschland schrieb und der vielleicht nicht zufällig der
einzige ist, der weder von einem deutschen Verlag wiederaufgelegt noch ins
Spanische übersetzt wurde.

Hatten Sie vor Ihrer Übersiedlung jemals mit dem dortigen Geheimdienst zu
tun.
Nicht ich mit ihm, er mit mir. Das ist ein Unterschied, sagte Irene.
[...] Lassen sie das Differenzieren vorläufig meine Sorge sein. Dafür werde ich
schließlich bezahlt. [...]
Der Beamte legte einen Faltbogen auf den Tisch.[7]

Die Erfahrung im Übergangsheim spielt im Roman allerdings keine entscheidende Rolle, vielleicht wegen der noch allzu großen zeitlichen Nähe
(zwei Jahre nach der tatsächlichen Erfahrung von 1987), wenngleich Herta
Müller einige Jahre später und weit vor ihrer Biographie klar und deutlich
erzählt, was der Aufenthalt für sie bedeutete und was sie im Grunde von
diesem zermürbenden bürokratischen Hickhack hält. In einem Aufsatz des
1995 veröffentlichten Buches *Hunger und Seide*, erklärt sie ganz offen:

---

6 Ebd. S. 90-91. Meine Hervorhebung.
7 Herta Müller. *Reisende auf einem Bein*. Berlin: Rotbuch, 1989, S. 26-27. Auch an
   anderen Stellen des Buches kommen die Gespräche mit den Beamten vor (z.B.
   S. 51 und 95), und das Buch endet mit dem Moment, in dem die Protagonistin die Papiere der deutschen Staatsbürgerschaft erhält – genauso wie Wagners
   Erzählung. Zweifelsohne wäre es aufschlussreich, beide Werke gründlich zu vergleichen: sie wurden im selben Jahr geschrieben, zeigen nicht wenige stilistische
   Gemeinsamkeiten auf (z.B. eine extreme Kargheit, sehr kurze Sätze, ähnliche
   Figuren...) und meiden dennoch eine direkte Erwähnung von Konflikten, wor-
   über wenigstens Herta Müller erst ein Jahrzehnt später offen geredet hat.

Bei den Behörden muss ein Ausländer als erstes seine Biographie offenlegen. Statt ihr noch einmal zu vertrauen und sie zu erzählen, muss er sie *offenlegen*. Dies ist das Gegenteil von *erzählen*. Und angesichts der Chance, die ihm damit gegeben oder genommen wird, ist Offenlegen schon Infragestellen. Ich erinnere mich an meine Zeit im Auffanglager. Mit einem Blatt in der Hand geht man da von Tür zu Tür. [...] Und das Blatt heißt *Laufzettel*, sein Name ist wenigstens ehrlich. Manche Türen trugen damals Aufkleber: *Ich nix verstehen deutsch*. Die deutschen Beamten fanden das witzig, taten doch die Aufkleber das, was auszusprechen für sie verboten war.
Die politisch Verfolgten wissen um den Preis ihrer Flucht. Das Wort *Moral*, auf Diktatur bezogen, ist ihnen wichtig. Deutschland hat keine Absicht, dieses Wort bei einem Verfolgten zu vermerken. Und deutsche Beamten haben deshalb keine Rubrik dafür in ihren vorgedruckten Formularen. In der Offenlegung der Biographie des politischen Flüchtlings findet das Thema Moral kein Gehör. Die *moralische Integrität* ist jedoch der Grund für diese Flucht. [...]
Dass ich 1987 bei der Offenlegung meiner Biographie von der rumänischen Diktatur redete, machte die Beamten nervös. Ich habe eine Diktatur aus politischen Gründen verlassen, und die deutschen Beamten wollten etwas über mein Deutschtum wissen. [...] Er konstatierte: *entweder* Deutsche *oder* politisch Verfolgte. Für beides zusammen gab es kein vorgedrucktes Formular. Was ich erzählte, brachte seine Schubladen durcheinander.[8]

Als letztes Detail im Zusammenhang mit diesen Übergangsheimen lohnt es sich, eine weitere Textpassage aus der Autobiographie hervorzuheben, in der erneut erwähnt wird, wie über ihnen noch zu allem Überfluss der unheilvolle Schatten des „Dritten Reiches" schwebt, und zwar nicht nur wegen des Einflusses der Heimatverbände, die sich so sehr bei der Familienzusammenführung der deutschstämmigen Aussiedler engagierten, sondern weil sich viele dieser Zentren in Nazi-Einrichtungen befanden und sogar noch deren Symbole an den Wänden hingen.

Hitlers Reichsparteitagsgelände in Sichtweite und in diesem Übergangsheim hängt hinter manchem Schreibtisch die Deutschlandkarte von 1939.
[...] In den Pausen zwischen den Verhören ging ich auf die Straße. Es waren frühdunkle Nachmittage, das nackte Geweih der Bäume, dünner Schnee wie Mehl. Und das Übergangsheim hieß „Langwasser", ein viel zu schöner Name für einen Betonblock. Und schräg über die Straße stand Hitlers Reichsparteitagsgelände. Hie und da brannte eine Laterne. Ich dachte, diese Gegend schluckt mich. Ich war so verzweifelt, ich hätte nichts dagegen gehabt, wenn

---

8 Herta Müller. *Hunger und Seide*. Reinbek/Hamburg: Rororo, 1995, S. 24-25.

sie es getan hätte. Am liebsten hätte ich Deutschland sofort verlassen, weil man mich spüren ließ, dass man mich hier nicht haben will. Aber wo sollte ich hin?[9]

Nicht zufällig greift auch Richard Wagner dieses Detail auf, dass in einem Büro noch immer die Deutschlandkarte „mit den Grenzen von 1937"[10] hängt und es wäre ebenfalls sehr interessant, Herta Müllers Werke und diese Erzählung ihres damaligen (bis 1989) Ehemannes mit Julia Francks Roman *Lagerfeuer* aus dem Jahr 2003[11] zu vergleichen, in dem eine ähnliche Geschichte von einer Frau im Übergangsheim Marienfelde beschrieben wird, allerdings für Bürger aus der DDR, wo sie bespitzelt und der Kollaboration mit der Stasi bezichtigt wird, abgesehen davon, dass sie selbst nicht um den Verdacht herumkam, von lauter Spitzeln umgeben zu sein.

In ihrem Fall bezieht sich die Geschichte nicht auf autobiographisches Material, gleichwohl die Autorin als Kind mehrere Wochen in Marienfelde war, da ihre Familie von Ost- nach Westdeutschland ausgewandert war und der Roman unbeschadet dessen minutiös recherchiert ist und ähnliche Details ans Licht bringt.

Sicher ist jedenfalls, dass über die Realität dieser Aufnahmestätten sehr wenig bekannt ist sowie im Allgemeinen über die Phase des ‚Übergangs', der Eingewöhnung oder wie auch immer man es im Leben der Flüchtlinge oder Aussiedler aus dem Osten bezeichnen will. Die Aufmerksamkeit konzentrierte sich immer auf den ‚glücklichen' Moment, die Diktatur und die politische Verfolgung hinter sich gelassen zu haben, um als freier Mensch in einer Demokratie zu leben und den Schleier des Vergessens über diese Zeit zu breiten, die nicht selten überschattet war von der Einflussnahme des Bundesnachrichtendienstes und der Beteiligung der noch immer von der Nazi-Vergangenheit geprägten Landsmannschaften. Und nur sehr wenige haben den Mut einer Herta Müller, mit diesem Tabu zu brechen und offen von ihren Erfahrungen zu berichten.

---

9   Müller. Mein Vaterland (wie Anm. 2). S. 191.
10   Wagner. Ausreiseantrag (wie Anm. 5). S. 94.
11   Julia Franck. *Lagerfeuer*. Köln: DuMont, 2003. 2013 hat Christian Schwochow den Roman mit dem Titel *Westen* verfilmt.

3. „Antragsteller spricht gut Deutsch". Sprache und Identität

Da es bereits äußerst verdächtig ist, als ‚echte Deutsche', als Vertreterin der besten Traditionen, derer sich die Landsmannschaften rühmen, politisch verfolgt zu sein, so ist die zweite verstörende Frage, wie ein Flüchtling oder Aussiedler perfekt Deutsch sprechen kann. „Antragsteller spricht gut Deutsch" hält der Beamte in Wagners *Begrüßungsgeld* [12] als relevanten Hinweis in seinem Bericht fest. Die Erzählung beginnt praktisch mit dieser Frage und der unmittelbaren Überraschung des Fragestellers:

> Sprechen Sie deutsch, fragte der Beamte.
> Stirner sah auf. [...]
> Sprechen Sie deutsch.
> Ja, natürlich, sagte Stirner. Natürlich, murmelte er.
> *Wieso natürlich.* Das war eine lange Geschichte.[13]

Für die Beamten ist es alles andere als normal, dass ein Flüchtling die Landessprache beherrscht, was ihnen jedoch, wie wir bereits gesehen haben, am meisten Probleme bereitet, ist die Tatsache, dass für beides zusammen kein Kästchen im Formular vorgesehen ist.

Auch wenn die Zeit des Übergangsheimes überwunden und das Problem der offiziellen Klassifizierung ihrer Auswanderungsgründe erledigt waren, beschreibt Herta Müller das Trauma der täglichen Verhöre und des Alltagslebens, wenn sie einfach nur in ihrer Muttersprache redet. Denn was für sie selbstverständlich ist, löst bei der normalen Bevölkerung Verunsicherung aus: Wie kann es sein, dass jemand perfekt Deutsch spricht und zugleich seine Mundart nicht ganz dem Standard, der Norm entspricht, sodass man nicht heraushören kann, woher dieser Mensch kommt? Im mustergültig geordneten Westdeutschland wird jedes Element, das die Normen durcheinanderbringt, argwöhnisch beäugt und hier ergeben sich erneut Probleme mit der Klassifizierung. Über die Sprache und darüber zu reflektieren, wie sie unsere Weltsicht beeinflusst, ist eines der zentralen Themen in den Essays von Herta Müller, denn ihre Lebenserfahrung ist eng an die Koexistenz verschiedener Sprachen gekoppelt und jede einzelne von ihnen hat ihre eigene Weltansicht.

---

12 Vgl. Wagner. Ausreiseantrag. Begrüßungsgeld (wie Anm. 5). S. 99.
13 Ebd. S. 90. Meine Hervorhebung.

Zum ersten Mal wird sie sich dessen bewusst, als sie mit fünfzehn Jahren nach Temeswar geht, um an der deutschen Schule das Abitur zu machen. Dort wird Hochdeutsch gesprochen, in ihrem Heimatdorf hingegen ist sie im Dialekt aufgewachsen. In der Stadt musste sie Rumänisch erlernen, eine Sprache, die sie bis zu dem Zeitpunkt kaum gehört hatte, später jedoch studierte sie an der Universität und arbeitete im Bereich der Sprachwissenschaft, wo Rumänisch, das sie inzwischen perfekt beherrschte, dominierte, auch wenn sie in dieser Sprache nie schreiben wollte.[14]

In Herta Müllers Art zu schreiben lassen sich im Grunde sehr schwer Elemente ausmachen, die man als typisch für das Deutsche der Banater Schwaben bezeichnen könnte, abgesehen vielleicht von der Verwendung einiger Wörter, die im Hochdeutschen als veraltet gelten und einigen winzigen Details, denn die charakteristischen Merkmale ihrer Sprache sind auf einen besonderen Stil und eine ganz eigene Poetik der Symbole zurückzuführen. Und wenn sich die Thematik nicht in das einordnen lässt, was die deutschen Kritiker als Themen des deutschen Zeitgeschehens ansehen, dann ist es der Tatsache geschuldet, dass sie sich mehr mit ihrer eigenen Biographie, den Erfahrungen in der Diktatur und der Emigration nach Deutschland befasst, als mit der jüngsten deutschen Geschichte (Mauerfall, Wiedervereinigung, etc.).

Man hat mir oft den fremden Blick bescheinigt, meinte aber, er sei durch die Auswanderung aus Rumänien nach Deutschland, durch den Wechsel aus dem Land in ein anderes entstanden.
Man deutet den fremden Blick geographisch, aber er ist nicht geographisch, sondern biographisch oder physisch. Der fremde Blick ist eine innere Sache,

---

14 Besonders interessant ist in diesem Sinne auch der Essay „In jeder Sprache sitzen andere Augen". Herta Müller. *Der König verneigt sich und tötet.* München: Hanser. 2003, S. 27-28: „Es wurde immer öfter so, dass die rumänische Sprache die sinnlicheren auf mein Empfinden besser passenden Wörter hatte als meine Muttersprache. Ich wollte den Spagat der Verwandlungen nicht mehr missen. Nicht im Reden und nicht im Schreiben. Ich habe in meinen Büchern noch keinen Satz auf Rumänisch geschrieben. Aber selbstverständlich schreibt das Rumänische immer mit, weil es mir in den Blick hineingewachsen ist. Es tut keiner Muttersprache weh, wenn ihre Zufälligkeiten im Geschau anderer Sprachen sichtbar werden. Im Gegenteil, die eigene Sprache vor die Augen einer anderen zu halten führt zu einem durch und durch beglaubigten Verhältnis, zu einer unangestrengten Liebe. Ich habe meine Muttersprache nie geliebt, weil sie die bessere ist, sondern die vertrauteste."

nicht der Wechsel von einem Land in ein anderes, sondern der Verlust der Selbstgewissheit.[15]

Für die Autorin, die sich diesbezüglich in ihrem Essay „Bei uns in Deutschland" aus dem Jahre 2003 ganz dezidiert äußert, besteht, wie wir im Weiteren sehen werden, das Grundproblem darin, dass die Ansichten der Mehrheit über die Minderheit dominieren, wenn doch ein rationales Konzept vom deutschen Zeitgeschehen sämtliche Fragen miteinschließen müsste, die alle Gruppen von Menschen mit unterschiedlicher Herkunft und Lebensumständen betreffen, die auf deutschsprachigem Boden leben.[16]

In ebendiesem Essay schildert sie detailliert, wie sie sich im Alltag beispielsweise in unzähligen Begegnungen mit Verkäuferinnen in Geschäften mit dieser Beklemmung konfrontiert sieht, ausgelöst dadurch, dass sie immer und immer wieder erklären muss, wie es dazu kommt, dass sie die Sprache so gut beherrscht, und das Bewusstsein, dass sie das Herausfallen aus der Klassifizierung zurückbringt zu den Verhören während der Zeit der Übergangsheime. Und diese Beklemmung entsteht, weil im Grunde genommen mit derart unnötigen Erklärungen eine Infragestellung ihrer ganzen Identität einhergeht, wenn wir davon ausgehen, dass eine enge Verbindung zwischen Identität und Sprache besteht, in ihrem Falle repräsentiert durch die diatopische Varietät des Deutschen der Banater Schwaben.

Das Deutsche im Banat bewahrt nicht nur im regionalen Dialekt, sondern auch in der dessen Hochsprache phonetische Besonderheiten (abgesehen

---

15 Müller. Mein Vaterland (wie Anm. 2). S. 178. Eine sehr ähnliche Aussage formuliert sie schon Jahre davor im Essay „Der Fremde Blick": „[mir wird] der Fremde Blick im doppelten Mißverständnis bescheinigt. Zum Mißverständnis, ich hätte den Fremden Blick, seit ich in Deutschland bin, kommt noch ein Mißverständnis der Literaturprofis dazu. Sie halten den Fremden Blick für eine Eigenart der Kunst, eine Art Handwerk, das Schreibende von Nichtschreibenden unterscheidet. [...] Der Fremde Blick hat mit dem Schreiben nichts zu tun, sondern mit der Biographie." Vgl. Müller. Der König (wie Anm. 14). S 144.

16 Ebd. S. 184: „Keinem Roman, der weit zurückliegende deutsche Belange thematisiert, sei es Nachkriegszeit, Wirtschaftswunder oder 68er Jahre, wird von der Literaturkritik der Vorwurf des längst Vergangenen gemacht, denn er garantiert zwei Zusammengehörigkeiten, die schon damals vorhandene, an die man heute beim Lesen wieder neu und gern angebunden wird. Kommt man jedoch, wie ich, aus einem anderen Land und schreibt auf deutsch nicht über dieses, sondern über das andere Land, dann gilt der Literatur das zwölf Jahre Zurückliegende schon seit Jahrzehnten als Vergangenheit."

von lexikalischen), die typisch sind für eine Sprache, die viele Jahrhunderte vom Deutschen isoliert existiert und umgeben ist von Sprachen anderer Sprachfamilien (wie Rumänisch, aber auch Ungarisch, ebenfalls als Minderheit vertreten). Ihre Prosodie, ihre Melodie klingt etwas anders als das Hochdeutsche, und es lässt sich höchstens intuitiv ausmachen, worin genau der Unterschied liegt, zumal die Intonation ein suprasegmentales Merkmal der Sprache darstellt.

Es handelt sich um kein Phonem, um kein identifizierbares grammatikalisches Element, das bei Bedarf ‚korrekturfähig' wäre, sondern um ein in einer viel tieferen Ebene der Sprache fest verwurzeltes Merkmal, das daher viel schwieriger zu verändern ist. Gerade diese nicht objektivierbare Fremdartigkeit wirkt bei anderen Leuten suspekt und sogar unheimlich, aber umso beklemmender und unheimlicher ist es für die Autorin, dass andere sie bis in diese innerste Ebene hinein beurteilen und solange zurechtbiegen wollen, bis sie der Norm entspricht.

> Wie oft habe ich in Deutschland beantworten müssen, woher ich komme. Im Zeitungsladen […] oder beim Bäcker, in der Apotheke. Ich komme herein, grüße, sage, was ich haben will, die Verkäufer bedienen mich, sagen den Preis – und dann nach einem leeren Schluck Atem: „Woher kommen Sie? „Zwischen dem Geld aufs Pult legen und Rückgeld einstecken sage ich: „Aus Rumänien". […] Ich werde mit dem Satz verabschiedet: „Sie sprechen aber schon ziemlich gut Deutsch". […] Mir klopft das Herz durch die Ohren, ich will so unauffällig und schnell auf die Straße hinaus, dass ich an der Tür das Verkehrte tu und auffalle. […] Ich will unsichtbar verschwinden, und bin der Trottel des Tages.[17]

In der Mundart von Herta Müller ist tatsächlich ein leichter ‚Akzent' auszumachen, bei dem besonders die Betonung des ‚r' auffällt (es ähnelt eher dem österreichisch-bayrischen, aber doch nicht genau gleich) und vor allem diese Intonation, diese unübliche Prosodie, die es unmöglich macht, ihren Herkunftsort genau zu lokalisieren und die Sprecherin zu klassifizieren, wie es die diensthabenden Beamten so gerne tun und wie es auch für ihre Nachbarn beruhigender wäre. Erneut gelingt es nicht, Herta Müller als ‚reine' Deutschsprachige zu definieren, was beängstigend für die anderen und traumatisch für sie selbst ist: das Problem fördert erneut zutage, wie problematisch sich diese Konzepte von Heimat, Zugehörigkeit oder Normierung gestalten und wie eng gefasst sie sind. Erneut bringt etwas, was ihre ureigene Person ausmacht, diese Kategorien durcheinander und sie sieht sich gezwungen,

---

17 Ebd. S. 178-179.

mit einem „Beides geht nicht" zu kämpfen, da die Frage nach ihrem guten
Deutsch tatsächlich nicht darauf abzielt, ihren sprachlichen Fähigkeiten
Bewunderung zu zollen und alles andere als harmlos daherkommt.
Weiterhin sagt man ihr direkt ins Gesicht, dass sie trotz alledem die Wör-
ter nicht so ausspricht, wie es die Regeln in Deutschland vorschreiben:

> Wie viele Sätze fangen seit nun zwölf Jahren mit den Worten an: „Bei uns in
> Deutschland... „. Ich möchte am Liebsten in die Defensive gehen, reiße mich
> dann zusammen und sage: „Ich bin doch auch bei Ihnen". Nach ungläubigem,
> vergrößertem Blick wiederholt man mir dann in scheinbarer Zurücknahme:
> „Aber hier in Deutschland sagt man nicht Brezel, sondern Breezel. Das erste
> E dehnen, das zweite E schlucken, verstehen Sie. Ist ja nicht so wichtig, aber
> jetzt wissen Sie es". Dann ein Lächeln, bei dem ich denke, es bedeutet: „Nichts
> für ungut". Gleich darauf kommt im Frageton jedoch der Satz: „Alles klar?"[18]

Für Herta Müller gibt es keine tiefgreifendere Diskriminierung für eine
Person, als sie für ihre Mundart zu stigmatisieren, für ihren Akzent, für ihre
spezielle Betonung eines Phonems oder diese Intonation, die letztlich für sie
ganz natürlich ist, für Wesensmerkmale, die im Innersten eines Sprachsys-
tems verankert sind. Wenn die Sprache, die sie spricht, zu allem Überfluss
noch ihre Muttersprache ist, bedeutet dieses tagtägliche Infrage gestellt und
Korrigiert werden eine neue Form der Unterdrückung, eine sehr subtile
zwar, und trotz aller Unterschiede fast so schmerzliche wie diejenige, die sie
vor ihrer Übersiedlung nach Deutschland durchlebt hatte.

4. Schlussfolgerung

Es ist charakteristisch für das Werk Herta Müllers, in ihren Romanen ebenso
wie in ihren Essays und Vorträgen, dass sie ausgehend von sehr subtilen
Details, die häufig ganz alltäglicher Natur und für sie stark symbolisch auf-
geladen sind, die komplexesten Gedankengänge entfalten.

  Ausgehend von etwas so Typischem wie einer Brezel, einem Alltags-
symbol, das nicht nur schwierig auszusprechen, sondern auch noch für die
sprachliche Herkunft dessen, der dies tut entlarvend ist, stellt sie in der eben
besprochenen Textpassage eine Szene nach, in der der Grundtenor eine weit
verbreitete Intoleranz gegenüber dem Andersartigen ist, oder zumindest das
Unbehagen, das die Störung dieser vermeintlichen Normalität auslöst.

---

18 Ebd. S. 179-180.

Mit ihrer Forderung nach phonetischer Freiheit und dadurch, dass sie ihren ‚Akzent‘ der Banater Schwaben beibehält, wird Herta Müller zur Verfechterin von Toleranz im Allgemeinen:

> Normal werden könnte stattdessen, dass hiesige Deutsche den Hinzugekommenen nicht immerzu sagen: „Bei uns in Deutschland". Es könnte normal werden, dass dieser fremde Akzent beim Aspirinkaufen nicht sagen muss, woher er kommt, dass der Akzent beim Brezelkaufen nicht das gedehnte und geschluckte F. üben muss.[19]

Zudem gab ihr bereits das Kästchen im Aufnahmeformular das Recht dazu, denn es zeigte, dass Banatdeutsche in Wirklichkeit keine Ausländer in Deutschland waren, sondern Deutsche, die zu einem bestimmten historischen Zeitpunkt Deutschland verlassen haben und nun aus Gründen der Familienzusammenführung wieder zurückkehren, sodass auch sie aufgenommen werden müssten, ohne ihre sprachliche Varietät zu hinterfragen. Jedoch beweisen ihre Erfahrungen, dass die Realität anders aussieht und machen deutlich, dass man ihr Anderssein als Provokation auffasst, sie wird sich des Widerspruchs bewusst und verinnerlicht diesen Unterschied als Form von Rebellion gegen die Diktatur der Mehrheit.

Mit dieser Verteidigung des Andersseins propagiert Herta Müller den Anspruch darauf, wie wichtig es ist, jegliche Identität zu respektieren und wertzuschätzen, auch wenn sie im Widerspruch zur Mehrheit steht, dieser Mehrheit derer, die alle Normen erfüllen und nicht aus dem Rahmen fallen. Und sie hat auch kein Problem damit, offen zu behaupten, dass sich Deutschland in politischer und sozialer Hinsicht sehr wohl von der rumänischen Diktatur ihrer Jugend unterscheidet, es aber auch sehr bestimmt ist von einer Art Diktatur der öffentlichen Meinung, von dem, was als ‚normal‘ erachtet wird, eine Diktatur des Standards/der Norm, sei es nun auf linguistischer Ebene, im Verhalten, in der Arbeit, im Schreiben etc., die Herta Müller nicht bereit ist zu akzeptieren, ebensowenig wie sie sich den Vorgaben eines totalitären Staates oder der Bürokraten gebeugt hat.

> Ich erlebe es bei jedem Buch: deutsche Literaturkritiker formulieren zwar etwas komplizierter als die deutschen Brezel- oder Aspirinverkäufer, aber ihre Wünsche gehen in dieselbe Richtung. Auch sie wollen endlich den hiesigen Akzent in meinen Büchern sehen. Sie raten mir, mit der Vergangenheit aufzuhören und endlich über Deutschland zu schreiben. [...] Ich hätte wahrlich

---

19 Ebd. S. 183-184.

nichts dagegen, wenn das Rezept glücken würde. Aber es glückt nicht. [...] Ich habe keine Wahl, ich bin am Schreibtisch und nicht im Schuhladen. Manchmal möchte ich laut fragen: Schon mal was gehört von Beschädigung? Von Rumänien bin ich längst losgekommen. Aber nicht losgekommen von der gesteuerten Verwahrlosung der Menschen in der Diktatur, von ihren Hinterlassenschaften aller Art, die alle naselang aufblitzen. Auch wenn die Ostdeutschen darüber nichts mehr sagen und die Westdeutschen darüber nichts mehr hören wollen, lässt mich dieses Thema nicht in Ruhe. Ich muss mich im Schreiben immer dort aufhalten, wo ich innerlich am meisten verletzt bin, sonst müsste ich doch gar nicht schreiben.[20]

Alles in allem erhebt Herta Müller nicht nur in diesem Text, sondern in ihrer gesamten Poetik, mit den Besonderheiten ihrer sprachlichen Varietät und ihrer Lebenseinstellung den Anspruch auf ihre biographisch legitimierte Einzigartigkeit: gleichzeitig mehrere Kästchen ankreuzen zu können. Mehr noch: sie spricht sich dafür aus, Kästchendenken jeglicher Art zu eliminieren, da sie nur ein Beweis für geistige Borniertheit und Mangel an Sensibilität sind und plädiert für das Recht, in vollkommener Freiheit zu leben, außerhalb der Gruppe, vor allem, wenn die Vorstellung der Gruppe an sich ein Synonym für unterdrückerische Klassifizierung ist.

[Der Originaltext dieses Beitrags wurde von Siglinde Sporrer ins Deutsche übertragen.]

---

20 Ebd. S. 185.

Gesa Singer

Von Betroffenheit zur Avantgarde

Themen, Diskurse und Wirkung deutschsprachiger interkultureller Literatur im Kontrast zur Exilliteratur

Einleitung

Die deutschsprachige Exilliteratur der Jahre 1933-1945 so namhafter Repräsentanten wie Thomas, Heinrich und auch Klaus Mann, Stefan Zweig, Franz Werfel, Alfred Döblin, Bertolt Brecht, Anna Seghers u. a. – und die zeitgenössische deutschsprachige interkulturelle Literatur weisen einige Gemeinsamkeiten sowie fundamentale Unterschiede auf.

Ihre Andersartigkeit liegt zum einen in den historisch und sozialökonomisch unterschiedlichen Hintergründen ihrer Entstehung, ihrer Motive sowie zum anderen in den jeweils unterschiedlichen Bewertungskriterien begründet, mit denen die inzwischen kanonisch gewordene Exilliteratur einerseits und die erst seit einiger Zeit einen festeren Stand auf dem Literaturmarkt behauptende interkulturelle Literatur bewertet werden.

Während Autoren und Werke der beiden literarischen Epochen bzw. Strömungen den Verlust der Heimat und der Sprache thematisieren, spielt das Fremd- bzw. Anderssein eine jeweils unterschiedliche Rolle. Dazu zeichnen unterschiedliche thematische Schwerpunkte das literarische Spektrum beider Literaturen aus. Während Exilliteraturen zumeist von Isolation geprägt sind, handeln interkulturelle Literaturen häufig von dem Versuch der Integration.

Obgleich die Migrationsthematik in Deutschland jahrzehntelang als marginal verhandelt wurde, „[...] hat sich seit Beginn des neuen Jahrtausends in Deutschland das Selbstverständnis durchgesetzt, dass die Anwesenheit von Migrant/innen weder marginal noch vorübergehend, sondern konstitutiv für die gesellschaftliche Wirklichkeit ist"[1].

---

1 Paul Mecheril. „Kulturell-ästhetische Bildung. Migrationspädagogische Anmerkungen." *Mission Kulturagenten* – Onlinepublikation des Modellprogramms ‚Kulturagenten für kreative Schulen' 2011-2015, S. 1-11; hier: S. 1.
file:///C:/Users/Admin/Downloads/kulturagenten-kulturellaesthetischebildungmigrationspaedagogischeanmerkungen.pdf (aufgerufen am 14.03.2018)

Dass Deutschland ein Land ist, aus dem heraus Emigration stattgefunden hat, ist also ebenso wenig zu leugnen, wie die Tatsache, dass es ein Land ist, in das immigriert wird.

1. Interkulturelle Literatur

In Anlehnung an Norbert Mecklenburg[2] wird hier als ‚interkulturell' verstanden, was sich (meist wechselseitig) zwischen mindestens zwei Kulturen abspielt, und als transkulturell, was kulturübergreifend wirkt bzw. über die jeweiligen Kulturen hinausweist.[3] Tatsächlich handelt es sich bei der Beschäftigung mit interkultureller Literatur um einen hermeneutischen Prozess, bei dem der Begriff des Gegenstands bei jedem Versuch, ihn auf einzelne Beispiele anzuwenden, vorerst brauchbar, bei Erweiterung der theoretischen Perspektive aber zu verschwinden scheint. Interkulturelle Literaturen, die aus der ersten und teilweise der zweiten Generation oder Phase hervorgegangen sind – in soziohistorischer Lesart also Literaturen der Einwanderer, der sogenannten Gastarbeiter sowie deren Nachkommen mit mindestens einem Elternteil ausländischer Herkunft: (1. Anwerbephase: ca. 1955 bis 1973: Anwerbestopp; 2. Phase 1973 bis 80er Jahre) –, behandeln ebenfalls das Thema Heimat, insbesondere Heimatverlust auf vielfache Weise. In der ersten Phase handelte es sich überwiegend um sogenannte ‚Migrationsliteratur'[4], die Autoren und ihre Texte waren stark von Aspekten der räumlichen/ kulturellen Veränderung geprägt und thematisierten Fragen der Ausgrenzung und Zugehörigkeit, der Identität und der Sehnsucht nach dem Verlorenen. Vielfach wird in der interkulturellen Literatur der Versuch beschrieben, sich in der neuen Heimat zurechtzufinden, sich anzupassen, ‚Fremdes'

---

2   Norbert Mecklenburg. *Das Mädchen aus der Fremde. Germanistik als interkulturelle Literaturwissenschaft.* 2., unveränd. Aufl. München: Iudicium, 2009.

3   Vgl. die starke These von Mâdâlina Diaconu: „Interkulturelle Ästhetik als Spielraum zwischen interkultureller Philosophie und Ästhetik". *Polylog. Zeitschrift für interkulturelle Philosophie.* Sonderdruck Heft 9, 2003, S. 6-20; hier S. 9: „Interkulturalität definiert sich als ein Mittelweg zwischen dem Monokulturalismus und dem *Multikulturalismus,* zwischen der Absolutierung kulturbedingter (konkret: westeuropäischer) Werte und Normen und der Ghettoisierung inselhafter Kulturen."

4   Auf den problematischen Begriff der ‚Gastarbeiterliteratur' muss an dieser Stelle nicht weiter eingegangen werden, obwohl er auch zur Entwicklungs- und Begriffsgeschichte des Themenfeldes gehört.

und ‚Eigenes' werden miteinander in Beziehung gesetzt und das Leben in Deutschland / in deutschsprachigen Ländern wird kritisch reflektiert.

Seit der interkulturellen Literatur der zweiten Phase lässt sich eine Abkehr von Heimatkonzepten erkennen und die Protagonisten (ebenso wie ihre Autoren) zeigen sich als Wandelnde zwischen den Kulturen, zu deren Leben Reisen und die Wahrnehmung der literarischen Öffentlichkeit gehören.[5] Man kann von der Hypothese ausgehen, dass mit zunehmender Akkulturation in der Aufnahmekultur, bei mehr Bildungschancen und gleichzeitiger Diversifikation von Lebensentwürfen auch ein differenzierterer Blick auf ‚Heimat'-Konzepte einhergeht und das Thema der Zugehörigkeit sich zunehmend pluralisiert. Entsprechend wird von vielen aktuellen Autoren (etwa seit der Jahrtausendwende) die Zuschreibung auf das biographische Element des Migrationshintergrunds oft massiv zurückgewiesen, obwohl es inhaltlich, thematisch und stilistisch durchaus zum Tragen kommen kann und nicht zuletzt auch ein Kriterium der Qualität, Auszeichnung und Anerkennung darstellt, zum Beispiel bei der Auszeichnung mit dem Chamisso-Preis.

1.1 Sprachliche Handlungen und Identität

Das Thema der Zugehörigkeit ist eng an Sprache gebunden und die Fremdheit der Codes kann bei der Verständigung darüber eine Rolle spielen.[6] Einige der von mir untersuchten Texte thematisieren das Problem von Verständigungsschwierigkeiten, Missverständnissen und gescheiterten aber auch kreativen Aneignungsprozessen von Sprache.

So wird in mehreren der untersuchten Texte eine Auseinandersetzung mit der ‚neuen' Sprache bzw. der Sprache des Landes, in dem man lebt, thematisiert, teilweise wird das Abhandenkommen der Herkunftssprache problematisiert, und viele sprachliche Ausdrücke machen die emotionale Komponente dabei deutlich: Oft wird mit dem Erlernen der ‚neuen' Sprache auch

---

5   Vgl. als prominenteste Beispiele Feridun Zaimoglu, Ilija Trojanow, José F. A. Oliver, Yoko Tawada, Emine Sevgi Özdamar, Wladimir Kaminer und Lena Gorelik u. a.

6   Vgl. Martin Nies. „„A place to belong'. Heimatsuchen und narrative Konzeptionen von ‚Heimat' im Globalisierungskontext." *Heimat-Räume. Komparatistische Perspektive auf Herkunftsnarrative.* Hg. Jenny Bauer/Claudia Gremler/Niels Penke. Studia Comparatistica. Berlin: Ch. A. Bachmann, 2014. S. 165-180, hier S. 178.

ein fast traumatisches Erleben der Familiensituation verknüpft: Wie bei Elias
Canetti: Die gerettete Zunge (1977) wird sprachliche Unsicherheit oft als
Bedrohung empfunden und das Motiv der Zunge kommt in vielen Texten
vor (E. S. Özdamar: Mutterzunge. Erzählungen. 1990, Y. Tawada Das Bad.
1989, R. Schami Vom Zauber der Zunge. 1991).
Hinzu kommen oft unzumutbare Pädagogik und Leistungsansprüche:

> Ich lernte das deutsche Alphabet, bevor ich das griechische konnte. Und weil
> ich die griechischen Buchstaben beim Vorsagen immer verwechselte, sperrte
> mich mein Vater eines Tages in mein Zimmer ein und sagte: „Solange du nicht
> das griechische Alphabet kannst, bleibst du hier." Es war grausam [...] Und
> das Erlernen der griechischen Grammatik, die in ihrem Schwierigkeitsgrad der
> deutschen ähnelt, kostete mich viele freie Wochenenden.[7]

Meine Untersuchungen haben gezeigt, dass Sprache in den relevanten Text-
ausschnitten auch eine soziale Kennzeichnung mit sich bringt und eine Kri-
tikfunktion hat, indem unterschiedliche Spielarten von sprachlichen Fehl-
griffen, Missverständnissen, Unterschieden im Register, in der Aussprache,
der Sprachmischung, der radikalen Umgestaltung von Sprache (Feridun
Zaimoglu: Kanak Sprak) bewusst thematisiert und inszeniert werden.[8] Diaconu zufolge sei „[...] von einer ursprünglichen Abgrenzung auszugehen,
weil die Sprache das wesentliche Instrument der Konzeption einer Weltsicht
und ihrer Kommunikation bildet (im Unterschied zum eher transkulturellen Aspekt nonverbaler Kommunikation durch Bilder und Musik [...])"[9].
Die Fremdheit in der neuen Heimat spiegelt sich aber auch in sprachlichen
Irritationen und Reflexionen, so wie in Textbeispielen von Autoren mit griechischer und deutscher Kulturerfahrung wie Stella Bettermann, Alexandros
Stefanidis, Perikles Monioudis u. a., die ich eingehend untersucht habe.[10]

---

7 Alexandros Stefanidis. *Beim Griechen. Wie mein Vater in unserer Taverne
   Geschichte schrieb.* Frankfurt a. M./Berlin: Fischer Taschenbuch, 2010. S. 17. Vgl.
   das Motiv des Sprachenlernens bei Elias Canetti. ‚Deutsch am Genfersee'. In: *Die
   gerettete Zunge. Geschichte einer Jugend.* München: Carl Hanser, 1977. S. 95-109,
   hier S. 17.
8 Vgl. Gesa Singer. „Interkulturelle zeitgenössische Literatur: Eine Herausforderung für die Literaturwissenschaft". *Estudios Filológicos Alemanes* 26, (2013).
   S. 33-44.
9 Vgl. Diaconu. „Interkulturelle Ästhetik" (wie Anm. 3). S. 8.
10 Gesa Singer. „Interkulturelle Literatur im Kanon der zeitgenössischen Literatur". *Kanon und Literaturgeschichte. Facetten einer Diskussion.* Hg. Ina Karg/
   Barbara Jessen. Frankfurt a. M u. a.: Peter Lang, 2014. S. 283-297.

Auch Brunner kommt nach der zusammenfassenden Analyse der Werke von José F. A. Oliver, Yoko Tawada, Emine Sevgi Özdamar und Wladimir Kaminer zu dem Schluss: „Es wird deutlich, dass bei den vorgestellten Texten und Autoren Migrationserfahrung und Identitätsproblematik untrennbar mit der Frage der Sprache verknüpft sind"[11]. Und häufig kommt es zu interessanten und humoristischen Sprachmischungen.[12] Daneben werden auch kritische Betrachtungen über die deutsche Identität angestellt. Zafer Şenocak zufolge „[...] verwandelte sich die Verletzlichkeit der eigenen nationalen Identität in eine Abwehrhaltung gegenüber dem Fremden"[13].

1.2 Emotionen

Viele der geschilderten Situationen sind an affektive Wahrnehmungen gebunden und handeln von Erfahrungen des Ausgeschlossen-Seins und der Ablehnung, von Missverständnissen, aber auch von überraschenden Erlebnissen: Von intensiveren Bemühungen um das Erlenen von Sprachen geht es in einem Kapitel des Romans Land von Perikles Monioudis (2007). Hier werden die Schwierigkeiten eines Schweizer Jungen (griechischer Herkunft) beschrieben, der mit seinen Eltern im diplomatischen Dienst nach Zypern kam und nun versuchen muss, Hochdeutsch, Englisch und Griechisch zu lernen:

> [...] die Bemühungen seiner Eltern hin oder her, die englischen Bücher, die griechischen Comics, die er sich von ihnen erkämpft hatte, die deutschen Kinderhörspiele, von denen er nicht jedes Wort verstand, aber verstehen wollte. [...]

---

11 Maria E. Brunner. „Das Schreiben in und zwischen den Sprachen als Möglichkeit, mit der Welt im Dialog zu stehen. José F. A. Oliver, Y. Tawada, E. S. Özdamar und W. Kaminer." *Interkulturelle Mnemo-Graphien. Intercultural Mnemo-Gaphies.* Hg. Mário Matos/Orlando Grossegesse Edições Humus. Universidade do Minho Centro de Estudos Humanísticos, 2012. S. 61-78, hier S. 77.

12 In der erfahrungsbasierten Erzählung von Stella Bettermann *Ich mach Party mit Sirtaki. Wie ich in Deutschland meine griechischen Wurzeln fand.* (Köln: Bastei Lübbe, 2011. S. 27) ist von ‚Mischimaschi' die Rede. „Wir schreiben März 2010, Griechenland steht vor dem Bankrott, und die deutsche Presse ist nicht gerade freundlich mit den Griechen umgesprungen. [...] es wird gestikuliert, geschimpft, ja geschrien. Und ich verstehe alles. Also zehn Prozent mehr, als ich in Griechenland verstehen würde. Das kommt daher, dass diese Griechen genauso sprechen wie meine Mama: Mischimaschi."

13 Michael Hofmann/Iulia-Karin Patrut. *Einführung in die interkulturelle Literatur.* Darmstadt: Wissenschaftliche Buchgesellschaft, 2015. S. 119.

Zwischen Fremdsprache und Fremdsprache, Englisch und Deutsch, begann
der Junge zu stammeln, flüssig redete er allein im Dialekt. [...] Gezwungen,
sich die eigene Sprache auseinanderzusetzen, kam dem Jungen die Sprache
abhanden. Er redete nicht mehr. [...] Der Junge sprach oft mit sich selbst, in
einem Kauderwelsch, das nur er verstand, weil es für ihn selbst bestimmt war.[14]

Alexandros Stefanidis, der seine eigene Familiengeschichte in der Taverne
Beim Griechen (2010) stilisiert, lässt den Vater letztlich sagen:

> Bin ich noch Grieche? Oder doch schon Deutscher? – Trotz all der Widrig-
> keiten, die mir begegnet sind: rassistische Vermieter, unfreundliche Sachbear-
> beiter auf den Behörden, trotz der Tatsache, dass deutsche Truppen meinen
> Vater töten ließen [...] Deutschland ist unsere Heimat.[15]

Und der Sohn fügt in der Erzählerfigur an: „Unser Wohnzimmer war nie
eine geschlossene Gesellschaft, eher der Traum einer offenen, und mitten-
drin spielte sich die Geschichte meiner Familie ab, die als Gastarbeiterfami-
lie kam und zur gastgebenden Familie wurde"[16].

2. Hybridisierung?

Da sich die historischen und soziologischen Umstände von Migrationsbewegungen der 50er bis 70er Jahre kaum noch in der zeitgenössischen Literatur ablesen ließen, hat sich die theoretische Debatte seit Homi Bhabhas
Hybriditätskonzept (2000)[17] zu einer Abkehr von Heimatkonzepten hin zu
Vorstellungen räumlicher Entgrenzung, Weltliteratur und Kosmopolitismus
verlagert.[18] Im Zuge dieser Beobachtungen ist vermehrt von hybriden Iden-

---

14 Periklis Monioudis. *Land*. Zürich: Ammann, 2007. S. 99-100. Die Passage
    erinnert an die 1969 zuerst publizierte Erzählung «Ein Tisch ist ein Tisch» von
    Peter Bichsel. *Kindergeschichten*. Frankfurt a. M.: Suhrkamp, 1997, S. 21-30.
15 Vgl. Stefanidis. Beim Grieche (wie Anm. 7). S. 252-253.
16 Ebd., S. 253.
17 Bhabha, Homi K. *Die Verortung der Kultur* (Original: The location of culture
    1994, übersetzt von M. Schiffmann und J. Freudl). Tübingen: Stauffenburg,
    2000.
18 Vgl. Sturm-Trigonakis, Elke. *Global playing in der Literatur. Ein Versuch über die
    Neue Weltliteratur*. Würzburg: Königshausen & Neumann, 2007. Allerdings
    steckt in der Figur des titelgebenden *global player* auch die Vorstellung von

titäten und Lebensläufen die Rede, die sich nicht mehr auf konkrete, lokal fixierte Orte beziehen können und/oder wollen und die einem dauernden Wandel unterliegen.[19]

Laut Nies müsse ‚Heimat' als Gegenentwurf zu einer Welt der Bewegungen durch Durchgangsorte verstanden werden.[20] Es ist allerdings fraglich, ob und warum mit der Zunahme an Orten, die in einer Biographie erfahren werden, unausweichlich auch eine Auflösung der Identität einhergehen müsse. Statt der Vorstellung von Verlust würde m. E. in manchen Fällen die Idee eines Zugewinns (an Erfahrungen, Lebensmodellen, Ausprägungen und Qualitäten des ‚Ich') auf manche Literaturbeispiele zumindest teilweise zutreffen. Mit Vojvoda-Bongartz lässt sich also festhalten:

> Das Verlassen der alten Heimat und Identität muss somit nicht mehr Verlust und Schicksal für mehrere Generationen sein, sondern kann als logischer Veränderungsprozess bewertet werden. Dabei entscheidet allein der Einzelne, ob die neue erarbeitete Heimat für ihn ein emotionaler, geistiger, virtueller oder tatsächlicher Raum wird.[21]

Ottmar Ette und Uwe Wirth stellen in der Einleitung zu ihrem Tagungsband *Nach der Hybridität* fest: „Darüber hinaus ist zu beobachten, dass die biologischen und vor allem die biopolitischen Implikationen des Hybriditätsbegriffs entweder heruntergespielt oder ganz ausgeblendet werden"[22].

---

merkantiler Gewinnmaximierung, die letztlich auch auf dem globalen Literaturmarkt eine Rolle spielt.

19 Vgl. Mário Matos. „Towards a transcultural construction of memory". *Interkulturelle Mnemo-Graphien. Intercultural Mnemo-Gaphies.* Hg. Mário Matos/ Orlando Grossegesse. Edições Humus. Universidade do Minho Centro de Estudos Humanísticos, 2012, S. 29-43, hier S. 38: „Mainly due to the physical and medial hyper-mobility of our days [...] (it can be as bourgeois tourists or as poor migrants or even as political exiles) – the notion of cultural memory can no longer be conceived strictly inside the traditional borders of national states."

20 Vgl. Nies. A place to belong (wie Anm. 6). S. 179.

21 Katarina Vojvoda-Bongartz. „,Heimat ist (k)ein Ort. Heimat ist ein Gefühl': Konstruktion eines transkulturellen Identitätsraumes in der systemischen Therapie und Beratung". https://de.scribd.com/document/229930752/Heimat-Ist-k-ein-Ort-Heimat-Ist-Ein-Gefuhl. (aufgerufen am 14.03.2018) 2012, S. 239.

22 Ottmar Ette/Uwe Wirth. Hg. *Nach der Hybridität. Zukünfte der Literaturtheorie.* Berlin: edition tranvía. Walter Frey, 2014, S.9. http://www.tranvia.de/buecher/vorwort93894486.pdf (aufgerufen am 14.03.2018).

Die Selbstwahrnehmung und -darstellung der deutschsprachigen Autoren mit Migrationshintergrund hat sich inzwischen weit von der früheren
Betroffenheit hin zu Selbstbewusstsein und gelegentlicher Provokation
entwickelt.

Lena Gorelik formuliert andererseits in ihrem Buch „Sie können aber
gut Deutsch!" Warum ich nicht mehr dankbar sein will, dass ich hier leben
darf, und Toleranz nicht weiterhilft heftige Kritik an der einseitigen Wahrnehmung, die Autoren unterschiedlicher Herkunft im deutschsprachigen
Kontext weiterhin erfahren: „Und genauso dürfen manchmal Migranten im
Migrantenzirkus auftreten. Sie dürfen dann Kunststücke vorführen wie: ‚Ich
kann aktzentfrei Deutsch sprechen' oder ‚Ich bin Migrant und kann Goethe
zitieren'"[23]. Was von der Autorin als Abgrenzungsbestreben der Mehrheits-
gesellschaft interpretiert wird.[24]

Der Autor Sherko Fatah (mit kurdisch-irakischen Wurzeln) schildert
die ambivalente Situation von Autoren, die man mit der Kategorie ‚nicht
deutschstämmig' belegt:

> Es reagiert ja auf etwas Neues in Deutschland, dass es eben diese Autoren gibt.
> Die mussten erstmal heranwachsen, dann die Literatur als Ausdrucksform
> wählen und eine gewisse Qualität erreichen. Das Problem ist, dass sich große
> Teile der Bevölkerung darauf beschränken, die Herkunft der Leute abzuklap-
> pern und den Biografismus für eine sinnvolle Aussage über ein literarisches
> Werk halten. Und dass ist natürlich ein Problem, weil – unsere Biografien sind
> nicht unsere Leistungen. Die Leistungen bestehen in den Büchern.[25]

Feridun Zaimoglu, der sich medial stets provokativ positioniert und sich
von jeher gegen einen romantischen Multikulturalismus äußert, bemerkte
unlängst sarkastisch über die neue Welle interkultureller Literatur:

> Und heute? Die Ausländer- und Exilantenenkel geben mit ihrer Herkunft an.
> Anekdotentänzchen, gerade mal Ende dreißig, sie sind viel gereist und dumm
> geblieben, schreiben Hasenfibeln auf, und weil sie fotogen sind, druckt man

---

23 Lena Gorelik. *„Sie können aber gut Deutsch!" Warum ich nicht mehr dankbar
    sein will, dass ich hier leben darf, und Toleranz nicht weiterhilft.* München:
    Pantheon, 2012. S. 97.

24 Dieser Aspekt ist auch bei Fragen der Kanonisierung von Migrationsliteraturen
    zu beobachten; vgl. Singer. Literatur im Kanon (wie Anm. 10). 2014.

25 https://www.swr.de/-/id=16805540/property=download/nid=660374/
    bzfo5v/swr2-wissen-20160225.pdf 2016 pdf, S. 2 (aufgerufen am 14.04.2018).

Fotos von ihnen: Sie sehen aus wie gefönte Königspudel. Natürlich verstehen sie sich als Weltbürger. Was ein Affenwort.[26]

3. Überschneidungsbereiche Exilliteratur – interkulturelle Literatur

Heimatverlust, Verlust der Sprache und Nicht-Zugehörigkeit sind bestimmende Themen und Motive beider Literaturen. Im Fall der interkulturellen Literatur kommt in manchen Texten eine gewisse Kritik an der Herkunftssowie der Aufnahmekultur zum Tragen, sowie eine eigene Dynamik bei der Auseinandersetzung mit dem Fremdsein und seinen Zuschreibungen, die in Subversivität münden kann. Während der Umgang mit Sprache in beiden Literaturen spielerisch und innovativ sein kann, ist in der interkulturellen Literatur ein starker sprachästhetischer Einfluss von sowie ein ausdrücklicher poetologischer Diskurs über Zwei- und Mehrsprachigkeit, Sprachwechsel und Sprachmischung beobachtbar.

> Ja, Exil ist eine Metapher für die Erfahrung der Entfremdung. Aber das erledigt die Frage nach der dem Exil korrespondierenden Heimat nicht.[27]

4. Überlegungen zur Avantgarde

In ihrer ,Einführung in die interkulturelle Literatur', in der übrigens von deutsch-griechischer Literatur an keiner Stelle die Rede ist, verorten die Autoren Hofmann und Patrut das Thema Avantgarde mit Bezug auf Interkulturalität lediglich im Feld von Exotismus. Allerdings stellen die Autoren fest: „Interkultureller Literatur wohnt also ein besonderes Potential der

---

26 Feridun Zaimoglu. „Ich bin ein Anti-Interkulturberserker." *ZEIT online* 27. Oktober 2014 http://www.zeit.de/freitext/2014/10/27/zaimoglu-interkulturell/ (aufgerufen am 14.04.2018) Er spielt damit wohl auf Autorinnen an, die sich im medialen ,Mainstream' gut vermarkten ließen: „Wer nicht schreiben kann und aber schreiben lernen will, geht ins Institut. Wer fremdstämmig und weiblich ist, motzt sein Poesiealbum auf, nennt es Manuskript, Lektoren und Verleger reißen es ihr aus den Händen, lektorieren nicht und verlegen es. Habe allzu viele dieser Placebo-Romane lesen müssen, ich bin es leid."

27 Bernhard Schlink. *Heimat als Utopie*. Frankfurt a. M.: Suhrkamp Taschenbuch, 2000. S. 12.

Beobachtung und Dekonstruktion inne. Dieses Potential und diese Leistungen sind Gegenstand der neueren hermeneutischen Beschäftigung mit interkultureller Literatur"[28]. Dieser Blickwinkel lässt interkulturelle Literatur auch in der Migrationspädagogik fruchtbar für die Bildungspolitik werden:

> Da also in dominanten Diskursen ,interkulturell' mit ,Migranten' verknüpft ist, da die Praxis ,interkulturell' häufig als Praxis des Otherings auftritt, können Sonderkompetenzen im Umgang mit MigrantInnen beispielsweise als interkulturelle Kompetenz nachgefragt werden.[29]

Jägers Analyse zufolge sind die Avantgarden

> [...] nicht mehr leistungsorientiert, sondern orientieren ihre Operationen an der System-Umwelt-Differenz, indem sie die Differenz von Identität und Differenz nicht nur im System rekonstruieren, sondern sich reflexiv als Spielmaterial verfügbar machen. Das hat eine Auflösung des Werk- und Stilbegriffs zur Folge.[30]

Und Römhild geht noch einen Schritt weiter, indem sie die aktuellen Spielarten von Kosmopolitismus beschreibt:

> So stehen sich heute an den Grenzen Europas, und damit in den Verhandlungen über ein zukünftiges Europa, zwei verschiedene Typen von Kosmopolitismus gegenüber: ein im Selbstbild der EU repräsentierter klassischer Typus, den man der Ersten Moderne zurechnen könnte, weil er weiterhin auf die Ordnungsmacht von Grenzen, den darin eingeschlossenen Kulturen und Identitäten setzt; und ein in der Praxis der Migration auffindbarer fortgeschrittener Typus, der den Turbulenzen der Zweiten Moderne zuzurechnen ist, weil er bereits von der schwindenden Macht dieser Ordnung ausgeht und

---

28 Vgl. Hofmann/Patrut. Interkulturelle Literatur (wie Anm. 13). S. 15.
29 Vgl. Mecheril. Kulturell-ästhetische Bildung (wie Anm. 1). S. 4: „In Debatten wie jener um die sogenannte ,Leitkultur' werden Bezüge auf rassische Unterscheidungen hergestellt, ohne dass dies den Akteuren bewusst sein muss."
30 Georg Jäger. „Die Avantgarde als Ausdifferenzierung des bürgerlichen Literatursystems. Eine systemtheoretische Gegenüberstellung des bürgerlichen und des avantgardistischen Literatursystems mit einer Wandlungshypothese." *Modelle des literarischen Strukturwandels.* Hg. Michael Titzmann. Tübingen: Max Niemeyer, 1991. S. 221-244, hier S. 233. https://epub.ub.uni-muenchen. de/6403/1/6403.pdf (letzter Besuch: 14.04.2018).

selbst aktiv daran beteiligt ist, den Status Quo der Grenzen, auch in ihrer kulturalisierten Form, anzugreifen und zu verunordnen [sic!].[31]

Römhild beschreibt die Grenzräume wie folgt: „Aus der Perspektive der Migration erweist sich die Peripherie der Grenzräume als der derzeit vielleicht kosmopolitischste Ort in Europa aber gleichzeitig auch als der Ort, an dem die Prekarisierung der Existenz, nicht nur für Migranten, mit am weitesten fortgeschritten ist"[32]. Laut Diaconu[33] „[...] bildet die Kunst sogar einen Spezialfall von Interkulturalität, insofern das ästhetische Interesse an fremden Kulturen sehr oft die Rolle eines Vorpostens der Interkulturalität gespielt hat, als erster Schritt zur Akzeptanz und dann zur Anerkennung des Anderen"[34].

In ihrer historischen Genese ist ein Kriterium der Avantgarde zumeist eine Befreiung der Sprache, mit der sowohl Kommunikation und Verständigung als auch ihr absolutes Gegenteil hervorgerufen werden können. Neben dem sprachspielerischen Aspekt mag eines der Ziele dabei auch die Provokation sein sowie der Verweis auf die Konstruiertheit von Wahrnehmung, an der sich Zugehörigkeit und Anderssein manifestieren könnten. Dies inkludiert auch einen unter Umständen spielerischen oder ironischen Umgang mit den Mechanismen des literarischen Marktes bzw. den akademischen Herangehensweisen an Literatur.

Der Begriff der Pfropfung wäre laut Ette/Wirth „[e]ine Möglichkeit, Kulturtheorie nach der Hybridität zu denken. Pfropfung hier verstanden zum einen als Agri-Kulturtechnik der nicht-sexuellen Reproduktion, die aber auch als Texterzeugungsmetapher theoriebildend geworden ist"[35]. Es bleibt allerdings fraglich, ob die sinnliche Dimension interkultureller Literatur dadurch hinreichend abgebildet wird.

---

31 Regina Römhild. „Aus der Perspektive der Migration: Die Kosmopolitisierung Europas" *Das Argument* 285/2010, S. 50-59. http://www.linksnet.de/files/pdf/DA285_roemhild.pdf (aufgerufen am 14.04.2018), S. 57.

32 Vgl. Römhild. Migration (wie Anm. 31). S. 58.

33 Vgl. Diaconu. Interkulturelle Ästhetik (wie Anm. 3). S. 12.

34 Ebd. S. 13-14: „Die interkulturelle Philosophie vermittelt eine Einstellung. Sie ist nicht nur deskriptiv, sondern auch normativ, indem sie dem Phänomen einer Wechselwirkung zwischen den Kulturen positiv gegenübersteht und Offenheit, Toleranz, Interesse und auf Sachkenntnis gegründetes Verständnis fremder Kulturen fordert. Die Vertreter der interkulturellen Philosophie betonen unablässig die ethische Qualität ihres Denkens."

35 Vgl. Ette/Wirth. Hg. Hybridität (wie Anm. 22). S. 9.

Dolors Sabaté Planes

„...für ausgesprochen mißgestaltete Tiere ist in der Natur kein Platz"

Bruch und Kontinuität in Erna Pinners Exilwerk *Panorama des Lebens* (1961)

Im Gegensatz zu den oft zur Erfolglosigkeit verurteilten Exilierten gelang es der Graphikerin und Schriftstellerin Erna Pinner (1890-1987) eine neue Karriere im Exil anzufangen. Pinner gehörte einer assimillierten jüdischen Familie an und lebte ein privilegiertes Leben als Tochter eines renommierten Chirurgs und Kunstsammlers, bis sie ins Exil musste. Pinner kam als Flüchtling aus Nazi-Deutschland nach Großbritannien, nachdem sie 1935 aus der Reichskammer der bildenden Künste ausgeschlossen worden war. In London ermöglichte ihr der damalige Direktor des Londoner Zoos, Sir Julian Huxley, entscheidende Bekanntschaften für das Überleben in der Fremde. Huxley, der ihre Publikationen kannte und bewunderte, führte sie in die British Zoological Society ein, wo sie die Möglichkeit hatte, Konkakt mit anerkannten zeitgenössischen Naturwissenschaftlern aufzunehmen.[1]

Vor ihrem Exil hatte Pinner bereits als Malerin und graphische Zeichnerin gearbeitet. Ihre Neugierde für die Tierwelt wurde allerdings erst nach dem Kriegsausbruch geweckt, als sie Zuflucht vor dem schweren Alltag im Frankfurter Zoo suchte.[2] Nach dem Ersten Weltkrieg gewannen nicht nur ihre Tierzeichnungen breitere Anerkennung, sondern auch ihre Masken und Kostüme für verschiedene Theater, die aufgrund ihrer Originalität große Beachtung fanden.

---

1 Dort trat Pinner mit dem Zoologen Geofrrey Marr Vevers – dem sie ihr Werk *Curious Creatures* (1951) widmete – und dem deutschen exilierten Ornithologen Ludwig Koch in Verbindung. Mehr zur Londoner Vernetzung Erna Pinners in Lutz Beckers Aufsatz „Von der Kunst zur Wissenschaft: Der erstaunliche Lebensweg der Erna Pinner". *Ich reise durch die Welt. Die Zeichnerin und Publizistin Erna Pinner.* Hg. Barbara Weidle. Bonn: Verein August Macke Haus, 1997.

2 „Ich zeichne Tiere, weil ich sie liebe, und versuche das, was ich dabei sehe, so einfach wie möglich auszudrücken." Im Interview mit Julia Virginia Lengsdorff, Stadtblatt der *Frankfurter Zeitung*, 4.9.1927. Vgl. Weidle. Die Zeichnerin Erna Pinner (wie Anm. 1). S. 95.

Pinners Vorliebe für die Tierwelt kam Ende der 20er Jahre weiter zum Ausdruck, als sie gemeinsam mit ihrem Partner Kasimir Edschmid Afrika bereiste. Pinner und Edschmid unternahmen zahlreiche Reisen, die ihre lange Zusammenarbeit bis zu Pinners Exil entscheidend prägten. Edschmid, der Schriftsteller, wählte durchwegs das Medium der Literatur, während Pinner, die Zeichnerin, ihre Impressionen in Aquarelle, Zeichnungen und Fotos übersetzte, von denen einige die Bücher Edschmids illustrieren.[3]

Pinners Interesse an der Naturwissenschaft entspricht dem Zeitgeist des früheren 20. Jahrhunderts, weil gesündere und naturnähere Lebensformen gerade damals als Gegenreaktion auf die Urbanisierung und die Industrialisierung gesucht wurden. Innerhalb der damaligen durchbrechenden Weltanschauung schlugen neue soziale Gegenbewegungen alternative Lebenswege, die als progressiver galten und allmählich zu einen Mentalitätswandel beitrugen, ein. Innerhalb der an neuer Kraft gewinnenden Strömungen stand die Lebensreformbewegung, die eine Veränderung des gesamten Menschen durch das Erlebnis der Natur anstrebte.

Die von der Lebensreformbewegung erwünschte gesunde und naturnahe Lebensweise sollte geistige Gesundung bringen. Anlässlich des renovierten Verhältnisses Natur-Kultur kam es unvermeidlich zu einem neuartigen Tierverständnis. Antivivisektion, Tierschutz und eine vegetarische Ernährungsweise wurden nämlich aus den Reihen der Lebensreformbewegung gefordert. Daneben galt es auch als erstrebenswert und wohltuend, Tiere zu beobachten.[4]

In diesem erneuten sozialen und kulturellen Rahmen spielte die Wirkung der Kolonialpolitik auf das neue Verhältnis Tier-Mensch darüber hinaus eine wesentliche Rolle. Infolge von Expeditionen wurden zahlreiche, bis dahin unbekannte Tierarten entdeckt, sodass bald auch exotische Wildtiere in Zoos bestaunt werden konnten. Allerdings wurden nicht nur Tiere angeschaut, denn Ausstellungen von Kuriositäten und Bewohnern fremder Länder waren zu diesem Zeitpunkt keine Seltenheit. Vom Ende des 19. Jahrhunderts bis zur Machtergreifung konnten Besucher der zoologischen

---

3 Dolors Sabaté Planes. „Friedliche Reisen, hochmütiger Blick. Das reisende Paar Erna Pinner und Kasimir Edschmid". *Reiseliteratur der Moderne und Postmoderne*. Hg. Michaela Holdenried/Alexander Honold/Stefan Hermes. Berlin: Erich Schmid, 2017. S. 81-96.

4 Nastasja Klothmann. *Gefühlswelten im Zoo. Eine Emotionsgeschichte (1900-1945)*. Bielefeld: transcript, 2015. S. 126.

Gärten neben Wildtieren auch Menschen anderer Kulturen beobachten.[5] Der Zweck dieser Völkerschauen lag jedoch nicht nur in der Unterhaltung, sondern auch in der Bewerbung des Kolonialismus und in dem pseudowissenschaftlichen Beweis des Überlegenheitsgefühls der europäischen Kultur. Klothmann äußert sich im Hinblick darauf wie folgt:

> In Absprache mit den Veranstaltern durften Wissenschaftler die fremden Menschen sogar untersuchen, fotografieren und vermessen [...] Zudem sollten die inszenierten Völkerausstellungen belehren und im Sinne der Anpassungstheorie Darwins die Entwicklung vom „primitiven Volksstamm" zum europäischen Kulturmenschen demonstrieren sowie die Überwindung dieser rudimentären Lebensform vor Augen führen. [...] Vergleicht man die Ausstellung wilder Tiere mit der fremder Menschen, so lassen sich Parallelen erkennen. In beiden Fällen faszinierte das Unbekannte und Andersartige. Beide regten die Neugierde der Zoobesucher an und ließen sie inszenierte ferne Länder und Kulturen entdecken.[6]

Pinners künstlerische Tätigkeit steht im Rahmen der Verwissenschaftlichung der Rassendiskurse und Spuren von Rassentheorien, die die Biologisierung der Gesellschaft unter Berufung auf Darwin hervorheben, und sind in ihrem Reisebuch *Ich reise durch die Welt* (1931) zu finden.[7] Hier rekurriert Pinner immer wieder auf sozialdarwinistische und rassistische Diskursmuster, die dem Zweck der Hebung des deutschen Nationalbewusstseins dienen sollten. Auch wenn sie sich als akkurate und gewissenhafte Landschafts-, Völker- und Tierbeobachterin in ihrem Reisebuch darstellt, bleibt sie ideologisch nicht neutral.

Im Folgenden wird auf die Ideologisierung des Tiermotives bei Erna Pinner hingewiesen, wobei bedeutende Veränderungen in ihrer Exilproduktion sichtbar werden. Zum einem besteht eine ganz klare Entwicklung ihres graphischen Stils hin zum Realismus. Zum anderen beschränkt sich ihre

---

5 Ebd. S. 135.

6 Ebd. S. 137-138.

7 Den konkreten Anlass zu rassentheoretischen Interpretationen dieses biologisierten Gesellschaftsbildes boten zwei zentrale Aussagen des Darwinismus, die weitläufig miteinander zusammenhängen. Einerseits der sogennante Sozialdarwinismus, verbunden mit der Übertragung des Selektionsprinzips – Kampf ums Dasein, Überleben der Tüchtigsten – auf menschliche Gesellschaften, andererseits die These von einer „natürlichen" Ungleichheit und Ungleichwertigkeit der Menschenrassen.

literarische Produktion im Exil ausschließlich auf den Bereich der populären Wissenschaftsliteratur. Dieser Wendung ist sich die Autorin bewusst und sie wird es in einem Brief an Kasimir Edschmid zugeben, in dem Pinner die Entfaltung ihres Stils zum Verismus aufgrund der Exilerfahrung thematisiert:

> Lieber K.
>
> [...] Ich erschrecke manchmal vor dem Verismus meiner Arbeiten, und wenn ich mein kleines Buch *Ich reise durch die Welt* ansehe, ziehe ich mich an den wenigen grauen Haaren, die ich habe, und frage mich: Hat das England aus Dir gemacht? [...] Aber vorbei sind die dünnen Striche der Andeutungen, jetzt muß ich die „Wahrheit" wiedergeben. Mein letztes Buch (einhundertfünfzig Zeichnungen über Kuriositäten im Tierreich) hat mich bis ins Grausame gefordert und ich lebe stets in dem Kampf zwischen akkuratester Wiedergabe und stilisierter Form.[8]

Im Londoner Exil kamen zwei Bücher heraus: *Curious Creatures* (1953) und *Born Alive* (1959) erschienen zunächst im Verlag Jonathan Cape auf Englisch und später in deutscher Übersetzung als *Wunder der Wirklichkeit* (1954) und *Panorama des Lebens* (1961). In beiden Werken wird Pinners Hinwendung zur populären Wissenschaftsliteratur, eine für sie bis damals neue gattungsspezifische Richtung, offensichtlich. Ihr Studium der Biologie in London und die Unterstützung des naturwissenschaftlichen Kreises hatte dies wahrscheinlich begünstigt.[9] Hier soll nun zunächst auf Pinners Frühwerk eingegangen werden, um zu verdeutlichen, wie rassenideologische Gedanken des Kolonialismus und essentialistische Thesen des zeitgenössischen Feminismus in Pinners Werk konvergieren. In ihrem Reisewerk beobachtet eine homodiegetische Erzählerin, wie sich ‚primitive Völker' wie Tiere benehmen und leben. Nachdem das Verhältnis Tier-Mensch im

---

8 Ulrike Edschmid. *„Wir wollen nicht mehr darüber reden". Erna Pinner und Kasimir Edschmid. Eine Geschichte in Briefen.* München: Luchterhand, 1999. S. 82.

9 Darüber berichtet sie in einem Brief an ihren in Deutschland zurückgebliebenen Lebensgefährten Kasimir Edschmid im Jahre 1946: „Es war nicht leicht, mich durch den Krieg mit der Arbeit durchzusteuern, aber es ging und geht weiter. Ich habe Biologie nachstudiert und arbeite im wesentlichen auf einer General-Science-Linie, das heißt tierbiologische Bücher. Ein Buch, *Animal Behaviour*, erschien bei Macmillan, ein Buch, das ich jetzt zusammen mit den Paläontologen des British Museum gemacht habe, ist im Druck mit achtzig Rekonstruktionen von mir. Es heißt *The Corridor of Life* und erscheint bei Jonathan Cape. Jetzt arbeite ich mit einem Superintendenten des Zoos an einem Standardbuch *Animals of the U. S. S. R.*" Vgl. Edschmid. Pinner und Edschmid (wie Anm. 8). S. 39.

Frühwerk behandelt wird, soll hier gezeigt werden, wie, selbst wenn Pinners Produktion im Gewand einer neuen literarischen Gattung im Exil erscheint – der Gattung der populären Wissenschaftsliteratur –, sozialdarwinistische und essentialistische Argumente im Exilwerk weiterbestehen. In dieser Hinsicht spiegelt Pinners Exilproduktion einen Prozess kultureller Mobilität, in dem hegemonische Ideologien sich in neuen kulturellen Diskursen auflösen, wider. Im Laufe dieses kulturellen Übergangsprozesses werden Machtschemata übersetzt und neu legitimiert.[10]

In dem Reisebuch *Ich reise durch die Welt* berichtet die Erzählerin über ihre Erlebnisse in den arabischen Ländern, in Lateinamerika, in Afrika und in Südeuropa. Weibliches Äußeres, Frausein und Frauenleben sind meist im Zentrum der Aufmerksamkeit der Erzählerin. Während Ignoranz, Naivität und Primitivismus das allgemeine Bild der Afrikaner kennzeichnen, ist ebenfalls die literarische Wiedergabe des indianischen Lebens von Rassendeterminismus geprägt. Frauen der Inka-Städte werden auf ihre reproduktive Funktion reduziert und animalisiert. Sie sind nur „scheue Kreaturen", die „ihre Kinder als Sklaven verschenken, um auf diese Weise die übergroße und lästige Fruchtbarkeit zu regulieren"[11]. Unter diesen Umständen erscheinen rassenhygienische Maßnahmen, obwohl nicht von der Erzählerin direkt formuliert, wegen der „beispiellosen Armut" moralisch legitim.[12]

Pinners Reisen außerhalb Europas dienten ebenfalls dazu, eine ideologische Position der Frauenfrage gegenüber zu vertreten. Auch wenn sie sich nie politisch aktivistisch engagierte, sah Pinner einen rechtlich politischen Ausweg für die Frauendiskriminierung in den antiken matriarchalischen Gesellschaften. Anfang des 20. Jahrhunderts stand das Thema Mutterschaft

---

10 Stephen Greenblatt. *Cultural mobility. A manifesto.* New York: Cambridge University Press, 2010. S. 1-21.

11 Erna Pinner. *Ich reise durch die Welt.* Berlin: Erich Reiss, 1931. S. 121-122.

12 Dass sich die Vertreterinnen der ‚radikalen' Richtung der Frauenbewegung mit Bevölkerungsfragen beschäftigten, war nicht gerade ungewöhnlich. Bevölkerungsdebatten öffneten ein gesellschaftliches Feld, auf dem es möglich werden konnte, Diskriminierungen von Frauen und konservative Moralvorstellungen effektiv zu bekämpfen. Darum tendierte der sich als „links" und „fortschrittlich" verstehende Flügel der Frauenbewegung zu rassenhygienischen und neomalthusianischen Positionen, die als erneuernd und modern galten. Vgl. Julia Polzin. *Matriarchale Utopien, freie Liebe und Eugenik. Der Bund für Mutterschutz im Wandel zeitgenössischer Ideen und politischer Systeme.* Hamburg: Dr. Kovač, 2017.

im Mittelpunkt der emanzipatorischen Bestrebungen.[13] Erträumte gesellschaftliche Matriarchatsutopien wurden ein Ideal für die Frauenbewegung,
da der Beitrag der Mutter zum Überleben der Generationen nur im Matriarchat gesetzlich und politisch anerkannt sei. In ihrem 1932 in der *Kölni-
schen Zeitung* erschienenen Aufsatz „Die Männer als starkes und schwaches
Geschlecht" verteidigt Pinner das Matriarchat, indem sie die soziale Gerechtigkeit seiner Organisationsformen wie folgt darlegt:

> Das Matriarchat, das Mutterreich, es fehlte auf keinem der fünf Kontinente.
> Aber nicht nur bestimmte primitive Indianerstämme Nordamerikas, die
> begeistert halbverweste Pferdekadaver roh abnagten, oder ein paar südame-
> rikanische Eingeborenenvölker, die einen frisch verstorbenen Verwandten,
> wenn er dick war, ausbrieten, wenn er dünn war, verkochten, standen vorü-
> bergehend unter der Vorherrschaft der Frau, nicht nur die Neger Afrikas,
> sondern auch die hochkultivierten Mittelmeerrassen sowie die Inder, die
> Chinesen, die Ägypter und selbst die Inkas waren ihr untergeordnet. [...] Das
> Mutterrecht wurde als ein Naturrecht angesehen, als ein gerechter Ausgleich,
> denn die Mutter allein, so empfand man es damals, trug die ganze Bürde des
> Geschlechts. Von ihr erbten die Kinder den Rang. Der Besitz aber ging nur auf
> die Töchter und nicht auf die Söhne über. Im Stammbau zählte man nur die
> Mütter seiner Mütter, und ein Unterschied zwischen ehelicher oder unehli-
> cher Geburt wurde dadurch hinfällig.[14]

---

13 Die Vorstellung vom Mutterrecht und der Existenz mutterrechtlicher Gesell-
    schaften in der Frühzeit der Menschheit hatte vor allem durch das Werk
    Johann Jakob Bachofen *Das Mutterrecht* ab 1861 Verbreitung gefunden. Die
    sogenannte Mutterbewegung formierte sich in der ersten der drei Phasen, in
    die sich die Geschichte des Bundes für Mutterschutz chronologisch einteilen
    lässt und hatte die Besserstellung der ledigen Mütter zuvorderst zum Zweck.
    Ziele der deutschen Mutterbewegung waren die Verbesserung der sozialen
    und juristischen Lage, vor allem der ledigen, aber auch der verheirateten Müt-
    ter sowie der unehelich geborenen Kinder, die Herbeiführung eines Wandels
    moralischer Ansichten und traditioneller Sitten, die das Geschlechterverhält-
    nis betrafen, oder auch die Aufhebung des Lehrerinnenzölibats. Besonders
    deutlich wird dies im 1904 gegründeten Bund für Mutterschutz unter Helene
    Stöcker, der bisher am besten untersucht ist und prototypisch für die Position
    der radikalen Frauenbewegung steht. Vgl. Polzin. Matriarchale Utopien (wie
    Anm. 12). S. 35.
14 Vgl. Weidle. Die Zeichnerin Erna Pinner (wie Anm. 1). S. 194.

Pinners Blick auf den ‚Anderen' ist in ihrem Reisewerk voyeuristisch.[15] Wie auf den Völkerschauen erscheinen die in ihrem Reisebuch ‚ausgestellten' Menschen wild und exotisch. Sie sollten somit keine europäische Kleidung tragen, um sich vom ‚Kulturmenschen' abzuheben. In Pinners Reisebericht wirken ‚domestizierte Schwarze' grotesk genauso wie Mischlinge, die im Werk als teuflische und unmoralische Figuren des Bösen porträtiert werden.

> In der Rue Bomet findet zweimal in der Woche ein Negerball statt. Ein Negerball des Negerproletariats. In einem Kaschemmenlokal auf dem Montparnasse tanzen Donnerstag und Sonntag die Großstadtneger mit den Großstadtnegerinnen [*sic!*]. Kommt man gerade vom Sudan, so erscheinen sie einem zunächst ein wenig „Café au lait", diese Neger von Paris, diese half Cast, die in einer erstickenden Fülle in einem penetranten Geruch so eng aneinandergeschmiegt tanzen. Mit diabolisch kindlicher Lust führen sie mit ihren unteren Extremitäten verwirrend schnelle exzentrische Schritte aus, während der Oberkörper gleichgültig und beinahe unbeteiligt fest in den Schultern steht. Eine wilde Maskerade der Kleidung, sinnlos geschürzte Röcke, lächerliche Haarschleifen […] Jedenfalls war dieser Pariser Negerball unanständiger als alles, was ich in drei anderen Erdteilen sah.[16]

Pinners Situation in Deutschland begann sich ab 1933 zu verschlechtern. Ihre literarische Zusammenarbeit mit Edschmid wurde abgebrochen und die Gelegenheiten, ihr künstlerisches Werk auszustellen, wurden immer geringer. Demzufolge musste sie ihre journalistische Tätigkeit intensivieren und veröffentlichte daher eine erhebliche Menge von Zeitungsaufsätzen über Tiere für den *Berliner Börsen-Courir* und die *Kölnische Zeitung*. Selbst in diesen repressiven Zeiten und obgleich sie persönlich von der öffentlichen Diskriminierung betroffen war, wirken Pinners Tieraufsätze rassistisch. Von den informativ und gleichzeitig unterhaltsam geschriebenen Zeitungsartikeln werden im Folgenden zwei Beispiele besprochen: „Windhunde" und „Das Indhlovudawani", wo ein ungleichwertiges Bild beim Vergleichen beider Tierarten zum Vorschein kommt.

Die Hochwertigkeit der Windhunde, die als „die Aristokraten unter den Hunden" bezeichnet werden, wird aufgrund ihrer adligen Abstammung und

---

15 Vgl. Dolors Sabaté Planes. „Die ideologische Dimension autobiographischer Reiseberichte. Erna Pinners *Ich reise durch die Welt* (1931)". *Autobiographische Diskurse von Frauen (1900-1950)*. Hg. Montserrat Bascoy/Lorena Silos Ribas. Würzburg: Königshausen & Neumann, 2017. S. 55-65.

16 Vgl. Pinner. Reise durch die Welt (wie Anm. 11). S. 24.

athletischen Anatomie in dem Text gerechtfertigt. Gemäß der Autorin ist die Abstammung der Windhunde aus der Zeit alter, vornehmer und hochentwickelter Kulturen wie den Etruskern oder den Ägyptern nachgewiesen:

> Die Windhunde gelten als die Aristokraten unter den Hunden. Sie sind schlank und hochgezüchtet und ihr Leib zieht sich in den Weichen beängstigend schmal zusammen. Ungemein fein gebaut sind die hohen Läufe mit den deutlich sichtbaren starken Sehnen und Muskeln. Diese Körperkonstruktion bringt es mit sich, dass die Windhunde neben der ungemein edlen Haltung im Lauf eine große Geschwindigkeit entwickeln. [...] So tritt der merkwürdige Fall ein, dass alle anderen Hunde mit kurzen, flachen und gedrungenen Schnauzen ausgesprochene und gute „Nasentiere" sind, während die Windhunde mit ihren schönen vornehmen langen Nasen als reine „Augentiere" gelten. [...] [Sie] zählen zu den ältesten Hunden, die bekannt sind. In Europa kann man ihre Darstellung schon bei den Etruskern nachweisen, und in Aegypten sitzen windhundartige Tiere schon um dreitausend vor Christi auf zahlreichen Denkmälern.[17]

Im Gegensatz zu diesem „Träger des Hunde-Hochadels" wird das Indhlovudawani, ein afrikanisches Warzenschwein, als eine „entartete" afrikanische Schweinerasse, eine „Missgestalt, der Gott kein seelenvolles Auge, keine Anmut der Bewegung, keinen leichten und beweglichen Körperbau und keine besonders ausdrucksvolle Stimme [geschenkt] hat", geschildert.[18] Pinners Zeitungsaufsätze sind relevante Beispiele der Ideologisierung des Tiermotives. So wie die meisten Rassentheorien, stehen Pinners Argumente auf derart niedrigem wissenschaftlichem Niveau, dass sie über ihre erkenntnistheoretischen Grundlagen keine Rechenschaft ablegen.

Während ihres Exils bestehen Pinners ideologische Thesen unter dem sachlich-dokumentarischen Gewand der populären Wissenschaftsliteratur weiter. In *Panorama des Lebens* (1961) richtet Pinner sich an ein Laienpublikum mit didaktischem Duktus, indem sie rechthaberisch einen hoch strukturierten naturwissenschaftlichen Bericht schreibt. Bilder und zahlreiche Beispiele dokumentieren, was die Autorin selbst „Wunder" der Reproduktion nennt. Populäre Wissenschaftsliteratur als Gattung ist dafür besonders geeignet, da sie ein Reservoir an ‚wissenschaftlich' legitimierten und nicht weiter zu hinterfragenden ‚Wahrheiten' voraussetzt. Darüber hinaus gibt der Verismus des wissenschaftlichen Rapports den richtigen Ton für den

---

17 Vgl. Weidle. Die Zeichnerin Erna Pinner (wie Anm. 1). S. 200.
18 Ebd. S. 201-202.

,ideologienfreien' Kontext der Nachkriegszeit an. In *Panorama des Lebens* illustriert Pinner die Vielfalt der Fortpflanzungsmethoden, als ob sie eine „experte Naturalistin" wäre und begründet ihre Absicht, das Buch zu verfassen, wie folgt:

> Sich unausgesetzt der Phänomene bewusst zu sein, die täglich in der Tierwelt vor sich gehen, ist schwer; die Aufnahmefähigkeit für Wunder ermüdet schnell. Dennoch ist die Fortsetzung des Lebens durch die Wiedererzeugung der Arten ein Vorgang von weittragender Bedeutung für unsere Begriffswelt. Der Zweck dieses Buches ist, zu zeigen, welch ungeheuer komplizierte Maßnahmen zur Erhaltung zukünftiger Generationen von niederen und höheren Tieren getroffen werden. [...] Mit wenigen Ausnahmen haben sämtliche Nachkömmlinge eine Jugendzeit in all ihren Komplikationen zu durchstehen; ihre intensiven Anstrengungen, sich, nach ihrem Debüt auf der Bühne des Lebens, am Leben zu erhalten, fordern unsere Aufmerksamkeit heraus.[19]

Panorama des Lebens besteht aus zehn Kapiteln, die anhand zahlreicher empirischer Fakten zum Vorschein bringen, dass „man zwar vaterlos, aber wohl niemals mutterlos auf die Welt kommen kann". Nach Pinner ist der Fortpflanzungsdrang keineswegs immer sexuell bedingt, was Mutterschaft nicht nur biologisch, sondern auch aus emotionalen Gründen erklären würde.[20] Im ersten Kapitel beschreibt die Autorin Fortpflanzungsmethoden, die nicht dem Überleben des Einzelnen, sondern der Spezies dienen. Als Vorbild gilt die gesellschaftliche Organisationstruktur der Bienen, „der reinsten Form des Martriarchats und der weiblichen Kraft in der Natur"[21].

Neben der Fortpflanzung werden weitere naturwissenschaftliche Bereiche wie technische Strategien des Nestbaus im Tierreich, Fütterungsformen des Nachwuchses oder Transport der Tierkinder ausführlich dargestellt. Bis ins kleinste Detail beschreibt Pinner, wie bestimmte weibliche Salamander- und Spinnenarten befruchtete Eier auf dem Rücken tragen, bis diese in Sicherheit gebracht werden können.[22] Rechtgläubig behauptet die Autorin wiederum, keine elterlichen Gefühle bei Amphibien und Reptilien zu erkennen – nur bei Säugetieren bliebe der Mutterinstinkt unbestritten. Als Erzeugerin des Lebenskreises ist die Mutterfigur in jedem Kapitel zentral. *Panorama des Lebens* setzt die Thesen des feministischen Essentialismus demnach fort,

---

19 Erna Pinner. *Panorama des Lebens.* Hamburg/Wien: Paul Zsolnay, 1961. S. 11.
20 Ebd. 13.
21 Ebd. 31-33.
22 Ebd. 55-72.

da Mutterschaftsdrang bei Tierweibchen genetisch eingeschrieben zu sein scheint und evolutionsgeschichtlich „geprüft" werden kann. Diese literarische Verarbeitung des essentialistischen Feminismusdiskurses bringt zum Vorschein, dass der Biologismus der Vorkriegszeit in der Exilphase immer noch aktuell ist. Aus diesem Grund bringt das Exil keinen vollständigen Bruch mit sich, sondern nur eine äußere Transformation von alten, im Kern unveränderten ideologischen Thesen.

Laut Pinner führt die „unnatürliche Erfüllung des unbefriedigten Mütterlichkeitsdranges" zum „abnormen Verhalten". Als Beispiel nimmt sie eine von ihr beobachtete Situation im Zoo, als ein Pavianweibchen ein Katzenkind adoptiert.

Das kleine Kätzchen schien so vollkommen ein emotionelles Bedürfnis zu erfüllen, daß die Pflegemutter sich energisch jeder Wegnahme ihres „Kindes" widersetzte. Übereifersüchtig vergönnte sie ihm kaum etwas Muße. Ungeachtet der fremdartigen Erscheinung der adoptierten Kreaturen suchte sie, in echter Pavianmanier, sogar sein Fell nach salzigen Partikeln ab; aber eine Katze ist letzten Endes kein Affe.[23]

In *Panorama des Lebens* scheint jeder Verstoß gegen Naturgesetze zur Degeneration zu führen. Damit nimmt Pinner auf die Ideen von Ruth Bré Bezug, als sie behauptet, dass der unerfüllte Mutterschaftsinstinkt physisch und geistig schädlich für Frauen wäre.[24] Darüber hinaus illustriert die Autorin, wie Rassenmischung der Natur „bestraft" wird, indem Mischlinge zum Aussterben verurteilt sind:

Obwohl äußerlich so sehr verschieden, sind Löwen und Tiger jedoch so nahe verwandt, daß die beiden Spezies sich kreuzen. Während in der Natur ein solches Ereignis nicht bekannt ist, ist es aber in den Menagerien in Indien und anderswo schon öfters vorgekommen. Es mag daher berechtigt sein, auf den eigentümlich aussehenden Nachkömmling hinzuweisen. Ist der Vater ein Löwe, so nennt man den Mischling einen Liger (aus den englischen Worten Lion und Tiger zusammengezogen), ist der Vater aber ein Tiger, so ist der Nachkömmling technisch als Tiglon bekannt. Ein solcher Tiglon, der 1924 der Zoologischen Gesellschaft von London geschenkt wurde, spazierte beinahe zehn Jahre lang ganz vergnügt in seinem Käfig hin und her. Das Tier, ein

---

23 Ebd. S. 180-181.
24 Bré, Ruth. *Das Recht auf Mutterschaft: eine Forderung zur Bekämpfung der Prostitution, der Frauen- und Geschlechtskrankheiten*. Leipzig: J. A. Bart, 1903. S. 9.

Männchen, glich in Gestalt einem Tiger, hatte so gut wie keine Mähne und keine Quaste am Schwanz; es hatte aber die übliche Färbung des Löwen, durch die schattenhaft die Streifen des Tigers schimmerten. Die Sektion ergab, daß das Tier steril war.[25]

Pinners literarisches Animalarium beweist einerseits, wie unterschiedlich deutsch-sprachige AutorInnen die Exilerfahrung verarbeiteten und wie offen das Spektrum der Exilliteratur eigentlich ist. Andererseits ist am Beispiel des Werkes festzustellen, wie neue Gattungsformen – hier die populäre Literaturwissenschaft – im neuen historischen Kontext instrumentalisiert werden und damit die These des Exils als Bruch in Frage stellen. Es wäre es lohnenswert, sich in die Idee der Kontinuität in der Exilliteratur zu vertiefen, da die Spurensuche nach nicht überwundenen Diskursen in den Texten, die (literatur)historische Entwicklung der Nachkriegszeit nicht nur im deutschen, sondern auch im allgemeinen europäischen Raum neu beleuchten könnte. Die These der kulturellen Mobilität als Ansatz zur Bestimmung von Brüchen oder kontinuierlichen Prozessen in der Literatur würde zu einer erneuten Diskussion im Rahmen der Exilforschung beitragen. Dabei böte es sich an, Werke, die nicht *sensu stricto* zum Kanon gehören, als Material für die Auslegung der Literaturgeschichte verwenden.

---

25 Pinner. Panorama (wie Anm. 19). S.141-142.

Francisca Roca Arañó

Realität und Fiktion im deutschen Exilroman auf Mallorca

Torquemadas Schatten von Karl Otten, *Das Trojanische Pferd*
von Franz Blei und *Der Schmelztiegel* von Marte Brill

Mallorca als Exilort

In diesem Beitrag wird von der Verschmelzung von Fiktion und realen Elementen in drei deutschsprachigen Werken die Rede sein: in dem Roman *Torquemadas Schatten* von Karl Otten, dem Romanfragment *Das trojanische Pferd* von Franz Blei und in dem Roman *Der Schmelztiegel* von Marte Brill. Es handelt sich dabei um Texte, deren Autorin und Autoren in den Jahren 1931 bis 1936 auf der Baleareninsel Mallorca im Exil gelebt haben.

Damals war auf Mallorca eine beachtliche Anzahl von deutschen Residenten ansässig. Die Gründe für den Aufenthalt auf der Insel konnten gegensätzlicher nicht sein. Da gab es einerseits die Gruppe der Emigranten, welche auswandern mussten, weil sie Juden oder Gegner des Hitelerregimes waren, und auf der anderen Seite die Gruppe jener, die Anhänger des Führers waren. Unter den Letzteren befanden sich Nazi-Agenten, die mit den spanischen Mitgliedern der Falange zusammenarbeiteten (Foto 1).

Abgesehen von der Autorin und den beiden Autoren, die hier besprochen werden, befanden sich damals noch viele andere Intelektuelle und Künstler auf der Insel: unter ihnen die Schriftsteller Albert Vigoleis Thelen, Erich Arendt, Klaus Mann und der Diplomat Harry Graf Kessler. Alle sahen sich gezwungen Mallorca im Jahr 1936 wieder zu verlassen, da sie nun auch im vermeintlichen Paradies durch die politischen Umstände plötzlich zu den Verfolgten zählten.

Karl Otten und Franz Blei lebten in „Cala Rajada", einem kleinen Dorf im Nordosten der Insel. Dort konzentrierte sich in der ersten Hälfte der dreissiger Jahre eine erstaunliche Anzahl von deutschsprachigen Intelektuellen und Künstlern.[1] Dazu zählten die Maler Arthur Segal, Rudolf Levy, Heinrich Maria Dravinghausen und Friedrich Wilhelm Keukens. Auch der Journalist

---

1 Vgl. Maria Massanet/Gregori Rexach. „Els estrangers a Cala Rajada (1930-1936)".
El temps s'esmicola. L'exili centreeuropeu a Cala Rajada. Edició de l'ajuntament de Capdepera: Faqtoria Muntaner, 2015. S. 43-100.

Foto 1: Versammlung von Nationalsozialisten mit Falangisten in den 30er Jahren. Rechts mit Brille, der deutsche Konsul Hans Dede. Neben ihm mit dunklem Hemd, der Chef der mallorquinischen Falange, Alfonso de Zayas (Archiv Catalina Dede).

Heinz Kraschutzky, mit dem Otten befreundet war, hielt sich dort auf. Freundschaftliche Kontakte gab es ebenfalls zu den Schriftstellern Arhtur Seehof, Herbert Schlüter, Konrad Liesegang, Kurt Lachmann und Walter Pollatschek. Man konnte von einer ‚deutschen Exil-Kolonie am Ende der Welt‘ sprechen. Walter Benjamin, der in jener Zeit auf Ibiza Zuflucht gesucht hatte und 1933 einige Tage auf Besuch in Cala Rajada verbrachte, nennt den kleinen Ort „eine deutsche Schriftstellerkolonie mit Blei als Senior"[2].

Karl Otten beschreibt Cala Rajada mit den folgenden Worten:

---

2 Daniel Guthmann/Christian Buckard. *Der Tod im Inselgarten. Deutschsprachige Schriftsteller im Exil auf Mallorca.* Transkription vom Radiosender SWR2. Sendung am 10.04.2007. Bibliothek/Mediendokumentation, Deutsches Literaturarchiv Marbach a. N.

Unser Dorf ist gar kein Dorf – es ist das Ende einer langen Strasse, die aus dem Inneren der Insel oder Europas direkt in das Meer führt. [...] Alles ist provisorisch, die Häuser, Strassen und Gärten. Als könne heute oder morgen alles wieder in den Urzustand zurücksinken, als welche Dickicht, Dorngesträuch, Stechpalmen, Felsen und Sand ringsum geblieben sind. Inmmitten dieser Oase üppigster Wildnis hausen hier und da einige Bauern, die ihre Maulesel unablässig im Karussell laufen lassen. [...] Es hat weder Strasse noch Hausnummern, weder Kanal noch Wasserleitung, nur eine halbe Kirche, kein Rathaus und keinen Bürgermeister. [3]

Die deutsche Kolonie lebte bescheiden, aber frei, nicht eingezwängt in das Korsett der bürgerlichen gesellschaftlichen Konventionen.

Cala Rajada, 1935 (Fons Llabrés, Gemeindearchiv Palma).

Karl Otten und sein Roman *Torquemadas Schatten* [4]

Das Werk von Karl Otten (1889, Oberkrüchten, Rheinland – 1963, Minusio, Tessin) ist der deutschen expressionistischen Bewegung zuzuordnen.

---

3 Karl Otten. *Geschichten aus Cala Ratjada: Mallorca vor dem Spanischen Bürgerkrieg.* Deutsches Literaturarchiv Marbach a. N., www.Reisebuch.de, 2013. S.13.
4 Karl Otten. *Torquemadas Schatten.* Frankfurt a. M.: Fischer, 1982.

Sein schriftstellerischer Nachlass umfasst vielfältige Publikationen, zu denen sowohl Reisebücher und poetische Manifeste, wie auch Romane, Drehbücher und Biografien gehören.[5]

Foto von Karl Otten (Deutsches Literaturarchiv, Marbach).

Otten übersiedelte im März 1933 nach Cala Rajada. Dorthin war bereits Franz Blei gezogen, mit dem der junge Karl während seiner Studienjahre in München Freundschaft geschlossen hatte. Otten blieb bis zum September 1936 auf der Insel. Als Franco und seine Generäle am 18. Juli 1936 den Aufstand gegen die spanische Republik durchführten, gehörte Mallorca zu den ersten Gebieten, die unter die Kontrolle der Aufständischen gerieten. Otten wurde Anfang August 1936 festgenommen, jedoch bald danach wieder frei gelassen. Drei Wochen später verliessen er und seine Frau Ellen die Balearen

---

5 Vgl. Bernhardt Zeller/Ellen Otten. *Karl Otten: Werk und Leben. Texte, Berichte, Bibliographie*. Mainz: Von Hase und Koehler, 1982.

und liessen sich in London nieder. Noch ganz unter dem Eindruck der Erlebnisse auf Mallorca schrieb er *Torquemadas Schatten*. Bereits im Sommer 1937 beendete er das Werk.[6]

Die Handlung des Romans spielt in einem kleinen Ort der mallorquinischen Ostküste, dem er den Namen „Pueblo" gibt. Das fiktive Pueblo ist unschwer als das reale Cala Rajada zu erkennen. Die Erzählung spielt im Zeitrahmen der Tage nach dem Aufstand und beschreibt den antifaschistischen Widerstand einer kleinen Gruppe von Fischern, Bauern und Arbeitern, die Mitglieder einer republikanischen linksgerichteten Partei sind. Die Handlung setzt in dem Moment ein, in dem sich die Nachricht vom Aufstand der Putschisten in Pueblo wie Lauffeuer verbreitet. Nur wenige Tage danach gerät das Dorf völlig in die Gewalt der Faschisten. Auf der Seite der Aufständischen konzentrieren sich die schlechten Menschen, da lauert das Böse: die Franco-Putschisten und Falangisten gehören ebenso dazu wie die mallorquinischen Großgrundbesitzer und die Vertreter der Kirche. Der Roman erzählt vom Widerstand der republikanischen Inselbewohner, von ihrem erbitterten Kampf gegen den Faschismus, der den Kontext des Bösen bildet. Hier ist auch die Erklärung für den Titel des Buchs zu finden. Otten führt die Figur des mittelalterlichen Großinquisitors Torquemada als absolutes Symbol des Bösen in einer weitgespannten geschichtlichen Dimension ein. Sein unheilvoller Schatten reicht bis in die dreißiger Jahre des 20. Jahrhunderts, wo er die Gestalt des Faschismus und des Nazismus annimmt.

Der Autor verwendet einheimische Typen aus Cala Rajada als Vorbild für seine Figuren, nicht umsonst hat er mehrere Jahre unter ihnen gelebt. Einige davon weisen eindeutig auf wirkliche Personen hin, wie etwa der Leiter der lokalen Falange, ein junger Fischer mit dem Namen Hai[7]. Aber wie auch bei anderen Figuren des Romans handelt es sich nicht um eine individualisierte Beschreibung, sondern um die literarische Konstruktion von Persönlichkeiten, einer Art von Archetypen im Kontext der Erzählung. In einer Zeitspanne von ungefähr vier Wochen tritt eine Vielzahl typisierter Figuren auf die Handlungsbühne: Bauern, Fischer, Arbeiter, Carabinieri, Guardias Civiles, der Besitzer der Bar, eine Magd, ein Italiener und seine Frau, und mehrere Deutsche. Otten erweist sich in seinen Beschreibungen als guter Beobachter der mallorquinischen und ausländischen Bewohner. Dabei verwendet er eine narrative Multiperspektive, die sich mit der eines allwissenden

---

6 Reinhard Andress. *„Der Inselgarten'--: das Exil deutschsprachiger Schriftsteller auf Mallorca, 1931-1936*. Amsterdam/Atlanta: Rodopi, 2001. S. 90.

7 Vgl. Otten. Geschichten (wie Anm. 3). S.73.

Erzählers abwechselt. Durch den Gebrauch von Dialog und Innerem Monolog erreicht er einen erstaunlichen psychologischen Tiefgang bei der Charakterisierung seiner Figuren.

In *Torquemadas Schatten* lesen wir von Italienern und Nazi-Agenten als Unterstützer des Aufstands der Franquisten, so wie es in Wirklichkeit geschehen ist. Das Hotel Castellet in Cala Rajada war laut der Frau von Karl Otten, Ellen, ein Treffpunkt von Nazi-Spionen[8], und so wird es auch im Roman beschrieben. Conde Rossi, ein von Mussolini gesandter Oberst des italienischen Militärs, tritt uns im Werk als Conde Fontanelli entgegen.

Bei anderen Figuren wiederum bemüht sich Otten um keine Fiktionalisierung. Sie sind eindeutig dokumentarisch belegt und werden mit Namen genannt. Dazu gehört der Oligarch Joan March Ordinas, ein mallorquinischer Millionär, der Franco finanziell unterstützte und erheblich zum Triumph des *Movimiento* auf Mallorca beigetragen hat. Auch der General Manuel Godes Llopis, Generalkommandant der Balearen im Juli 1936, ein Unterstützer der rebellischen Aufständischen, wird namentlich erwähnt. Auf der republikanischen Seite thematisiert der Autor hoffnungsvoll die Figur des Hauptmanns Bayo und die Landung seiner Getreuen in Porto Cristo. Das geschichtlich belegte Scheitern jener Aktion unter Alberto Bayo wird allerdings im Roman nicht mehr beschrieben.

Otten hat jedoch immer wieder betont, dass er keineswegs die Absicht hatte eine Chronik seiner Erlebnisse auf Mallorca zu verfassen, sondern dass er Zeugnis der Geschehnisse vom Standpunkt seiner humanistischen Einstellung und seines politischen Kompromisses ablegen wollte. In einem Brief an den Herausgeber Gottfried Bermann Fischer schreibt Otten 1938, dass er mit seinem Roman „Teile der uns umgebenden größten Revolution aller Zeiten in ein Buch hineinzusaugen" versuche.[9] Vergessen wir nicht, dass der Roman 1937 geschrieben wurde, während in Spanien der Bürgerkrieg in all seinen grausamen Dimensionen tobte und der Zweite Weltkrieg kurz bevorstand. Er verwendet zu diesem Zweck eine literarische Strategie, die er selbst als ‚konstruktiven Roman' bezeichnet: „Ich habe demnach versucht,

---

8 Heinz Kraschutzki. *Memòries a les presons de la Guerra Civil a Mallorca*. Palma: Miquel Font, 2004. S. 92. Vgl. dazu auch Martin Breuninger/Germà Garcia i Boned. *Mallorcas vergessene Geschichte*. Mallorca/Malente: Vitolibro S. L., 2011.

9 Roland H. Wiegenstein. „Nachwort". Vgl. Otten. Torquemada (wie Anm. 4). S. 267-276, hier S. 267.

das Urmenschliche dem Politischen einzuverleiben"[10]. Einerseits nimmt er Bezug auf geschichtliche Persönlichkeiten und Ereignisse, die den Rahmen seiner Erzählung bilden. Sie dienen ihm als Formen, in die er seinen Text giesst, um das Erzählte möglichst authentisch zu gestalten. Andererseits geht er über die Chronik des Geschehens hinaus, möchte die Tatsachen in eine gleichsam universell gültige Fabel verwandeln. Auf dieser Weise sucht Otten „allgemein menschliche Verhaltensmuster darzustellen und an einem konkreten historischen Beispiel zu zeigen"[11].

Hier scheut Otten nicht davor zurück, romantische Reminiszenzen wie etwa die Entdeckung von in Salz konservierten Mumien zu erfinden. Diese unheimlichen, angeketteten mumifzierten Gespenster werden von den antifaschistischen Kämpfern in einer Höhle entdeckt und als Opfer des Großinquisitors Torquemada erkannt. Unglückliche Lieben, uneheliche Kinder, Helden und abgrundtief schlechte Bösewichte schmücken den fiktionalen Teil seines Romans aus. Und wie bereits oben erwähnt, gehört auch die glückliche Landung der Antifaschisten auf republikanischem Boden in das Reich der Fabel. Als er das schrieb, wusste Otten schon lange, dass der Vorstoß des Republikaners Bayos mit seinen Truppen gescheitert war. Doch in jenen schweren Zeiten war die Notwendigkeit des Widerstandes und der Hoffnung wichtiger als jede geschichtliche Wahrheit.

Franz Blei und sein Romanfragment *Das Trojanische Pferd*

Der österreichische Schriftsteller und spätere Emigrant Franz Blei (1871 Wien – 1942 Westbury, New York) war in den ersten drei Jahrzehnten als bedeutender Vermittler der europäischen Kultur bekannt. Seine kritischen Schriften humanistischer Prägung beleuchteten Themen der Literatur, der Sozialwissenschaften und der Philosophie.[12] Nach dem Zweiten Weltkrieg geriet er weitgehend in Vergessenheit. Sein literarisches Werk ist heute fast unbekannt.

---

10 Ebd.

11 Georg Pichler. *Der spanische Bürgerkrieg im deutschsprachigen Roman (1936-1939). Eine Darstellung.* Frankfurt a. M.: Peter Lang, 1991. S. 240.

12 Vgl. Gregor Eisenhauer. *Der Literat. Franz Blei. Ein biographischer Essay.* Tübingen: Niemeyer, 1993. Siehe ferner Ulrich E. Bach. „Franz Blei". *Deutschsprachige Exilliteratur seit 1933* (Band 3). Hg. J. M. Spalek/K. Feilchenfeldt/S. H. Hawrylchak. Berlin/New York: de Gruyter, 2010. S. 3-13. Siehe auch Ernst Schönwiese. *Literatur in Wien zwischen 1930-1980.* München: Amalthea, 1980.

Franz Blei im Jahr 1925
(AEIOU, Austria Forum, Technische Universität Graz).

Der Autor begann auf Mallorca mit der Niederschrift des Romans *Das Trojanische Pferd,* wobei die Insel den Schauplatz der Handlung bildet. Ein Ausschnitt (die ersten siebenundvierzig Seiten vom Manuskript) dieses Werks wurde 1960 unter dem Titel ‚Lydwina‘[13] in dem Band *Schriften in Auswahl* von Albert Paris Gütersloh heraus-gegeben. Im Exilarchiv der Deuschen Bibliothek in Frankfurt a. M. befindet sich ein längerer Ausschnitt des *Trojanischen Pferdes,* welcher allerdings nie veröffentlicht wurde.[14] Eine

---

13　Franz Blei. „Ein Romanfragment. Lydwina". *Schriften in Auswahl.* Hg. A. P. Gütersloh. München: Biederstein, 1960. S. 427-471.

14　Sternfeld, Wilhelm. *Nachlass.* Die Deutsche Bibliothek, Deutsches Exilarchiv 1933-1945, Frankfurt a. M. EB 75/177. Eine Kopie aller vorhandenen Manu-skriptseiten befindet sich im Sternfeld Nachlass. Wenn Güterslohs Herausgabe des Textes in Bleis *Schriften in Auswahl* auf diesen Seiten beruht, dann wird nicht erklärt, warum er lediglich die ersten siebenundvierzig Manuskriptseiten

Fortsetzung des Textes konnte nicht ausfindig gemacht werden. Der Roman gilt als unvollendet.

Blei lebte von 1932 bis 1936 in Cala Rajada. Sein Roman porträtiert einen kleinen Kreis sowohl freiwilliger, als auch zur Flucht gezwungener Emigranten, die der Zufall in Cala Rajada zusammenführt. Der Schriftsteller verwendet die Romanform, um Gesellschaft, Kultur und Zeitgeist jener Epoche widerzuspiegeln. Die Beschreibung einer kleinen Gemeinschaft ausgewanderter Ausländer in Spanien in einem verlorenen Dorf auf Mallorca dient ihm zur Verfassung eines Textes, der den Anspruch erhebt, ein Zeitroman zu sein.[15]

Der Millionär Joan March, welcher auch schon bei Otten auftaucht, ist die einzige Persönlichkeit, die im Roman ohne fiktiven Filter in Erscheinung tritt. Es besteht jedoch kein Zweifel daran, dass reale Personen als Vorlage für viele Figuren seines Textes gedient haben, wie etwa ein Freund von Blei, der emigrierte Journalist Heinz Kraschutzky.[16] Zahlreiche Episoden aus dessen Leben werden für die Konstruktion der Figur Kurt Matschewski verwendet.[17] Wie auch im Roman von Karl Otten zu erkennen ist, erlaubt die Fiktionalisierung die signifikativen Charakterzüge wirklicher Personen herauszufiltern, um dann die Leerstellen möglichst plausibel zu ergänzen und auf diese Weise Typen zu schaffen, welche als Vertreter einer Gemeinschaft fungieren, die der Autor beschreiben will. Darüber hinaus sollen die Figuren auch stellvertretend für eine Gesellschaft stehen, deren Leben in jenen historischen Moment fällt.

Da der Autor des Romans ein möglichst reales Abbild jener kleinen Gemeinschaft und ihrer Lebensumstände darstellen möchte, charakterisiert er seine Figuren vor allem über das Gesagte, und nicht so sehr über ihre Taten. Es gibt nur wenig Handlung in diesem Roman. Verschiedenste Stilmittel werden eingesetzt: ein allwissender Erzähler, innere Monologe, aber vor allem die zahlreichen Dialoge schaffen ein sehr lebendiges Bild der Figuren und ihrer Szenarien.

Das Dorf Cala Rajada heisst auch im Text so, und der Schauplatz des Werkes ist auf dieses Dorf und seine Umgebung im Nordosten der Insel

---

auswählte. Vielleicht hängt dies damit zusammen, dass Seite 55 fehlt und das Manuskript auf Seite 111 mitten im Satz abbricht.

15 Vgl. Eisenhauer. Literat (wie Anm. 11). S. 132.

16 Vgl. Heinz Kraschutzki. *Memòries a les presons de la Guerra Civil a Mallorca.* Palma: Miquel Font, 2004.

17 Germà Garcia i Boned. „Heinz Kraschutzki: d'oficial a pacifista. A mode d'introducció". Vgl. Kraschutzki. Memòries (wie Anm.16). S. 11-26, hier S. 12.

beschränkt. Die Tatsache, dass der Schriftsteller sich auf wirklich beste-
hende Ortsnamen bezieht, zeigt sein Bemühen um die Glaubwürdigkeit seiner Figuren und der beschriebenen Ereignisse. Wir finden einige konkrete
Handlungsschauplätze oder auch Orte, die nur erwähnt werden, welche
in Wirklichkeit existieren oder so existiert haben. Zu nennen sind die Bar
Wikiki, die Fabrik von Kraschutzky/Matschewski, das Anwesen von Joan
March und das kleine Kraftwerk, welches als erstes seiner Art in Cala Rajada
errichtet wurde.

　　Der Zeitraum der Handlung beschränkt sich auf knapp zwölf Stunden.
Einige Szenen finden jedoch simultan auf verschiedenen Schauplätzen statt.
Anders als Otten beabsichtigt der Autor nicht eine zeitlos interpretierbare
Fabel, sondern ein Abbild jener historischen Momente zu schaffen. Man
könnte sagen, er drückt auf verschiedenen Schauplätzen auf den Auslöser
der Kamera und die so erzielten Schnappschüsse zeigen festgeforene Bilder
jener Zeit.

Marte Brill und ihre verschlüsselte Autobiographie
Der Schmelztiegel

Die Schriftstellerin Marte Brill (Köln, 1894 – Sao Paulo, 1969) gehört zu
jener Generation von Frauen, denen während der gesellschaftlichen Öffnung
der Weimarer Republik die Chance eines beruflichen Werdegangs und Auf-
stiegs geboten wurde. Sie schrieb Lyrik[18], und war auch als freie Journalistin
tätig. In Zeitungen und sonstigen Publikationen veröffentlichte sie allgemeine Betrachtungen zum Leben, autobiographische Reiseeindrücke und
kurze Aufsätze über Literatur.[19] Im Nachlass liegen weitere, unveröffent-
lichte Texte. *Der Schmelztiegel* ist ihr einziger Roman.

　　Bald nach der Machtergreifung der Nationalsozialisten flüchtete Brill,
die jüdischer Abstammung war, mit ihrer Tochter Alice nach Mallorca. Die
Niederschrift des Romans *Der Schmelztiegel* wurde 1941 beendet, der Text

---

18　Reinhard Andress. „Die unveröffentlichten Gedichte der Marte Brill (1894-
　　1969): Leiden zwischen Lebenslust und Todessehnsucht." *Monatshefte* 103.1
　　(2011): S. 60-84.
19　Vgl. Andress. Inselgarten (wie Anm. 6). S. 110-122. Siehe auch Marlen Eckl.
　　„Zuflucht in den Tropen – Das deutschsprachige Exil in Brasillien". Vgl. Spalek
　　u. a. Exilliteratur seit 1933 (wie Anm. 12). S. 337-390.

jedoch erst 2003 zum ersten Mal veröffentlicht.[20] Der Text besteht aus Erinnerungen und Erlebnissen der Autorin nach dem Verlassen Deutschlands, sie beschreibt die Stationen der Emigration Mallorca und Florenz, danach die Anfangszeit ihres Exils in Brasilien und schliesslich die Akzeptanz jenes Landes als ihre neue Heimat.

Marte und Alice Brill in Hamburg, 1931 (Brill Nachlass).

In einem Eintrag in ihr Tagesbuch vom 5. September 1938, das sich im Archiv für Exilliteratur in Frankfurt a. M. befindet[21], erklärt Marte Brill, dass es sich bei dem *Schmelztiegel* um eine „verschlüsselte Autobiographie" handle. Die Protagonistin Silvia repräsentiere die Autorin und ihre Tochter Alice habe

---

20 Marte Brill. *Der Schmelztiegel.* Frankfurt a. M.: Edition Büchergilde, 2003.
21 Marte Brill. *Nachlass.* „Tagebuch Marte Brill". Die Deutsche Bibliothek, Deutsches Exilarchiv 1933-1945, Frankfurt a. M. EB 96/023.

den Namen Miriam erhalten. Auch andere Figuren sind unschwer identifizierbar. Ihr Exmann Erich Brill ist im Roman Erich Schönberg, ihren Bruder Wilhelm Leiser (Bill) erkennen wir als Bob im Roman; und die Malerin Hilde Weber, welche auch nach Brasilien emigriert war, taucht unter dem Alias Ilse Roselius auf.[22]

Bei der Lektüre des Tagebuches kommt man zu dem Schluss, dass es die Autorin als Vorlage und Notizbuch für ihr Werk benutzt haben könnte, da sich sehr viele der darin enthaltenen Aufzeichnungen wörtlich im Roman wiederfinden. Im Laufe des kreativen Prozesses erschafft Brill jedoch ein fiktionales Werk, in dem die Ereignisse in ihrem Leben lediglich als Leitfaden dienen und dem Ganzen Zusammenhalt verleihen. Die Struktur des Romans besteht aus drei grossen Erzählsträngen. Der erste ist der Versuch einer detaillierten Beschreibung der Kultur und der Umstände in den verschiedenen Ländern, in denen sie Zuflucht gefunden hat. Der zweite Strang, welcher sich durch den ganzen Roman zieht, behandelt die Welt der Emigranten, die entsetzlichen Nachrichten aus Deutschland, die eine Rückkehr unmöglich erscheinen lassen und als Schlussfolgerung den endgültigen Verlust der alten Heimat. Die dritte und sehr wichtige erzählerische Linie beschäftigt sich mit dem jüdischen Volk und seinem Schicksal auf den verschiedenen Schauplätzen des Romans, wobei die Autorin die Pogrome vergangener Jahrhunderte mit der Judenverfolgung und dem Antisemitismus ihrer Zeit in Verbindung setzt.

Die autobiografischen Elemente verschmelzen mit der literarischen Kreation von Personen und Ereignissen. Deutlich wird das in jenem Teil des Buches, der Mallorca als Hintergrund hat. Hier wird die Vergangenheit der Juden mit dem aktuellen Erzählstrang verwoben. Brill schrieb während ihres Aufenthalts auf der Insel einen unveröffentlichten Essay mit dem Titel „Die Marannen (sic!) auf der Insel Mallorca"[23], der die Geschichte des jüdischen Volks auf der Insel zum Thema hat, insbesondere die Verfolgung der Juden durch die Inquisition. Obwohl diese zur Bekehrung zum Christentum

---

22 Martina Merklinger. „Zwischen Furcht und Hoffnung. Marte Brills Emigrationsgeschichte in ‚Der Schmelztiegel'". *Tópicos – Deutsch-Brasilianische Hefte* 2 (2004): S. 38-41.

23 Marte Brill. *Nachlass*. Kleine Korrespondenzen; Lebensdokumente; Tagebuch; Fotografien; Manuskripte, u. a. „*Der Schmelztiegel*" (autobiografischer Roman); „Die Marannen (sic!) der Insel Mallorca"; Übersetzungen; Belegexemplare von journalistischen Arbeiten. Die Deutsche Bibliothek, Deutsches Exilarchiv 1933-1945, Frankfurt a. M. EB 96/023.

gezwungen wurden, übten sie die Riten des Judentums weiter im Geheimen aus und wurden, wenn sie dabei ertappt wurden, in berüchtigten *Autodafés* hingerichtet. Im Einklang mit der Biografie der Autorin forscht und schreibt auch die Protagonistin des Romans zu diesem Thema. Sie beschreibt die Stigmatisierung, der die Nachkommen der konvertierten Juden noch zu ihrer Zeit, also 1930, auf Mallorca ausgesetzt waren. Wir wissen jedoch, dass Brill die Insel verließ, weil sie keine Arbeit finden konnte.[24] Die Verbindung zwischen dem Verlassen der Insel der Protagonistin und dem Schicksal des Verbrennungstodes, das die Juden in der Vergangenheit erleiden mussten, scheint vom autobiographischen Standpunkt vielleicht etwas weit hergeholt. Es handelt sich um eine symbolische Überhöhung und Verschmelzung ihres eigenen Schicksals als Jüdin und Verfolgte Hitlers mit dem Leiden der jüdischen Bevölkerung auf Mallorca. Letztlich Letztendllich ist der Aufenthalt auf Mallorca oder an anderen Zufluchtsorten Anlass für das Aufgreifen des eigentlichen Themas des Romans, nämlich der Geschichte der Vertreibung und des Exils des jüdischen Volkes.

Schlussgedanken

Das Muster der Verknüpfung von Realität und Fiktion variiert bei den besprochenen Werken je nach Art der Geschichte, welche die Verfasserin und die Verfasser erzählen wollen, und ihrer jeweils damit verbundenen Zielsetzung.

So kann man bei *Torquemadas Schatten* von einer humanistischen Fabel sprechen, in der fiktive Elemente mit Ereignissen und realen Personen, die Otten auf der Insel erlebte und kennen lernte, verwoben werden. Hinter der narrativen Strategie des Autors steckt eine bewusste Absicht. Es wurde erwähnt, dass Otten selbst seinen Text einen ,konstruktiven Roman' genannt hat. Dieses Konstrukt dient ihm als Instrument für den Beweis der Wahrhaftigkeit seiner eigenen Erfahrungen. Gleichzeitig geht er aber über diese erlebte Zeugenschaft hinaus und versucht durch eine Art mythischer Überhöhung der Ereignisse eine allgemeine Gültigkeit seiner Aussagen zu erreichen.

---

24 Alice Brill Czapski. „Memories from 1933-1945". *Odyssey of Exile. Jewish women flee the Nazis for Brazil*. Hg. Katherine Morris. Detroit: Wayne State University Press, 1996. S. 146-162, hier S. 72.

Blei verwendet in seinem Fragment *Das Trojanische Pferd* die Romanform, um ein Bild der Gesellschaft, der Kultur und des Lebens seiner Zeit zu
zeichnen. Dargestellt wird dieses durch die kleine Gemeinschaft von Emigranten in einem mallorquinischen Umfeld, wo diese Zuflucht finden. Seine
Absicht ist es einen ‚Zeitroman' zu schreiben. Zu diesem Zweck wird die
erlebte Realität Mallorcas zwar fiktionalisiert, jedoch derart mit realen Personen und Schauplätzen verbunden, dass ein lebendiger und psychologisch
glaubwürdiger Text daraus entsteht.

Marte Brill hat selbst erklärt, sie habe mit dem *Schmelztiegel* einen „ver-
schlüsselten autobiografischen Roman"[25] schreiben wollen. Die Romanform
erlaubt ihr eine freiere literarische Aufarbeitung ihrer eigenen Erfahrungen.
Wie bei Otten finden wir bei Brill die, allerdings geschichtlich um vieles
fundiertere Vision von Mallorca zu Zeiten des Schreckens der Inquisition.
Das Entsetzen darüber veranlasst die Protagonistin des Romans zum Verlassen der Insel. Dahinter steckt keine autobiografische Erfahrung – denn der
Grund Mallorca den Rücken zu kehren, war um vieles banaler –, sondern
die literarische Absicht ihre mallorquinische Episode als Teil einer sich ewig
wiederholenden Geschichte zu sehen: jener der Vertreibung und des Exils
des jüdischen Volkes.

---

25 Vgl. Brill. Tagebuch (wie Anm. 21).

Carmen Gómez García

Sprache als Werkzeug und Waffe des Exilanten

Die erste Prosa von Peter Weiss

In einer Zeit, da die exilierten Schriftsteller nach Deutschland zurückkehrten, um in der Sprache die verlorene Heimat wiederzufinden[1], fühlte Peter Weiss, ewiger Emigrant, der „nirgendwo hinzugehört[e]"[2], Teilnahmslosigkeit der deutschen Sprache gegenüber.[3] *Der Schatten des Körpers des Kutschers* (1952) war das erste Buch, das Peter Weiss vollständig auf Deutsch verfasste, auch wenn ihm, wie er eingestand, das Schreiben sowohl formal als auch emotional ungemein schwer fiel, hörte er doch in der deutschen Sprache die Wörter seiner Verfolger, das Echo des vergeblich Zurückgedrängten.[4] Noch im Jahr 1964 antwortete Peter Weiss auf die Frage, warum er auf Deutsch schreibe:

> Weil ich die Sprache noch am besten kenne und ich glaube, dass sie als Werkzeug für mich am besten taugt. Ich schreibe deutsch, aber es bedeutet mir

---

1 So wie Hilde Domin, die behauptet, der verbannte, vertriebene Dichter, „ergreift [...] das Wort und erneuert es, macht das Wort lebendig, das Wort, das zugleich das Seine ist und das der Verfolger". *Gesammelte autobiographische Schriften. Fast ein Lebenslauf.* Hilde Domin. München, Zürich: Piper, 1992, S. 172. Alfred Kerr besingt die Heimat und die Sprache auf eine so nostalgische wie nicht gewaltlose Weise: „Was ist Heimat? Kindheit, Wiegenklang, Sprachgewöhnung und Erinnerungszwang". *Die Diktatur des Hausknechts und Melodien.* Alfred Kerr. Frankfurt a. M.: Fischer, 1983, S. 186.

2 Rainer Gerlach und Matthias Richter. Hg. *Peter Weiss im Gespräch.* Frankfurt a. M.: Suhrkamp, 1986, S. 50.

3 „Plötzlich aber stockte die Übertragung in eine andre Sprache. Ich war kein Berichterstatter mehr. Ich war in ein Gespräch geraten. Es war leichter, obgleich ich stammelte, oft nach Worten suchen musste. Die Laute waren mit Schrecken verbunden, doch auch mit Entdeckungen. Meine frühsten Begriffe hafteten ihnen an. [...] Nun war alles wieder da, was ich zurückgedrängt hatte während eines Jahrzehnts. Als ich aufwachte, wusste ich, dass es jetzt möglich sein könnte, auszudrücken, worum ich mich lange vergeblich bemüht hatte". Peter Weiss. *Notizbücher 1960-1971.* Band II. Frankfurt a. M.: Suhrkamp, 1982, S. 679ff.

4 Vgl. Weiss. Notizbücher (wie Anm. 3). S. 679ff.

nichts, und ich empfinde für das Land, zu dem die Sprache gehört, keine besonderen Gefühle. Es ist nur ein Instrument.[5]

Mehr noch: „Ich gehöre zu denen, die kein Vaterland haben"[6]. Solche ohne jede Sentimentalität getanen Äußerungen und das Verständnis der eigenen Muttersprache als bloßes „Arbeitswerkzeug"[7] – und somit als nicht für die Kommunikation gedachtes Instrument – betonen die gewollte Indolenz, der Weiss sich so gerne rühmte. „Meine Sprache", behauptet er in seinen Notizbüchern „befindet sich außerhalb aller regionalen und nationalen Verknüpfungen"[8]. Scheinbar hatte sich bei Weiss ein Gefühl der irreparablen Entfremdung gegenüber der tradierten deutschen Sprache und Literatur eingestellt.

Seine erzwungene Zweisprachigkeit, erklärt Weiss 1964, habe ihn sehr kritisch in Bezug auf die Sprache gemacht, so dass er die Sprache nie wieder „mit völliger Freiheit und Natürlichkeit" habe verwenden können.[9] Deshalb sei für ihn die Niederschrift von *Der Schatten des Körpers des Kutschers* nichts weiter gewesen als eine „sprachliche Übung"[10], was auch die Komplexität des Textes erklärt: „Ich wollte herausfinden, wie gut ich mit Sprache umgehen konnte. Deshalb enthält der Text auch solche immens umständlichen, langen und komplizierten Sätze"[11]. Weiss erklärt die langen Satzperioden als „Lianensprache" und meint, er habe einen „realistischen Text"[12] verfasst, in dem es keinen Symbolismus gebe. Und dennoch stehen Weiss' Äußerungen hinsichtlich seiner sentimentalen, kalten Beziehung zur deutschen Sprache im Widerspruch zu seiner literarischen Tätigkeit.

Zu diesem Widerspruch gehört etwa sein Konzept des *Arbeitswerkzeuges* in einer Zeichnung aus dem Jahr 1946.[13] Es handelt sich um eine Hand mit auseinanderausgespreizten Fingern, deren Haut angespannt ist. Aus dem Daumen wächst ein Hammer, ein scharfer Teppichschneider aus dem kleinen Finger, der Ringfinger bildet zusammen mit dem Mittelfinger

---

5   Vgl. Gerlach/Richter. Weiss im Gespräch (wie Anm. 2). S. 51.
6   Vgl. Weiss. Notizbücher (wie Anm. 3). S. 653.
7   Ebd. S. 638.
8   Ebd. S. 727.
9   Vgl. Gerlach/Richter. Weiss im Gespräch (wie Anm. 2). S. 35.
10 Ebd. S. 36.
11 Ebd. S. 35.
12 Ebd.
13 Jenny Willner. *Wortgewalt. Peter Weiss und die deutsche Sprache*. Konstanz: University Press, 2014. S. 10ff.

eine Scherenzange, die an die Fingerknochen geschraubt ist, der Zeigefinger ähnelt einem gewundenen Bohrer. Die Hand sieht aus, als könnte sie Schmerzen „zufügen als auch erleiden"[14]; es handelt sich letztlich um eine Hand, die der Behauptung eines bloß pragmatischen Umgangs mit der Sprache widerspricht. Die Graphik kann man dahingehend interpretieren, dass Peter Weiss' Auffassung der Sprache als Werkzeug einerseits grundlegend für sein ästhetisch-sprachliches Abwehr-, Schutz- und Verteidigungssystem ist. Andererseits veranschaulicht diese Auffassung seinen künftigen Grundbegriff der Sprache als Waffe im Dienst des Sozialismus und des politischen Kampfes ab 1968. Schließlich bezieht sich Werkzeug, Waffe oder Instrument auf einen verwundbaren, gebrechlichen Körper: Die Werkzeuge scheinen Prothesen zu sein, kleine, abgetrennte Teile einer Rüstung, einer Panzerung, die einzeln agieren und einzeln zu betätigen sind, in ihrer Gesamtheit aber dem Autor Identität verleihen. Mit der Sprache als Werkzeug oder Rüstung konzipiert Peter Weiss eine Verteidigungsstrategie, um das emotionale Gewicht seines Lebens zu bewältigen und zu lenken. Dementsprechend hat Sprache die Funktion, Identität, Immunität und Distanz zu gewähren, weswegen die Sprache bedrohliche Merkmale annimmt. Als Waffe, Rüstung und Werkzeug verstanden, verliert die Sprache ihren Status des Alltäglichen, des Selbstverständlichen, um Selbständigkeit zu gewinnen.

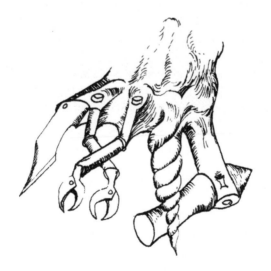

---

14 Vgl. Willner. Wortgewalt (wie Anm. 13). S. 10.

Exkurs: Sprache als gesellschaftliches Werkzeug im Dienst der Identität

Worte verfügen über die Fähigkeit, schmerzhafte und unerwünschte Erinnerungen oder unerwartete Gedankenverbindungen zu evozieren, anders
gesagt, Waffe und Hand, Sprache und Körper sind untrennbar miteinander
verbunden, nicht zuletzt auf Grund der Empfindungen, die ein ins Gedächtnis zurückgerufenes Bild oder ein unkontrollierter Gebrauch der Worte
auslösen. Sprache verwandelt sich in Erlebnis- und Erfahrungsraum, denn
Erlebnisse, Wünsche, Empfindungen und Wahrnehmungen werden für uns
selbst und für die anderen erst durch Sprache verständlich: „Was genau wir
denken, wünschen und empfinden, wissen wir erst, wenn es uns gelingt, die
Inhalte des Geistes in Worte zu fassen"[15]. Sprache ist Tradition und wird
„vollständig und fraglos"[16] übernommen, ja mehr noch: Wahrnehmung und
Sprache werden durch den sozialen und privaten Rahmen bestimmt, in den
der Mensch hineingeboren wird, so dass das Erlebte auch durch die Muttersprache geprägt wird. Zugleich wird es auch begrenzt, da die Wahrnehmungen durch die Strukturen der Muttersprache bedingt, beschränkt werden,
sind sie doch sensorisch erfassbar „an die Regeln der Sprachgemeinschaft
gebunden"[17], wie Arne Nilsson ausführt und hinzufügt: „Wo sich Sprache
mit Körper verbindet, entsteht Bewusstsein"[18]. Dieses Verdikt Nilssons
basiert auf dem Grundgedanken, dass der Mensch, obwohl er in Bezug auf
Sprachwahl unfrei ist, die Freiheit des Sagens, des Empfindens hat. Dieses
„rein Körperliche", die Empfindungen, verleihen dem Menschen das Gefühl
der Individualität, der Einmaligkeit, denn sie lassen den Menschen an sich
selbst denken. Und somit wird Sprache als Mittel „zur Gewinnung und
Erhaltung von Identität, von Zugehörigkeit"[19] verstanden.

---

15 Peter Bieri. „Was macht Sprache mit uns". Akzente 1 (2008): S. 5-18, hier
    S. 9-10.

16 Hans-Martin Gauger. *Über Sprache und Stil*. München: C. H. Beck, 1995.
    S. 110.

17 Arne Nilsson. *Das Spiel der Sprache: Wittgenstein, Lacan und Novalis zur
    Semantisierung von Wirklichkeit und Subjektivität in der Bewegung des Dialogs*.
    Regensburg: Roderer, 1997. S. 190.

18 Vgl. Nilsson. Spiel der Sprache (wie Anm. 17). S. 225.

19 Konrad Ehlich. „„Der Mensch ist nur Mensch durch die Sprache'. Bioethische
    Exkursionen zu den definitorischen Rändern eines philosophischen Gemein-
    platzes". „Der Mensch ist nur Mensch durch Sprache". *Zur Sprachlichkeit des*

Der Schatten des Körpers des Kutschers: ein neuer Anfang

1952 geschrieben und 1960 veröffentlicht, nachdem Peter Weiss mehrere experimentelle Werke für Film und Theater verfasst hatte, ist *Der Schatten des Körpers des Kutschers* der Titel eines Mikro-Romanes[20], der Erfahrungen, die der Autor zehn Jahre zuvor auf einem abgelegenen Bauernhof in Schweden gemacht hatte[21], „sehr subjektive Erlebnisse"[22], Kindermisshandlung und körperlichen Schmerz, in faszinierenden Bildern, visuellen Spielen und in Anspielung auf einen Kupferstich von Albrecht von Dürer, *Der verlorene Sohn bei den Schweinen* (1496), verarbeitet. In elf Abschnitten, jeweils mit unterschiedlicher Geschwindigkeit und mit häufigen Unterbrechungen niedergeschrieben, wird dargestellt, was der Erzähler im Verlauf von drei Tagen aus bizarren, ungewöhnlichen Perspektiven – auf dem Abort, auf einem Holzstoß, aus dem Fenster, durch ein Schlüsselloch – sieht oder hört. Der Ort der Handlung ist ein abgelegenes Landgut, das von einer Haushälterin und einem Hausknecht bewirtschaftet wird und auf dem der Ich-Erzähler, eine vierköpfige Familie und vier weitere Figuren – Typen – wohnen: der Hauptmann, der Doktor, der Schneider und Herr Schnee. Der Text besteht aus bis zur Komik langen oder auch kurzen Beschreibungen des Geschehenen oder Wahrgenommenen: die rostigen Nägel im Abtritt, die Löffel beim Essen, die Schmerzen des Doktors oder das Leiden eines misshandelten Kindes.

Es gibt keine Interpretation: Das Ganze entpuppt sich als eine Ansammlung von Fragmenten, die Konturen von Menschen, Sachen und Geschehnissen nachzeichnen. Auf diese Weise reduziert sich die Welt auf eine abstrakte Größe, die wahrgenommen werden kann. Den Text durchzieht von Beginn an das Warten auf die Ankunft des Kutschers, die am letzten Abend geschieht und das Erzählte als ein Schatten begleitet. Das einzig sprachmächtige Subjekt, das den Redenstrom organisiert[23], ist der Ich-Erzähler, eine „Existenz am Rande der Gesellschaft"[24], dem verlorenen Sohn ähnlich, der

---

Menschen. Markus Messling und Ute Tintemann. Hg. München: Fink, 2009, S. 129-138, hier S. 133.

20 Arnd Beise. *Peter Weiss.* Stuttgart: Reclam, 2002. S. 189.

21 Für die Notizen, die Peter Weiss damals aufnahm, vgl. Peter Weiss. *Fluchtpunkt.* Frankfurt a. M.: Suhrkamp, 1965.

22 Vgl. Gerlach/Richter. Weiss im Gespräch (wie Anm. 2). S. 38.

23 Vgl. Beise. Weiss (wie Anm. 20). S. 192

24 Vgl. Gerlach/Richter. Weiss im Gespräch (wie Anm. 2). S. 36.

beim Koitus des Kutschers mit der Haushälterin und bei der Misshandlung des Familiensohnes emotional so stark involviert ist, dass sich seine Unfähigkeit, die Geschehnisse wiederzugeben, bis zur Sprachlosigkeit steigert. Das Fehlen eines Punktes am Ende des Romans trägt dazu bei, dass das Erzählte ins Unbestimmte fließt, sich auf einen bloßen Augenblick reduziert.[25]

Für dieses Prosastück wählte Weiss einen filmischen Erzählstil, der Collage nahe, mit dem er die tradierte Erzählform brechen und einen neuen Anfang setzen wollte. Zudem illustrierte er den Text mit eigenen Collagen – vor allem Szenen aus der Medizin und sezierte Körperteile – und verbindet so das Visuelle mit dem Wort zu einem Ganzen. Die Gesamtheit von Gehörtem und Gesehenem entpuppt sich als eine Ansammlung von Fragmenten, die die Wahrnehmung der Erfahrungen und Erinnerungen verbindet – als eine Welt des Auflösenden und des sich Versammelnden –, und zwar auf eine Weise, die in „das Geordnete [...] zurückfinden würde"[26], wie es in Fluchtpunkt heißt.

Dieser „neue Anfang", auf den sich Weiss zu jener Zeit öfters bezog, bestand darin, durch den Text ein neues künstlerisches Erlebnis auszudrücken, jedoch in einer wiedergefundenen Sprache. Der „neue Anfang" verweist zugleich auf die Suche nach sich selbst, wie Peter Weiss Jahre später in *Fluchtpunkt*[27] schreiben sollte, eine Suche, die in enger Beziehung zu seiner Vaterlandslosigkeit stand: „Wenn man an keinen besonderen Ort gebunden ist, ist man in der ganzen Welt zu Hause. Alles, was in der Welt passiert, passiert in gewisser Weise mir selbst. Da ich nirgendwo richtig hingehöre, wird für mich alles wichtig"[28]. Die Einsamkeit des Heimatlosen hat Folgen für seinen Schreibmodus:

---

25 Der Text bildet keine geschlossene Geschichte; er beginnt und endet arbiträr. Siehe Adam Soboczynski. „Von Schatten oder Schwarz auf Weiß: Überlegungen zu *Der Schatten des Körpers des Kutschers* von Peter Weiss". *Peter Weiss Jahrbuch* 8 (1999): S. 68-88, hier S. 71.

26 Vgl. Weiss. Fluchtpunkt (wie Anm. 21). S. 51.

27 „Ich wollte nur ein sorgfältiges Auseinanderlegen und Vergleichen, wollte Zusammenhänge erkennen, wollte wissen, was mit mir geschehen war. Indem meine Worte sich an einen anderen richteten, waren sie einer ständigen Prüfung unterzogen, es war ein Monolog, der mich wachsam machte, und der mir vieles, in langsamen Umkreisungen und Untergrabungen, verdeutlichte." Vgl. Weiss. Fluchtpunkt (wie Anm. 21). S. 50.

28 Vgl. Gerlach/Richter. Weiss im Gespräch (wie Anm. 2). S. 51.

Wenn ich ein Buch schreibe, sitze ich still in meinem Zimmer. Das Schreiben ist dann ein Ausdruck meiner Isolation und des Gefühls, nirgendwohin zu gehören. Aber sobald ich für die Bühne schreibe, lebe ich auf.[29]

Auch der Erzähler und *Held* des *Schattens des Körpers des Kutschers* flüchtet sich in sein Zimmer – also auf eine erzählerische Ebene, die sich vom Erzählten loslöst – und unternimmt eine Inventur des Geschehenen, „um damit dem Gesehenen eine Kontur zu geben, und das Gesehene zu verdeutlichen, also das Sehen zu einer Beschäftigung machend [...]"[30]. Das Werk enthüllt sich so als Bindung von Erlebtem (Gesehenem und Gehörtem), Gezeichnetem (Geschriebenem) und dem Ich, dessen Identität seine sprachliche Tätigkeit ist, nämlich als registrierender Protokollschreiber. Nicht umsonst benutzt der Erzähler die Wörter *Beschäftigung*, *Tätigkeit* und *Handhabung*, die darauf hinweisen, dass die Innenschau des Erzählers zuerst die äußeren Geschehnisse aufnimmt, so dass das Wahrgenommene durch den Erzähler, durch seine Selbst- und Weltauffassung verläuft:

Meine *Tätigkeit* in dieser Kammer besteht, neben den alltäglichen *Handhabungen* des An- und Auskleidens [...], und den *Versuchen des Schreibens*, wobei ich bisher noch nie über mehr als immer wieder neue, kurze, abgebrochene *Anfänge* hinausgekommen bin, aus einem *Erdenken* von Bildern. Zu dieser Tätigkeit liege ich ausgestreckt auf meinem Bett.[31]

Damit kommen wir zum Konzept des Schreibens als Werkzeug – wodurch das Erzählte Selbständigkeit gewinnt – und zum Schriftsteller als Schreibendem zurück, das heißt, als Berichterstatter jener Wahrheit, die Weiss in seinen Texten auszudrücken trachtet, indem er den Erzähler allein aus seinen eigenen fragmentarischen Beschreibungsbildern bestehen lässt, die nichts anders sind als seine wahrgenommenen wie erdachten oder geträumten Erlebnisse. Deshalb ist seine Sprache niemals neutral, auch wenn Weiss das Gegenteil behauptet. Bei Weiss war die Frage nach der Sprache stets „traumatisch, traumatisiert und traumatisierend"[32]. Mehr noch: Die Sprache ist das Hauptthema seiner gesamten literarischen Produktion, die Sprache an sich und die Möglichkeiten, durch Sprache die Wahrheit zu erfassen, was

---

29 Vgl. Gerlach/Richter. Weiss im Gespräch (wie Anm. 2). S. 51.

30 Peter Weiss. *Der Schatten des Körpers des Kutschers*. Frankfurt a. M.: Suhrkamp, 1960. S. 48. Alle kursiven Hervorhebungen stammen von der Verfasserin.

31 Vgl. Weiss. Kutscher (wie Anm. 30). S. 18.

32 Vgl. Willner. Wortgewalt (wie Anm. 13). S. 178.

wiederum die eigene Wahrheit bzw. die eigene Identität betrifft, mit der er sein Auf-der-Welt-Sein wieder erschaffen soll.

Gebrauch der Sprache im *Schatten des Körpers des Kutschers*

Der Leser des *Schattens des Körpers des Kutschers* wird in einen Strom von geometrischen, sich drehenden (kubistischen) Formen und Textsegmenten, von sich in eine Dichtung verkettenden Wörtern eingeflochten, bei der die einzelnen Teile nicht nur wichtiger sind als das Ganze, sondern das Ganze nie zum Vorschein kommt.[33] Die Beschreibungen gehen von filmischen Techniken aus, wo einzig der Kontrast das Dargestellte miteinander verbindet, als ob lediglich das Gegenwärtige, Flüchtige, bestehen würde.[34] Ebenso wie die Bilder stellt sich die mit Buchstaben gezeichnete Wirklichkeit dar durch „Ausschnitte, Fernster, Blicke in mein Guckkastentheater, in ihren besten Stunden konnten sie heroisch die Einmaligkeit des Augenblicks hervorheben [...]"[35]. Trotzdem konnten jetzt „ihre Rahmen [...] lächerlich wirken"[36]. Es sind in der Tat „Linien, Wege, Bewegungen"[37] und Laute, die den Roman strukturieren, der auf diese Weise auf das große „Auseinanderklaffen von Wirklichkeit, Wahrnehmung und (möglichem) sprachlichem Ausdruck"[38] hinweist. Zuletzt wird die Sprache, die zu einem von der Realität distanzierenden Beobachtungsprozess geworden ist, zum Beweis dafür,

---

33 Ror Wolf. „Die Poesie der kleinsten Stücke". Über Peter Weiss. Hg. Volker Canaris. Frankfurt a. M.: Suhrkamp, 1970. S. 25-27, hier S. 25: „[...] einer Motorik [...] einem Gefüge sich bedingender, sich provozierender Stücke. [...] eine Poesie, in der die Teile nicht nur wichtiger sind als das Ganze, sondern in der Tat das Ganze überhaupt nicht vorkommt [...]".

34 Vgl. Gerlach/Richter. Weiss im Gespräch (wie Anm. 2). S. 37: „Das bildliche Element hat bei allem, was ich tue, immer eine große Rolle gespielt, und vieles davon hat Eingang in den Kutscher gefunden und ist dort verarbeitet worden. Ja, es stimmt [...], dass filmische Techniken in die Sprache eingeführt werden."

35 Vgl. Weiss. Fluchtpunkt (wie Anm. 21). S. 65.

36 Ebd.

37 Vgl. dazu auch Helmut J. Schneider. „Der Verlorene Sohn und die Sprache: Zu Der Schatten des Körpers des Kutschers". Vgl. Canaris. Über Weiss (wie Anm. 33). S. 28-50, hier S. 35: „Linien, Wege, Bewegungen strukturieren diesen Text."

38 Christine Ivanovic. „Die Sprache der Bilder: Versuch einer Revision von Peter Weiss' Der Schatten des Körpers des Kutschers". Peter Weiss Jahrbuch 8 (1999): S. 34-67, hier S. 5.

dass eine zusammenhängende Kommunikation unmöglich ist. Das realistische oder mimetische Schreiben ist in eine Sackgasse geraten: Weiss spannt die Sprache bis zur Erschöpfung, bis zum Absurden. Der Ich-Erzähler kann nur isolierte Worte, Satzfetzen, Ereignisstücke registrieren. Auf diese Weise erscheint nicht nur die äußere Wirklichkeit, sondern auch die Verknüpfung des Textes mit der Welt segmentiert. Die Körper der anderen Gäste auf dem Bauernhof werden ebenso durch metonymische Fragmente dargestellt – insbesondere durch Körperöffnungen[39] – wie auch ihre Kleider – vor allem Schneider, dessen Kleidung aus Flicken besteht. Der Erzähler, die einzige Sprachinstanz des Romans, kann also weder vollständige Körper wahrnehmen noch aufnehmen. Deshalb zeigt er Hände, Münder oder Zungen, die das Subjekt auszulöschen scheinen, um dagegen seine Funktionen zu automatisieren und zu verselbständigen, wodurch das Groteske betont wird, etwa beim Zeremoniell des (unheiligen) Abendessens:

> Die Hände, den Löffel haltend, heben sich jetzt von allen Seiten den Töpfen entgegen [...]. Die Löffel senken sich in die Schüsseln und steigen, beladen mit Kartoffeln und Rüben, wieder daraus empor, laden die Last auf dem Teller ab und schwingen sich zurück in die Töpfe [...]. Die Löffel heben sich jetzt, gefüllt mit Kartoffelbrocken und Rübenstücken, zu den Mündern empor, die Münder öffnen sich, der Mund der Haushälterin wie zu einem saugenden Kuß [...]. Die Becher werden an den Mund geführt und die Flüssigkeit dringt in den Mund ein, füllt den Mund aus und gleitet durch die Kehle hinab.[40]

Dies zeigt sich am deutlichsten an der Figur des Doktors: Mit ihm wird eine Trennung zwischen dem allgemeinen Schmerzempfinden, der allgemeinen körperlichen Fragmentierung und der Unfähigkeit illustriert, solche Symptome beim bloßen Anschauen zu empfinden. Der selbstverstümmelte Körper des Arztes erläutert die komplizierte und zugleich antithetische Beziehung, die der Erzähler zu seinem eigenen Körper hat: Für beide geht es um den Ausgangspunkt, von dem aus die Welt erfahren wird. Doch indem der Doktor unter einem verstümmelnden, irreführenden und erblindenden Schmerz

---

39 Vgl. Weiss. Kutscher (wie Anm. 30). S. 27: „Schnees Hand führt den Löffel vom Handgelenk aus zwischen dem Teller und dem tief herabgeneigten Mund hin und her, die Hand des Hausknechts stößt den Löffel wie eine Kohleschaufel in den wie ein Ofenloch vor dem Teller aufgerissenen Mund."

40 Vgl. Weiss. Kutscher (wie Anm. 30). S. 24, 25 und 27.

leidet und nur sich selbst und eine verzerrte Umgebung wahrnimmt, ist die Erzählfigur zum Gegenteiligen verpflichtet: verbinden, orientieren, schauen.

> Und bei diesen Worten hob er die Stimme und begann, halb stöhnend und mit den Zähnen knirschend, zu singen, singen, anklingen, Messerklinge, gegen Messerklinge klingen, aus Kehle dringen, in Kehle drinnen, Blut und Stimme verrinnen. [...] über eine Treppe führt er ihn, eine Treppe, eine Treppe entlang, eine liegende Zickzacktreppe, zickzack führt er ihn eine Treppe entlang, auf einer langen Treppe angelangt, zwischen hier einer Wand und da einer Wand, an der einen Hand eine Wand, eine Wand an der andern Hand, wandern an einer langen Wand entlang. [...] niedergedrückt die Klinke, niedergedrückt die Klinge, singend eingedrungen ins Zimmer, der Kranke den Arzt ins Zimmer, schlimmer, immer schlimmer im Zimmer, hörst du es wimmern im Zimmer, in welchem Zimmer, wo, in welchem Zimmer, wo, wo.[41]

Der akustischen und visuellen Vivisektion des Doktors, die von Lautfetzen, Strophen begleitet werden, die den Schmerz besingen, zeigen eine verzerrte Erfahrung der Welt. Die Wiederholung in rhythmischen und phonetischen Sequenzen, anders gesagt, die Erkennungsmelodie des Doktors – Weiss benutzt auch diesen filmischen Effekt für die anderen Figuren des Textes – verleiht dem Roman nicht nur euphonischen Wert. Es handelt sich eher um die Aufnahme von Gesang und Bild, die im ‚Ich‘ verbunden vorkommen – das Pronomen ‚ich‘ wiederholt sich ständig im Laufe des Textes und verleiht dem Erzähler eine unbegrenzte Autorität. Und trotzdem entsteht die erwähnte Segmentierung bzw. Fragmentierung in einem ebenso unbeständigen Ich, nicht nur da Wahrnehmung und Schreiben des Erzählers Teile, Glieder und deren Laute fokussieren, sondern weil er unfähig ist, die gemeinsame und gleichzeitige Handlung der Glieder des eigenen Körpers wahrzunehmen – er nimmt Zuflucht in Empfindungen. Aus dem Grund erscheint er auch verstümmelt und unfähig dazu, den Schmerz oder das Leiden mit dem Gesehenen zu assoziieren, das Gesehene und Gehörte dem Ganzen zuzuteilen.

In einem wohl kubistischen Versuch, zwei Visionen zugleich zusammenzuschließen, verdoppeln sich die Bezüge des Erzählers auf das Ich: Es geht um die Projektion des Ich und die Selbstauffassung des Ich, um den inneren und äußeren Blick, auf denen sich der Text aufbaut. Das Ich erscheint als Achse: Bindeglied und Fluchtpunkt zugleich. Mehr noch: der Erzähler gesteht folgendes bei einem Stottern, das die Fragestellung des Ichs hervorhebt:

---

41 Vgl. Weiss. Kutscher (wie Anm. 30). S. 61.

Ich, ich merke in meinem Beobachten kaum wie ich esse, voneinander unterscheidet, so ist der Griff um den Becher bei allen mit starken Merkmalen versehen [...] ich selbst, ich fühle die kühle Zinnrundung im Innern der Hand.[42]

Oder:

Ich konnte nicht die Kraft aufbringen, noch einmal zu beschreiben, wie ich mich vom Holzstoß hinabbegab [...], sondern ich legte mich, nachdem ich, nachdem ich mich nach dem Aufklauben der Steine in mein Zimmer begeben [...].[43]

Dieses letzte Eingeständnis geschieht, nachdem der Erzähler einer Kindesmisshandlung beigewohnt hat. Der malträtierte Sohn, einzige Figur des Textes, die an den Erzähler appelliert, stellt ihn als Zeugen in Frage, bestreitet dadurch seine ‚Beschäftigung‘, das Schauen, Hören, Schreiben. Der Erzähler schweigt und ‚verkriecht sich‘:

Und erhob sich wieder, wie jedes Mal, die Frage, ob ich mich hinunter begeben sollte, um zu helfen, oder um einzugreifen [...]. Und wie immer, blieb ich erst eine Weile liegen und dachte, daß die Ruhe von allein nachlassen würde, obgleich ich wußte, daß sie nicht von allein nachlassen würde.[44]

Die Tatenlosigkeit des Erzählers kann man mit der kritischen Haltung in Verbindung bringen, die Weiss aufgrund der von ihm erlebten, gesehenen und gehörten Ereignisse auf sich selbst bezieht. In *Der Schatten des Körpers des Kutschers* lässt Weiss sogar die Hand und nicht den Erzähler die Handlung des Schreibens ausführen, womit die Verdoppelung des Ich erneut augenfällig wird:

Zum ersten Mal in meinen Aufzeichnungen um weiter als einen sich im Nichts verlierenden Anfang hinausgeratend setze ich nun fort, indem ich mich an die Eindrücke halte die sich mir hier in meiner nächsten Umgebung aufdrängen; *meine Hand führt den Bleistift über das Papier*, von Wort zu Wort und von Zeile zu Zeile, obgleich *ich deutlich die Gegenkraft in mir verspüre* die mich früher dazu zwang, meine Versuche abzubrechen und die mir auch jetzt bei jeder Wortreihe die ich dem Gesehenen und Gehörten nachforme einflüstert, daß dieses Gesehene und Gehörte allzu nichtig sei um festgehalten zu werden,

---

42 Ebd. S. 27-28.
43 Ebd. S. 56.
44 Ebd. S. 40.

[...] *aber dagegen stelle ich folgende Frage, was soll ich sonst tun*; und aus dieser Frage entwickelt sich die Einsicht, daß auch meine übrigen Tätigkeiten ohne Ergebnisse und Nutzen bleiben.[45]

Auf diese Weise können weder die Schmerzen des Doktors noch die Kindesmisshandlung bewirken, dass die Tätigkeit des Schreibens, das Zusammensetzen von Wörtern in Zeilen, über ein Stammeln oder ein Kritzeln, über ein fassbares Stück Papier hinausgeht. Daher bleiben die geschriebenen bzw. bemalten, gezeichneten Bilder auf die Kategorie eines Abdruckes, eines Bildes beschränkt. Geltung erhalten würden sie nur, wenn sie als Instrument, als Waffe verwendet werden könnten, wenn alles, was sie ausdrückten, greifbar in die Wirklichkeit zurückversetzt würde, „aus der es einmal [in den Schriftsteller] eingedrungen war"[46]. Wie in *Fluchtpunkt* oder *Abschied von den Eltern* führt Weiss die Sinnlosigkeit der Sprache vor, wenn sie nicht am Leben teilnehmen kann, bzw. die Sinnlosigkeit eines Lebens, „das zur Außenwelt keinerlei Beziehungen herstellt"[47]. Und er fügt hinzu: „Für mich ist es unbedingt notwendig, mit der Absicht zu schreiben, die Gesellschaft zu beeinflussen oder zu verändern"[48]. Hierin befindet er sich in diametralem Gegensatz zum Erzähler des *Schattens des Körpers des Kutschers*, der in der Isolation Zuflucht sucht, um sich vor Schmerzen zu immunisieren, wo er Traum, Selbstversunkenheit und letztendlich die Sprache als Panzerung, Rüstung, sucht. Allerdings handelt es sich um eine Immunität, die Peter Weiss bereits bei Dante Alighieri, Franz Kafka oder Samuel Beckett vorgefunden hat.[49]

Dante, der Hauptfigur seines *Infernos*, schreibt Weiss folgende Worte zu:

Ich wollte keinen Kampf und nur in Frieden leben
doch wurde ich in eine Zeit geworfen
in der es nichts als Zwiespalt und Verfolgung gab
Ich wusste dass ich jeden Tag hineingerissen werden konnte
in den Tod und in den Zwang
aus Notwehr selbst zu töten
Deshalb verkroch ich mich
Denn höher als den Aufruf

---

45 Ebd. S. 47-48.
46 Vgl. Weiss. Fluchtpunkt (wie Anm. 21). S. 65.
47 Vgl. Gerlach/Richter. Weiss im Gespräch (wie Anm. 2). S. 41.
48 Ebd. S. 51-52.
49 Vgl. Willner. Wortgewalt (wie Anm. 13). S. 57.

Dass es nichts andres geben dürfte als Gewalt
stellte ich meinen Wunsch
zu überleben[50]

Unmittelbar danach wirft ihm eine Figur vor:

Um nichts war er besorgt als um den eignen Kram
was es an Unheil gab das hat er abgeschoben
und schwieg wenn andre ihn um Hilfe baten
Heut aber hat er fremdes Missgeschick zum eigenen erhoben[51]

Diese Anschuldigung an Dante im siebten Gesang des *Infernos*[52] lässt den
Vorwurf durchscheinen, den Weiss sich selber machte und der auf die traumatischen Aspekte seines früheren Lebens verweist, die den Ausgangspunkt
sowohl seiner Literatur als auch seines politischen Engagements darstellen:
erstens überlebt zu haben, wie es bei vielen anderen Emigranten, vor allem
aber bei KZ-Häftlingen der Fall war; zweitens, sich nicht am Krieg gegen den
Nationalsozialismus beteiligt zu haben, ein Thema, das in der *Ästhetik des
Widerstandes* wiederaufgenommen wird; drittens, den Opfern in nur einem
einzigen Fall zur Hilfe gekommen zu sein. Die Vorwürfe gegen Dante sind
Vorwürfe gegen sich selbst, die ihn darin bestätigen, „fremdes Missgeschick
zum eigenen" zu machen. Diese sei eine Opferrolle, die ihm nicht zustehe
und von der er dennoch schriftstellerisch Gebrauch macht.[53]

Schlussfolgerungen

Peter Weiss erforscht neue Wege, die Wirklichkeit zu bewältigen, indem er
eine ‚frei' gewählte Sprache anders, neuartig verwendet, um ihr so neue Aus-
drucksmöglichkeiten zu verleihen. Durch eine neue Schreibweise, durch das
Instrument der Sprache versucht Weiss, sich an dem Geschehen zu betei-
ligen und das Geschehene zu bezeugen und sich in der Folge eine neue reale

---

50 Peter Weiss. Inferno. Frankfurt a. M.: Suhrkamp, 2003. S. 31.
51 Ebd. S. 31.
52 In Inferno werden die autobiographischen Texte von Weiss (Abschied von den
    Eltern und Fluchtpunkt) zusammengefasst, der Autor führt aber auch seine
    autobiographischen Überlegungen fort.
53 Siehe Nachwort von Christoph Weiß zu Weiss. Inferno (wie Anm. 50). S. 139.

und fiktive Identität zu erdichten, indem er sich als Teil, als Beteiligter der Ereignisse neu erschafft.[54]

Als Exilant und Überlebender hatte Weiss den Rechtfertigungsversuch der eigenen Existenz unternommen, dass seine *Beschäftigung* mit der Sprache, *Tätigkeit* geworden, das Wort als Teil der Geschehnisse in einen perlokutiven Akt verwandeln würde:

> [...] ich saß in einem abgeschiedenen Zimmer und versuchte, mir etwas zu erklären aus dem einzigen Material, das mir zugänglich war, und wenn es mir einmal gelang, genau das aufzuzeichnen, was mir widerfahren war, so konnte es zu einem Teil der Geschehnisse werden.[55]

Dennoch genügte ihm diese Schreibweise nicht. Ab 1967 lehnte Peter Weiss seine frühen Texte ab, da sie sich nur „mit dem eigenen Ich beschäftigen, von Ich-Erlebnis und Identitätserlebnis handeln, davon, wie man selbst die Welt erlebt"[56]. Er hatte einen anderen Weg gefunden, sich mit der Wirklichkeit auseinanderzusetzen, nicht über die eigene Existenz, sondern durch ausgewähltes Wirklichkeitsmaterial. Die Sprache war zur Waffe geworden: Der Schritt von zusammenhanglosen Bildern zu einem zusammenhängenden Text konnte erfolgen, indem Weiss die Sprache als Ort individuellen, subjektiven Erlebnisses, sogar existenzieller Erfahrungen erkannte.

Das Thema des *Schattens des Körpers des Kutschers* ist die Sprache, das Wort. Sprache als Werkzeug dafür, das Schweigen zu bewältigen, die äußeren Umstände zu durchdringen und in ein Ganzes einzufügen. Dank dem Wort steht es in der Macht des Erzählers, den Diskurs, die Rede der anderen zu verwalten, die anderen zum Vorschein zu bringen – und dennoch schweigt er als Hauptfigur. Das Schweigen des Kutschers aber wird thematisiert, während die Umgebung, als Echo der Geschichte, spricht, singt, musiziert. *Der Schatten des Körpers des Kutschers* erweist sich nicht bloß als „sprachliche Übung"[57], wie Weiss 1964 behauptete, sondern als Reaktion auf die allgemeine Amnesie, die dem Kriegsende folgte.

---

54 „Und die Sprache, die sich jetzt einstellte, war die Sprache, die ich am Anfang meines Lebens gelernt hatte, die natürliche Sprache, die mein Werkzeug war, die nur noch mir selbst gehörte, und mit dem Land, in dem ich aufgewachsen war, nichts mehr zu tun hatte. Diese Sprache war gegenwärtig, [...] und ich trug die Sprache bei mir." Vgl. Weiss. Fluchtpunkt (wie Anm. 21). S. 196.

55 Weiss. Fluchtpunkt (wie Anm. 21). S. 61.

56 Vgl. Gerlach/Richter. Weiss im Gespräch (wie Anm. 2). S. 119.

57 Siehe Fußnote 10.

Dank dem Wort als Werkzeug gelingt es Peter Weiss, die Umwelt, die Wirklichkeit, mit der Sprache zu identifizieren, um sich selber gemeinsam mit seinem Werk zu einer geschlossenen dichterischen Einheit zu stilisieren. Damit weist das Schreiben über die Realität hinaus, ist ein waches Träumen. Versteht man sie als perlokutiven Ich-Akt, so gelingt es der Literatur von Peter Weiss, den Exilanten, den nirgendwo dazugehörenden Menschen seine Heimat, sein Vaterland nicht in der Sprache wiederfinden zu lassen, sondern in der Schrift.

Olga Hinojosa Picón

Barbara Honigmann: Das Leben an der Grenze erinnern und erzählen

I

Das literarische Werk Barbara Honigmanns ist durch die historischen Ereignisse Europas der Nachkriegszeit und den geographischen Raum, in dem sie geboren ist, Ost-Berlin 1949, geprägt. Um diese Achse von Raum und Zeit drehen sich ihre Romane, in denen die Autorin als Tochter überlebender Juden gestützt auf die Erinnerungen ihrer Vorfahren die Lebenswege ihrer Familie parallel zu der jüngsten Geschichte Deutschlands erzählt. Daher ist es kein Wunder, dass ihre Texte als historische Dokumente gelten[1] und wegen der Unauflösbarkeit, mit der sie ihre familiäre Erinnerung mit der deutschen Geschichte verwebt, als Autofiktion eingestuft werden. Mit diesem Begriff ist die Autorin, für die „das autobiographische Schreiben ja Fiktion [ist]"[2] anscheinend einverstanden. Gleichwohl behauptet sie, dass dies nicht ihr Hauptanliegen beim Schreiben sei, sondern das Schweigen ihrer Vorfahren zu deren jüdischer Herkunft zu brechen.[3] Dabei bildet der autobiographisch geprägte Band *Damals, dann und danach*[4] keine Ausnahme. Er besteht aus neun Erzählungen, in denen die Autorin versucht, anhand fragmentarischer Erinnerungen ihrer Vorfahren, die Familiengeschichte zu rekonstruieren. Die von Brüchen durchzogenen Erzählungen spielen zu drei unterschiedlichen Zeiten:

Beim „Damals" handelt es sich um die Zeit der Assimilationsbemühungen der Vorväter im 19. Jahrhundert, „dann" bezeichnet die Zeit vor und

---

1 Yfaat Weiss. „Im Schreiben das Leben verändern – Barbara Honigmann als Chronistin des jüdischen Lebens in Deutschland". *Kurz hinter der Wahrheit und dicht neben der Lüge. Zum Werk Barbara Honigmanns.* Hg. Amir Eshel/Yfaat Weiss. München: Wilhelm Fink, 2013. S. 17-28, hier S. 17.

2 Barbara Honigmann. *Das Gesicht wiederfinden. Über Schreiben, Schriftsteller und Judentum.* München: Carl Hanser, 2006. S. 39.

3 Petra S. Fiero. *Zwischen Enthüllen und Verstecken. Eine Analyse von Barbara Honigmanns Prosawerk.* Tübingen: Max Niemeyer, 2008. S. 124.

4 Barbara Honigmann. *Damals, dann und danach.* 3. Aufl. München: dtv, 1999. (2012).

während des Zweiten Weltkrieges, und „danach" umschreibt die Zeit nach der Judenverfolgung.[5]

Der Prosaband ist aber nicht nur von diesen Übergangszeiten geprägt, sondern auch von geographischen beziehungsweise politischen Grenzen. Die Grenzen, die sowohl die Autorin als auch ihre Vorfahren im geteilten Europa überschreiten, spielen offenbar im Gedächtnis der Familie eine sehr große Rolle, denn sie sind ein immer wiederkehrendes Motiv in Honigmanns Erzahlungen. Diese Grenzen werden wir im vorliegenden Beitrag durch die *Contact Zones* beschreiben, die Mary Louise Pratt als einen sozialen Raum beschreibt, „in which people geographically and historically separated come into contact with each other and establish ongoing relations, usually involving conditions of coercion, radical inequality, and intractable conflict"[6]. Dieser Zwischenraum, „where cultures meet, clash, and grapple with each other, often in contexts of highly asymmetrical relations of power [...]"[7], entsteht dynamisch an den Grenzen der Kulturräume und bringt hegemoniale Diskurse ins Schwanken. Diese Kontaktzone werden wir in Honigmanns Erzählungen analysieren. Dabei werden wir das Augenmerk auf die Momente des Transits richten, in denen Prozesse der Identitätsbildung entstehen.[8]

II

Barbara Honigmann verfasst *Damals, dann und danach* in Straßburg, einer Stadt im deutsch-französischen Grenzgebiet und „Sammelpunkt von jüdischen Exilanten und Migranten, die aus mehreren Kontinenten [ein]gewandert sind"[9]. Einer dieser Gruppe von Exilanten und Migranten gehört die

---

5 Vgl. Fiero. Enthüllen und Verstecken (wie Anm. 3). S. 109.

6 Anjali Arondekar. „Reading (Other) Wise: Transgressing the Rhetoric of Colonization." *Symplokē* (1993): S. 163-176, hier S. 163. JSTOR, www.jstor.org/stable/40550328.

7 Mary Louise Pratt. „Arts of the Contact Zone". *Profession* (1991): S. 33-40, hier S. 34. JSTOR, www.jstor.org/stable/25595469. Vgl. dazu Ursula Lehmkuhl/Hans-Jürgen Lüsebrink/Laurence McFalls. „Spaces and Practices of Diversity: An Introduction". *Of ‚Contac Zones' and ‚Liminal Spaces'. Mapping the Everyday Life of Cultural Translation.* Hg. Ursula Lehmkuhl/Hans-Jürgen Lüsebrink/Laurence McFalls. Münster/New York: Waxmann, 2015. S. 7-27.

8 Vgl. dazu Stephen Greenblatt. *Cultural Mobility. A Manifesto.* New York: Cambridge University Press, 2010.

9 Vgl. Fiero. Enthüllen und Verstecken (wie Anm. 3). S. 109.

Autorin an, nachdem sie sich 1984 entscheidet ihre Geburtsstadt Ost-Berlin zu verlassen. Politische Gründe spielen dabei eine Rolle, vor allem aber versucht sie, sich von der jüdischen Identität, die ihr in der DDR zugeschrieben wird, abzugrenzen, „weil die Deutschen und die Juden in Auschwitz ein Paar geworden sind"[10]. Ihren Wunsch, als Individuum wahrgenommen zu werden statt als Vertreterin des jüdischen Volkes, formuliert sie schon am Anfang der Erzählung, wenn sie von „einem Abstreifen von Rollen, die von außen zugeschrieben werden",[11] schreibt. Diese Rollen verschwinden in Frankreich, wo sie die Gelegenheit sieht, „eine „richtige" Jüdin und [...] eine „richtige" Schriftstellerin zu sein"[12].

Der erste Transitraum, in dem die erste Erzählung spielt, macht auf einer Seite das Bedürfnis der Autorin sichtbar, sich von ihrem Geburtsland abzugrenzen: „Bevor ich „richtig" zu schreiben anfing, [...] hatte ich mich aus dem Osten und aus Deutschland abgesetzt [...]"[13]. Auf der anderen Seite aber zeigt die Tatsache, dass sie über ihr Herkunftsland schreibt, ihren Wunsch, die Verbindung mit Deutschland aufrechtzuhalten. Und auch explizit räumt sie ein, dass „das Schreiben so etwas wie Heimweh und eine Versicherung [war], dass wir doch zusammengehörten, Deutschland und ich [...]"[14].

In dem Prosaband *Damals, dann und danach* beschreibt Honigmann ihren Werdegang als Schriftstellerin sowie die Ursachen und Folgen ihres Umzuges nach Straßburg, das nur „drei Straßen hinter der Grenze"[15] liegt. Dort habe sie die richtige Distanz zu Deutschland, das sie zwar nicht vergessen könne, von dem sie sich aber räumlich entfernen müsse, um sich ihm in ihren Schriften anzunähern.[16] Dieser Konflikt entsteht aus ihrer jüdischen Herkunft: „Als Jude bin ich aus Deutschland weggegangen, aber in meiner Arbeit, [...] kehre ich immer wieder zurück"[17]. Einmal in Frankreich angekommen, kann Honigmann die Suche nach ihrer jüdischen Identität beginnen. Der Weg, den sie für ihre Identitätssuche wählt, ist das Schreiben, und das literarische Ergebnis ist der Band *Damals, dann und danach*. Dies ist ein Erlebnis, das sie im Transit erzählt und zwar, wie sie es selbst nennt, aus der

---

10 Vgl. Honigmann. Damals (wie Anm. 4). S. 16.
11 Vgl. Fiero. Enthüllen und Verstecken (wie Anm. 3), S. 114.
12 Vgl. Honigmann. Damals (wie Anm. 4). S. 52.
13 Ebd.
14 Ebd. S. 46.
15 Ebd. S. 45.
16 Ebd. S. 53-54.
17 Ebd. S. 18.

Perspektive einer Grenzgängerin aus dem Niemandsland[18], in dem sie sich befindet:

> [...] meine ganze Existenz hat nie aufgehört, ein Leben zwischen hier und dort zu sein, eine Art Doppelleben, oder ein Zwiespalt zwischen meinem Jüdisch-sein hier und meiner Arbeit dort, in beidem fühle ich mich an beiden Orten jeweils nicht verstanden oder nicht einmal wahrgenommen, und eigentlich ist es sogar ein dreifaches Leben, wenigstens am Rande berühre ich ja drei Kulturen, die französische, die deutsche und die jüdische nämlich, und wenn es ein guter Tag ist, fühle ich mich bereichert und denke, daß ich Glück habe, an drei Kulturen teilhaben zu können, und wenn es ein schlechter Tag ist, fühle ich mich zwischen allen Stühlen sitzend und verstehe gar nichts.[19]

Das Gefühl nirgendwo zuzugehören, auch zu Deutschland nicht, ist was Honigmann dazu bringt, ihr Geburtsland zu verlassen. Dennoch ist es eben dieser Bruch mit Deutschland, der ihr ermöglicht, Deutschland wahrzunehmen und zu beschreiben. In ihrem Transit nach Frankreich, den Michael Braun als einen „Weg nach Hause in die Fremde"[20] interpretiert wandelt sich der Begriff ‚fremd', mit dem sich die Autorin in Ost-Berlin stigmatisiert fühlte, in etwas Positives, denn es ist ihr Status als Fremde in Straßburg, der ihr erlaubt, Schriftstellerin zu werden.[21] Das Konzept des ‚Fremdseins' wird durch ihre Grenz-überschreitung brüchig und ermöglicht ihr die Rückkehr nach Deutschland, indem sie ihre deutsche Identität einfordert, wenn auch nur als deutsche Schriftstellerin in einem fremden Land. Das Motiv der Flucht ist also auch, was die Rückkehr verursacht. Aus dieser doppelten Perspektive nähert sich Honigmann der Geschichte ihrer Familie an und unternimmt eine Reise in die Vergangenheit auf der Suche nach ihren Ursprüngen in den verschiedenen Stationen ihrer Vorfahren:

> Wie so viele Juden habe ich meine Herkunft aus fast allen Ländern Europas, und ich bin darauf manchmal ein bisschen stolz, obwohl es dafür keinen Grund gibt, denn die meisten dieser Herkünfte sind je längst verlöscht. Sie

---

18 Vgl. Honigmann. Das Gesicht wiederfinden (wie Anm. 2). S. 160; Fiero. Zwischen Enthüllen und Verstecken (wie Anm. 3). S.110.

19 Vgl. Honigmann. Damals (wie Anm. 4). S. 72.

20 Michael Braun. „Barbara Honigmanns Weg ‚nach Hause in die Fremde'". *Deutsch-deutsches Literaturexil. Schriftstellerinnen und Schriftsteller aus der DDR in der Bundesrepublik.* Hg. Walter Schmitz/Jörg Bernig. Dresden: Eckhard Richter & Co., 2009. S. 622-639.

21 Vgl. Honigmann. Damals (wie Anm. 4). S. 17.

ragen in der Erinnerung auf, wie Inseln im Meer des Exils. Wanderungen, Vertreibungen, Entdeckerlust oder einfach Geschäftsinteresse haben meine Vorfahren von einer dieser Inseln zur nächsten gebracht, und dort ist es ihnen gut oder schlecht ergangen, solange, bis die Zeit auch auf dieser Insel des Exils abgelaufen war. Manchmal haben sie die Zeit genutzt, um unauffällig, aber aufmerksam ihre Insel zu vermessen und zu erforschen, und haben auch selber Spuren hinterlassen, und sei es nur in Ausdrücken und Redewendungen der spanischen, polnischen oder ungarischen Sprache, die meistens nichts Gutes bedeuten. Fast alle dieser Inseln sind also schon in einer fernen Vergangenheit untergegangen, und existieren nur noch in Legenden und Erzählungen oder Fragmenten von Erzählungen über frühere Generationen in einer früheren Zeit. Einige dieser Inseln aber ragen noch deutlich in die Gegenwart oder wenigstens in eine sehr nahe Vergangenheit, in die Lebensgeschichte meiner Eltern und in mein eigenes Leben.[22]

Ungarn, Österreich, England und Frankreich sind einige der Inseln, die das Schicksal von Honigmanns Vorfahren darstellen. Diese Inseln haben sie manchmal freiwillig und manchmal unfreiwillig betreten und haben dabei in dem Versuch, sich an die neuen Verhältnisse anzupassen, ihre eigenen Spuren hinterlassen, aber auch selbst neue Sitten aufgenommen. Honigmann beschreibt diesen Prozess der Anpassung in *Damals, dann und danach* wie erwähnt aus ihrer eigenen Sicht als Emigrantin und fühlt sich in diesem Sinne als Erbin einer familiären Tradition. Die Brücken, die sie zu und zwischen diesen Inseln herstellt, sollen aber zugleich mit dieser familiären Tradition brechen. Denn nur durch den Bruch mit der Familientradition kann Honigmann die jüdische Identität bilden, die ihre Vorfahren in ihrem ewigen Transit im Laufe der Zeit verloren haben. Hierin wird deutlich, dass Honigmann wegen ihrer jüdischen Identität eine zwiespältige Beziehung sowohl zu Deutschland als auch zu ihrer Familie hat, der sie sich durch das Schreiben nähert, aber von der sie zugleich als, im Unterschied zu ihren Eltern und Großeltern, nicht assimilierte Jüdin, Abstand nehmen möchte. Aus dieser nahen Entfernung beschreibt sie in *Damals, dann und danach* die wechselhafte Geschichte ihrer Familie, die geprägt ist vom kulturellen Austausch an all den Grenzen, die ihre Vorfahren überquert haben. Und das Resultat ist folgerichtig eine Prosa voller Gegensätze.

Ein Beispiel dazu finden wir in dem Kapitel, das sie ihrer Mutter, Litzy Kohlmann widmet[23], einer geborenen Wienerin ungarischer Herkunft.

---

22 Ebd. S. 90.

23 Ein Kapitel, das Honigmann in *Damals, dann und danach* einführt und Jahre später in *Ein Kapitel aus meinen* Leben, 2004 (2007) ausführlich erzählt.

Litzy muss ihre Geburtsstadt 1934 als Mitglied der KPÖ verlassen und kehrt erst 1984 zurück. Die 50 Jahre des Exils sind bestimmt von ihren politischen Überzeugungen und ihrer religiösen Herkunft, und sie bilden das gesamte Kapitel: Während der Vorkriegszeit lebt sie in Paris und arbeitet getarnt als wohlhabende Bürgerin als Spionin des KGB. Den Holocaust überlebt sie in London, und lässt sich nach dem Krieg in Ost-Berlin nieder. Die Erzählung bekommt ihre Bedeutung aber durch die Beschreibung der Persönlichkeit Litzy, in der Honigmann alle Widersprüche harmonisiert, die durch die *Contact Zones* in einem Leben in Transit entstehen. So erwähnt die Autorin die Privilegien, die ihre Mutter als orthodoxe Kommunistin und Mitglied der SED durch ihren Austritt aus der Jüdischen Gemeinde erlangt. Doch ausgerechnet in der antifaschistischen DDR fühlt sich Litzy als Jüdin stigmatisiert und trifft sich deswegen nur mit ihresgleichen, bzw. anderen Migranten – innerhalb und außerhalb der DDR, denn ihre Privilegien als Kommunistin erlauben ihr, regelmäßig nach Österreich, Ungarn oder England zu reisen. In diesen Ländern verwandelt sich Litzy in eine andere Frau – je nachdem, welche Sprache sie spricht: Ungarisch, Französisch, Österreichisch oder Englisch.

Anhand des ständigen interkulturellen Austausch ihrer Mutter mit Migranten, die sie in anderen Ländern trifft, beschreibt Honigmann das Leben einer überzeugten Kommunistin, die *Neues Deutschland* als Einwickelpapier benutzt[24], für die Deutschland im Gegensatz zu England ein „[un]zivilisiertes Land"[25] war und vom dem sie sich eines schönen Tages nach 37 Jahren mit einem Abschiedsbrief an ihre Stasi-Nachbarn für immer verabschiedet, um nach Österreich zurückzukehren, obwohl sie die Österreicher verachtete, „weil sie gebildete Antisemiten waren"[26]. Kurz vor ihrem Tod tritt sie in eine jüdische Gemeinde ein, ohne den Glauben an den Kommunismus je verloren zu haben.

Laut Pratt sind „critique, collaboration, bilingualism, mediation, parody, denunciation, [...] absolute heterogeneity of meanings"[27] Merkmale der *Contact Zones*. Alle diese Begriffe können wir auf Honigmanns Versuch anwenden, durch das Schreiben „die inneren Widersprüche ihrer Existenz

---

24 Vgl. Barbara Honigmann. *Ein Kapitel aus meinem Leben.* 2. Aufl. München: dtv, 2007. S. 66.
25 Vgl. Honigmann. Damals (wie Anm. 4). S. 22.
26 Ebd. S.53.
27 Vgl. Pratt. Contact Zone (wie Anm. 7). S. 37.

und ihres Status"[28] zu verstehen. Honigmann verwendet den hegemonialen Diskurs der DDR, um ihre Mutter als privilegierte Kommunistin darzustellen, indem sie sie gleichzeitig als eine prototypische Frau der westlichen Welt beschreibt, die in einer Welt lebt, in der es keine Grenzen gibt. Aus diesen zwei Blickwinkeln beschreibt die Autorin die verschiedenen Stationen ihrer Vorfahren in Frankreich und England, in einem Europa voller Gegensätze, die immer von Migrantenkreisen beschrieben werden, denn in ihrer Familie galt: „nicht Emigranten waren nicht standesgemäß"[29]. Diese Emigranten lassen durch ihren Transit die Grenzen verschwimmen und ermöglichen die Koexistenz unterschiedlicher politischer und religiöser Diskurse in dem Zwischenraum, in dem sie aufeinandertreffen. Die Stimmungen dieser Emigranten ermöglichen aber zugleich der Schriftstellerin, das Schweigen ihrer Vorfahren zu kompensieren. Denn durch ihre Geschichten, die tief mit Honigmanns Familie verbunden sind, kann die Autorin erst die Lebensgeschichte ihrer Familie erzählen.

Pratt behauptet, „transculturation, like autoethnography, is a phenomenon of the contact zone"[30]. Unter Ethnographie versteht sie „a text in which people undertake to describe themselves in ways that engage with representations others have made of them"[31]. Genau dies tut Honigmann in *Damals, dann und danach*, wenn sie beschreibt, wie sie sich von dem im kollektiven Gedächtnis der DDR präsenten Judentum abgrenzt, indem sie sich eine individuelle jüdische Identität wünscht, die sie jedoch in ihrer familiären Vergangenheit nicht findet. Die ersehnte jüdische Identität bildet Honigmann erst beim Schreiben, indem sie an Deutschland und an ihre Familie denkt und nach ihrer Herkunft fragt. Mit der Zeit gelingt es ihr sogar ihre jüdische Identität zu erleben, indem sie sich in Straßburg regelmäßig mit sephardischen Freundinnen trifft[32], die, genau wie Honigmann, trotz ihres Wunsches eine wahre jüdische Identität zu bilden, keine orthodoxen Juden sind. In den eigenen Worten der Autorin ließt sich das wie folgt:

> Es heißt oft, ich sei an einem Ort mit einer besonders orthodoxen Gemeinde ausgewandert, das ist eine Legende, und zwar in jeder Hinsicht. Es gibt in Straßburg eine starke und intakte Orthodoxie, aber wie überall befindet sich

---

28 Vgl. Weiss. Leben verändern (wie Anm. 1). S. 22.
29 Vgl. Honigmann. Damals (wie Anm. 4). S. 13.
30 Vgl. Pratt. Contact Zone (wie Anm. 7). S. 36.
31 Ebd. S. 35.
32 Vgl. Honigmann. Damals (wie Anm. 4). S. 75.

auch hier die Mehrheit der Leute in der Mitte, und ich befinde mich eher am Rande dieser Mitte.[33]

Fazit

In *Damals, dann und danach* beschreibt Barbara Honigmann in neun Erzählungen die eng verwobenen Geschichten Deutschlands und ihrer Familie jüdischen Ursprungs. Anhand dieser beiden historischen Fäden setzt sich Honigmann allem voran mit ihrer eigenen jüdischen Identität auseinander, die sich bis dahin auf die kollektive Wahrnehmung in der antifaschistischen DDR beschränkt: Demnach ist Honigmann Jüdin, ergo ein Opfer des Holocausts. Hinzu kommt, dass die jüdische Herkunft in ihrer stark assimilierten Familie kaum thematisiert wurde. Dieser Umstand, dass ihr seitens Familie und Gesellschaft eine individuelle jüdische Identität verweigert wird, macht es Honigmann unmöglich, sich in Ost-Berlin damit auseinanderzusetzen, weshalb sie 1984 von ihrer Geburtsstadt ins französische Straßburg emigriert. Dort avanciert sie zu der Schriftstellerin, mit deren Werk wir uns hier beschäftigt haben. Die nahe Distanz und das Überschreiten einer Grenze versetzt sie in die Lage, über beides zu reflektieren: ihr Geburtsland und ihre Familie. Wie ihre Vorfahren hat sie nun eine Grenze überschritten, und als Fremde im Exil befindet sie sich selbst in einer *Contact Zone*, was ihr den intellektuellen Zugang zu jenen *Contact Zones* öffnet, die ihre Familie über die Jahre betreten und wieder verlassen hat. Die Reise durch diese *Contact Zones* und die Prozesse der Anpassung und Assimilation, der Brüche und Verschmelzungen, die ihre Vorfahren durchleben, sowie die Widersprüche, die aus alledem entstehen, erlauben Honigmann in *Damals, dann und danach* ein grenzenloses Europa darzustellen. Gleichzeitig scheint dieses Europa paradoxerweise in Ghettos geteilt zu sein, zu denen die Familie und sie selbst sich, wenn auch am Rande, zugehörig fühlen. Gestützt auf die mehrsprachigen Erinnerungen ihrer Familie, manche existieren auf Deutsch, andere auf Englisch oder Französisch, zeigt sie unwillkürlich, wie sich alle kulturellen Kontraste eines Lebens im Transit vereinen und das Konzept der Homogenität einer Kultur ins Wanken bringen.

---

33 Ebd. S. 61.

Rolf-Peter Janz

Migration übers Mittelmeer

Zu Margareth Obexers Drama *Das Geisterschiff*

Die Flüchtlingsströme aus Afrika und und dem Mittleren Osten beherr-schen zur Zeit die politischen Auseinandersetzungen in den meisten Län-dern Europas. Auch deutschsprachige Autorinnen und Autoren haben das brisante Thema aufgegriffen, so u. a. Elfriede Jelinek in ihrem Prosatext „Die Schutzbefohlenen" (2013) und Jenny Erpenbeck in ihrem Roman *Gehen, ging, gegangen* (2015). Jelineks Text, den sie mit *Appendix, Coda, Epilog auf dem Boden* und *Philemon und Baucis* fortgeschrieben hat, ist mittlerweile in zahlreichen Städten nicht nur in Österreich und Deutschland vorgetragen und als Theaterstück inszeniert worden.[1] Schon früher als Jenny Erpenbeck und Elfriede Jelinek, bereits 2005, hat auch Margareth Obexer die Migration übers Mittelmeer in ihrem Theaterstück *Das Geisterschiff* verhandelt, das wie „Die Schutzbefohlenen" von Elfriede Jelinek auf vielen nicht nur deutsch-sprachigen Bühnen aufgeführt und szenisch gelesen worden ist, so in Jena, Halle, Berlin, München und Basel und auch ins Ungarische übersetzt wurde.

Schon der Titel verrät, dass Obexer eine ganz andere Perspektive wählt als Erpenbeck und Jelinek, sie verweist auf den ‚Fliegenden Holländer', ein bedeutendes Motiv der Kultur- und Kolonialgeschichte nicht erst seit Hein-rich Heines Fragment gebliebenen *Memoiren des Herren von Schnabelewop-ski* (1834) und Richard Wagners Oper, die 1843 in Dresden uraufgeführt wurde.

Was aber haben Migranten, die in der Gegenwart zu Tausenden im Mit-telmeer ertrinken, mit dem ‚Fliegenden Holländer' zu tun? Wie die Migran-ten auf überladenen Schiffen hoffen der Holländer und seine Mannschaft auch bei Heine und Wagner vergeblich darauf, an Land zu gehen. Sie sind wie er verflucht, ziellos auf dem Meer herumzuirren. Das Theaterstück der Margareth Obexer reformuliert die sagenumwobene Geschichte des Hollän-ders als ein geeignetes Deutungsmuster für die Flüchtlingskatastrophen der

---

1 Vgl. Rolf-Peter Janz. „Die Flucht nach Europa und ihre Fiktionalisierung: J. Erpenbeck, ‚Gehen, ging, gegangen' und E. Jelinek, ‚Die Schutzbefohlenen'". *Realitäten. Herausforderungen und Reflexionen.* Hg. Georg Pichler/Carmen Gómez García (im Druck).

Gegenwart. Was einst für den Holländer das Cap war, ist für die Flüchtlinge heute Gibraltar. Wie Jenny Erpenbeck und Elfriede Jelinek stellt sich auch Margareth Obexer die Frage, wie sich die unerhörten Ereignisse, die man oft beschönigend ‚Flüchtlingsdramen' nennt, in der Literatur und auf dem Theater darstellen lassen. Ihre Antwort sieht so aus:

Als Schauplatz des Stücks wählt sie die kleine Hafenstadt Portoceleste an der Südküste Siziliens. Aus einem Zeitungsbericht, der in der ersten Szene zitiert wird, erfahren die Zuschauer: Vor dieser Küste ist sechs Jahre zuvor ein Boot mit 283 Menschen aus „Sri Lanka, Pakistan, Indien" gesunken. „Sieben Überlebende strandeten in Griechenland und meldeten das Unglück – doch es blieb bei ihrer sofortigen Abschiebung." Später fanden Fischer gelegentlich Leichenteile in ihren Netzen und warfen sie ins Meer zurück. Die Katastrophe wurde sechs Jahre lang von den Einwohnern der Stadt und den Behörden totgeschwiegen. So wurde das Boot zum „Geisterschiff, von dem niemand sagen konnte, ob es jemals existiert hat." Bis eines Tages ein Fischer in seinem Netz die „in Plastik eingeschweißte Identitätskarte eines 16-jährigen Jungen" [2] fand und sie einer römischen Tageszeitung übergab. Einem Journalisten gelang es schließlich, mit Hilfe einer Unterwasserkamera das Wrack zu orten. Das ist der Ausgangspunkt des Stücks. Margareth Obexer, eine Südtirolerin aus Bozen, die Deutsch und Italienisch spricht, ist, wie sie in ihrer Danksagung erwähnt, selbst nach Portoceleste gereist und hat dort die Ereignisse, auf die ihr Stück referiert, mit Freunden recherchiert.

Wie ist ihr Stück konstruiert? Anders als Erpenbecks Roman verzichtet es auf die Instanz eines Erzählers, und anders als in Jelineks Text und seinen Inszenierungen betreten die Bühne nicht chorisch sprechende Flüchtlinge. Die Flüchtlinge, von denen hier die Rede ist, sind tot. Obexers Personal, das sind zunächst ein Journalist und eine Journalistin, zwei Passagiere eines Luxusdampfers, der im Mittelmeer kreuzt, und eine Kuratorin, die eine Ausstellung zum Thema Utopie vorbereitet. Sie treten abwechselnd in 22 Szenen auf. Hinzu kommen ein Fischer und der örtliche Pfarrer, die von den Journalisten interviewt werden. Die Journalisten reisen nach Portoceleste zu einem Kongress, der den Titel trägt: „Europäischer Kongress zum europäischen Unbehagen gegenüber den Erscheinungen an den europäischen Rändern" [3]. Der Titel wartet also mit gleich drei Euphemismen oder genauer – Verschleierungen – auf. Es soll um „Erscheinungen", apparitions, nicht um Migranten

---

2 Margareth Obexer. *Das Geisterschiff.* Stuttgart: edition solitude Reihe Literatur, 2015. S. 8f.

3 Vgl. Obexer. Geisterschiff. (wie Anm. 2). S. 12.

gehen, die ertrinken, und um die „Ränder", nicht etwa die Grenzen Europas. Es geht vor allem um das Unbehagen der Europäer an jenen „Erscheinungen". Die Europäer empfinden „Unbehagen" angesichts der Toten im Meer, das ist das zentrale Thema des Stücks: Unbehagen, nicht Mitgefühl, nicht Mitleid, nicht Zorn. Über „Unbehagen" sprechen die Protagonisten immer wieder, die beiden Journalisten, die beiden Passagiere, die Kuratorin. Die Kuratorin bekennt einmal: „Wir sind das eigene Unbehagen, uns ist so unbehaglich vor uns selbst, dass wir vor Unbehagen ersticken"[4]. Unser Unbehagen an uns selbst rührt daher, so sagt sie, dass uns vieles fehlt, das Lachen, die Höflichkeit, die Liebe. Zu einer anderen Einsicht kommt einmal die Journalistin, die mit ihrem Kollegen auch deshalb zur Konferenz geflogen ist, um mit ihm gemeinsam den Preis für „den besten, klügsten, unbestechlichsten Jungbeitrag" entgegenzunehmen.[5] Nach einigen Informationen, zumal nach dem Gespräch mit dem Fischer, der die Identitätskarte des Jungen im Netz gefunden hat, ist sie desillusioniert. Auf die banale Frage des Kollegen, ob ihr kalt sei, antwortet sie:

> Mit ist nicht kalt. Mir ist fremd. (Pause)
> Ich spüre sie im Rücken, an der Seite. Dunkle Augen, versteckte, verbotene Blicke, von überall her. Sie wissen, dass ich sie spüre, ihre Fremdheit. Mit ihrer Fremdheit meine durchbohren.[6]

Seit sie in Portoceleste vom Schicksal der Fremden, die ertrunken sind, erfahren hat, ist sie sich selbst fremd geworden. Das Fremde ist das Unbekannte, das Unbestimmbare, das Unheimliche – das sind geläufige Attribute, die dem Fremden zugesprochen werden. Die Konfrontation mit den Flüchtlingen, die übers Mittelmeer nach Italien kommen, führt im Falle dieser Journalistin in Obexers Stück gerade nicht dazu, dass sie sich ihrer eigenen Identität vergewissern kann. Das heißt, das gängige Verhaltensmuster, das fordert, das Fremde auszuschließen, um sich zu bestätigen, wer man ist – es wird gegenwärtig von rechtspopulistischen und rechtsradikalen Parteien massiv propagiert und praktiziert – funktioniert hier nicht. Die Fremdheit der Anderen bewirkt bei der Journalistin vielmehr eine tiefgreifende Störung ihrer Identität, sie dringt aggressiv in ihr Selbst ein. „Mir ist fremd", sagt sie.[7] Das

---

4 Ebd. S. 37.
5 Ebd. S. 12.
6 Ebd. S. 60.
7 Ebd.

Schicksal der Flüchtlinge kommt ihr in diesem Augenblick so nahe, dass sie sich selbst fremd wird.

Die unerbittlichste Analyse des „Unbehagens" der Europäer am Tod der Flüchtlinge liefert am Ende des Stücks, in der 20. Szene, die Kuratorin:

> Unser Unbehagen wächst mit solchen [Politikern], die unentwegt von vollen Booten sprechen, wo sich doch kein Hafen weit und breit findet. Unser Unbehagen wächst mit jeder Lichterkette, jeder Demo, jedem Benefizkonzert. Es ist schlicht gigantisch! Verläuft periodisch, zyklisch, findet keinen Ausweg und an allem sind wir schuld! Diese gigantische Schuld, wie eine Keule fliegt sie uns ständig um die Ohren. So ohnmächtig und so schuldig. Sind wir denn so schlimm? Wir haben doch ein Unbehagen![8]

Demonstrationen und Lichterketten, die unsere Anteilnahme am grauenvollen Schicksal der Migranten manifestieren sollen, verraten nur unsere Untätigkeit, die uns schuldig spricht. Zugleich aber steigern gerade Lichterketten so gut wie Benefizkonzerte unser Unbehagen ins Unermessliche, und das ist ein gutes Gefühl, das uns entlastet. Weil sich angesichts der toten Flüchtlinge ein „gigantisches" Unbehagen einstellt, sind wir nicht so schlimm, also können wir uns weniger schuldig fühlen. Unser Unbehagen kommt uns gelegen, denn hinter ihm kann sich Gleichgültigkeit verbergen. Deshalb appelliert die Kuratorin an die Teilnehmer des Kongresses: „Hören Sie auf mit ihrem wohligen Unbehagen!"[9] Und sie empfiehlt ihnen schließlich, Utopien zu entwickeln – eine, wie sich zeigt, naive Aufforderung, die in der letzten Szene des Stücks sogleich als sinnlos zurückgewiesen wird. Auf dem Rückflug nach Deutschland lesen nämlich die Journalisten in der Zeitung, dass die Krippe des Pfarrers von Portoceleste, die die „Ankunft des Messias" darstellt, in Flammen aufgegangen ist, und unter Verdacht gerät der „dunkelhäutige Khelafir Tombala". Der Journalist gesteht der Kollegin, dass er der Brandstifter war, dass er das nicht wollte und sich nun „entsetzlich schuldig" fühlt. Die Frage „Was kann man bloß tun?" stellt er nur, um sie nicht zu beantworten.[10] Das Geständnis entlastet ihn selbst, hilft aber nicht dem Flüchtling. Für bessere Aussichten, für Utopien, wie sie die Ankunft des Messias verheißt, ist kein Platz.

Wie der Fliegende Holländer der Sage sind in der Gegenwart die Flüchtlingsschiffe dazu verdammt, ohne Ziel auf dem Meer herumzuirren. Diesen

---

8   Ebd. S. 74.
9   Ebd.
10 Ebd. S. 78.

Vergleich präsentiert im Stück einer der Passagiere, seines Zeichens Wissenschaftler, Historiker. Die Boote der Flüchtlinge gleichen Geisterschiffen, denn keiner weiß, wo sie sich befinden und wie viele bereits untergegangen sind. Der fliegende Holländer des Mythos ist dazu verdammt, bis zum Jüngsten Tag zu leben und alle Versuche, sein Schiff selbst zu versenken, sind zum Scheitern verurteilt. Ein anderes Theaterstück Margareth Obexers zu einem ähnlichen Thema, *Die fliegenden Holländer*, nennt als Grund für die Verfluchung seine „Ehrfurchtslosigkeit". Er hat das Cap, das „die Grenze der Christlichen Welt" markierte, die durch eine Nebelwand geschützt war, mit „schallendem Lachen" umfahren.[11] Wie in *Die fliegenden Holländer* wird auch in *Das Geisterschiff* der Mythos zugleich zitiert und entzaubert. Die Flüchtlinge haben nichts getan, das eine Verdammung nach sich ziehen könnte. Und doch sind sie ständig vom Tod bedroht. Sie trifft eine modernisierte, eine ungemein aktuelle Fassung des Fluchs: Sie sind dazu verdammt, auf dem Meer herumzuirren und unterzugehen, weil Regierungen das weltweit geltende Gesetz, das die Rettung aus Seenot vorschreibt, außer Kraft gesetzt haben. Die Flüchtlinge haben keine Chance auf Rettung, oder, wie der Historiker, ein bekennender Wagnerianer, weiß, keine „Aussicht auf Erlösung". In Wagners Oper ist es die Mission Sentas, den Holländer vom Fluch zu erlösen. Den Flüchtlingen bleibt dagegen die Erlösung, die Rettung verwehrt. Auch die Fischer, die auf Flüchtlingsboote treffen und von den Behörden gezwungen werden, die Rettung der Insassen zu verweigern, werden dafür für immer verdammt.[12] Der alte Fluch des Holländers holt auch sie ein. Nicht nur ist es den Fischern verboten, Flüchtlinge an Land zu bringen, sie werden sogar gezwungen, die Leichen ins Meer zu werfen. Ein in seiner Absurdität kaum zu überbietendes Gesetz bestimmt, dass ein Fischer, der „mit einem Schädelknochen an Land kommt, eine Anzeige wegen Beihilfe zur illegalen Einwanderung riskiert!"[13]

Auf der Konferenz möchte der Historiker über das unermessliche Leid der Geflüchteten einen Vortrag halten. Ihm widerspricht der zweite Passagier, ein Bestattungsunternehmer, ein beispielloser Zyniker, der die Berufung auf den Holländer-Mythos allenfalls amüsant findet und den das Schicksal der Flüchtlinge kalt lässt. Sie seien „zur falschen Zeit am falschen Ort geboren", solche Katastrophen gab es immer schon. „Erschreckend. Beliebig

---

11 Margareth Obexer. *Die fliegenden Holländer.* Köln: schaefersphilippen, 2015. S. 5.

12 Vgl. Obexer. Geisterschiff. (wie Anm. 2). S. 29.

13 Ebd. S. 46.

erschreckend. Erschreckend beliebig"[14]. Die Geschichte wiederhole sich.
Auch Sklaven seien immer schon über Bord geworfen worden. Statt die
Katastrophe weiter zu beklagen, mahnt er Taten an. Der Wissenschaftler
räumt ein, dass er allenfalls Sichtweisen ändern kann. Der Bestatter jedoch
will etwas tun, er hat ganz andere Interessen, geschäftliche. Mit einem
Schleppnetz will er die Leichen bergen lassen und Urnen verkaufen. Für die
Bergung und Bestattung der Toten werden, so rechnet er, die Angehörigen
aufkommen.

Als schließlich die beiden Passagiere bemerken, dass das Kreuzfahrschiff
mit einem Flüchtlingsboot zusammengestoßen ist (Szene 18), zeigt sich, dass
es keinen Ausweg gibt, schon gar nicht für diese Flüchtlinge. Der Kapitän
darf sie weder an Bord nehmen noch weiterfahren, das letztere wäre unter-
lassene Hilfeleistung. Er wird ausgeflogen, um mit den Behörden zu verhan-
deln, auch alle Passagiere werden an Land gebracht, nur nicht der Historiker
und der Bestatter. Sie sind ratlos. Ist es ein Albtraum, ein Hirngespinst, ein
Schauermärchen, die Apokalypse? Die geläufigen Deutungsmuster versagen.
Sie öffnen eine Flasche und stoßen an, vielleicht „Darauf, dass wir beide die
Konferenz verpassen werden?"[15] Gegen den verbliebenen Rest des Unbehagens am Tod der Migranten soll Alkohol helfen.

Die Journalisten sind nach Portoceleste gekommen, um über den Untergang des Flüchtlingsschiffs und dessen Vertuschung zu berichten und einen
Preis entgegenzunehmen. Sie fragen sich zwar gelegentlich, ob die „weg-
geworfenen Toten" uns verändern könnten, anders als die Journalistin ist
aber ihr männlicher Kollege vor allem an Sensationen interessiert. Haben
die Fischer die Leichen ins Meer geworfen oder nicht? Von jenem Fischer,
der die Identitätskarte des Jungen an Land gebracht hat, wollen sie nur das
eine wissen: ob er Knochen gefunden hat. Als er berichtet, dass niemand ihm
den Fund der Identitätskarte geglaubt hat, dass ihn der Fund berührt, weil
er selbst eine 16-jährige Tochter hat, beschimpft ihn der Journalist, er habe
diese Geschichte schon zwanzigmal oder öfter erzählt, sie sei nichts wert,
„wie aus dem Versandhauskatalog". Und als der Fischer erwähnt, man wolle
für das Wrack ein Museum bauen und dafür brauche man die internationale
Unterstützung von Ausländern, verlangt der Journalist eine Gegenleistung,
nämlich endlich ein Ja auf seine Frage: „Fanden Sie nicht auch Menschen-
knochen in Ihrem Netz?"[16] Ein Sizilianer bekommt von einem deutschen

---

14   Ebd. S. 31.
15   Ebd. S. 69.
16   Ebd. S. 41f.

Reporter vorgeschrieben, was er zu antworten hat. Er bleibt dabei, er habe nur die Identitätskarte gefunden, andere Fischer hätten aber den Behörden Knochen auf den Schreibtisch gelegt. Und bei den Behörden hieß es: „Was sollen wir mit den Knochen? Verfüttern Sie sie an die Hühner. Aber gehen Sie"[17].

Die folgenden Szenen zeigen, dass der Zynismus der italienischen Behörden dem der deutschen Journalisten in nichts nachsteht. Ein Jurist belehrt sie darüber, dass die Fischer eine Lizenz nur für Fische haben, nicht für Knochen, deshalb müssten sie die Knochen zurück in Meer werfen. Nur Millimeter trennten die Stadt „vom schwarzen Kontinent, [...] wir sind der äußerste Punkt, der letzte Zipfel des zivilisierten Europa"; die Nähe zu den „Afrikanern, den Kannibalen" sei fatal. „Ein paar Tote im Wasser und man hält ‚uns' für sie." Das Schlimmste, was Sizilianern passieren kann, ist, für Afrikaner gehalten zu werden. Die Journalisten sollten sich um andere Themen kümmern.[18] Soweit der Monolog des Juristen.

Auch den Bürgermeister des Ortes treibt die Sorge um den florierenden Tourismus um, als ihm der Journalist vorhält, dass sich vor dem Hafen „ganze Massengräber" befinden. Totenscheine könne man nicht ausstellen, weil man keine Pässe habe. Und das Schiff, das mit den Geflüchteten untergegangen ist, könne man nicht heben, weil man dann „gerechterweise", so sagt er, auch andere Schiffe heben müsse, so ein italienisches U-Boot, das 1927 gesunken sei.[19]

Obexers Theaterstück zeichnet ein düsteres Bild Europas angesichts der Migrationsströme aus Afrika und dem Mittleren Osten. Die Fremden, die tot sind, werden mit allen Mitteln totgeschwiegen, solange es geht. Eigentlich gibt es sie gar nicht. Weil der afrikanische Kontinent Europa angeblich so gefährlich nahe sei, unterhält man zu den Migranten, den „fernen Fremden", eine „Nicht-Beziehung", so eine weitsichtige Analyse Georg Simmels aus dem Jahre 1908, die immer noch aktuell ist.[20] Eine extreme Form der Nicht-Beziehung ist in Obexers Stück die zu den Toten im Meer. Die Migranten werden anonymisiert; niemand interessiert sich dafür, wer sie sind. Die Pässe sollen mit den Toten im Meer bleiben. Wo keine Pässe sind, gibt es

---

17 Ebd. S. 43.
18 Ebd. S. 50f.
19 Ebd. S. 57.
20 Georg Simmel. „Soziologie. Untersuchungen über die Formen der Vergesellschaftung". Vgl. dsb. *Gesamtausgabe*. Hg. Otthein Rammstedt. 24 Bde., Bd. 11. Frankfurt a. M.: Suhrkamp, 1992. S. 770.

auch keine Totenscheine. Sie werden schließlich dämonisiert, als Kannibalen. Hier das zivilisierte Europa, das Abendland, dort die Menschenfresser. In der Wahrnehmung des Fremden ist seit je die Projektion eigener Wünsche, aber auch Befürchtungen zu erkennen gewesen.[21] Kannibalen – das ist eine Zuschreibung extremer Fremdheit. Dabei hatte schon Georg Forster, der in den Jahren 1772-1775 mit James Cook die Südsee bereiste, den eurozentristischen Blick umgekehrt und war zu der Einsicht gelangt, es gebe in Europa „Barbareyen", die „selbst unter Cannibalen nicht erhört sind"[22]. Die Europäer haben Grausamkeiten begangen, die die Kannibalen nicht kannten.

Es geht auf dem Kongress, zu dem Wissenschaftler und Journalisten anreisen, um das Unbehagen, die mentale Verfassung der Europäer, um ihre Selbstbeschwichtigung und nicht um die toten Fremden. Am Ende will der Bürgermeister von Portoceleste doch etwas tun, er will ein Mahnmal errichten lassen. „Ein Mahnmal für wen?", fragt der Journalist. „Ein Mahnmal für alle", antwortet der Bürgermeister.[23] Eben nicht eines zur Erinnerung an die Migranten aus Afrika, die ertrunken sind. Es ist vielmehr ein Monument, das allein der Selbstentlastung der Europäer dienen soll.

Flucht und Migration, von denen Obexers Stück handelt, hinterlassen Spuren auch in seiner literarischen Verfasstheit, die auf den ersten Blick konventionell zu sein scheint. Zwar ist die Gliederung der Szenen übersichtlich, und die Charakteristik der Protagonisten gibt kaum Rätsel auf. Doch ist nicht zu übersehen, dass etwa die Journalisten und die Passagiere in ihren Gesprächen kaum je auf das eingehen, was der andere zuvor gesagt hat. Sie wechseln abrupt die Themen, und was wie eine Antwort anmutet, hat mit den Fragen kaum etwas zu tun. Man könnte sagen, die Gespräche irren ziellos umher. Nur wenn der Journalist den Fischer Volpe zu dem Geständnis nötigen will, er habe eine Leiche gefunden, erweist er sich als äußerst zielstrebig. Und zielstrebig vertritt auch der Bestattungsunternehmer seine geschäftlichen Interessen. Die Fähigkeit zum Dialog ist diesen Europäern abhanden gekommen. Das Stück zeigt eindrucksvoll, wie Europäer sich zu Flucht und Migration von Nicht-Europäern verhalten. Indem sie sich den Flüchtlingen

---

21 Rolf-Peter Janz. „Transkulturalität – in literaturwissenschaftlicher Perspektive". *Transkulturalität. Identitäten in neuem Licht.* Hg. Ryozo Maeda. München: iudicium, 2012. S. 19-28, hier S. 19.

22 Zitiert nach Gerhard Pickerodt. „Aufklärung und Exotismus". *Die andere Welt. Studien zum Exotismus.* Hg. Thomas Koebner/Gerhard Pickerodt. Berlin: Philo, 2000. S. 132.

23 Vgl. Obexer. Geisterschiff. (wie Anm. 2). S. 56f.

zuwenden, treten sie selber die Flucht an – die Flucht in Gesetze, die ihren Interessen dienen und den Flüchtigen den Tod bringen, die Flucht in die Verdrängung, die Flucht ins für sie komfortable, folgenlose Unbehagen.

Irina Ursachi

Migration und Islamfeindlichkeit in Elfriede Jelineks *Unseres.*

1. Zusammenfassung und Struktur

In den sogenannten westlichen Gesellschaften wird es zunehmend wahrscheinlicher, dass rechtsextreme und rechtspopulistische Parteien mehr und mehr Wählerstimmen aufgrund einer wachsenden Islamfeindlichkeit und damit verbundenen Massenhysterie erhalten. Dies ist auch die Botschaft des Textes *Unseres.*, den Elfriede Jelinek auf ihrer Homepage am 3. November 2016 veröffentlicht hat.

Jelinek schrieb ihren politischen Theatertext *Unseres.* vor der Präsidentenwahl vom Dezember 2016 in Österreich, weswegen dieser zahlreiche Hinweise auf die Wahlkampagne der rechtspopulistischen Partei FPÖ (Freiheitliche Partei Österreichs), deren Präsidenten Heinz-Christian Strache sowie deren Präsidentschaftskandidaten Norbert Hofer beinhaltet. Obwohl *Unseres.* einer tatsächlichen Handlung mit einem Inventar an Figuren ermangelt, kreist der Text um den wirklichen Suizidversuch eines syrischen Flüchtlings in Wien im Oktober 2016, der für einen großen islam- und migrationsfeindlichen Aufruhr in den österreichischen Medien (vor allem in der *Kronen Zeitung* und auf der Facebook-Fanseite von H. C. Strache) sorgte. Der junge Flüchtling, der in Jelineks Text keine eigene Stimme erhält und nicht selbst das Wort ergreift, versuchte sich das Leben zu nehmen, indem er eine Wiener Straßenbahn erklomm, um in die Stromleitung zu greifen. Was ihn dazu bewog, war der Mord an seinem Vater in Syrien. Auch wenn der Text von einer dramatischen Begebenheit handelt, so sind die Worte abseits der Empfindsamkeit gewählt.

Geschrieben wird *Unseres.* aus der Perspektive einer fremdenfeindlichen Facebook-Masse, die sich auf einen stillen Bürgerkrieg zwischen Muslimen und Nichtmuslimen vorbereitet, wobei die Erzählerin das schier Unabwendbare als Herold verkündet: „Schon rottet zornig sich das Volk zuhauf. Die einen sagen, daß den Fremden wir mit Recht geholfen, andre zeihen uns der Torheit. Halt ich doch, was ich euch versprach. Halt ich an meiner Sprache fest und ihr an eurer, so ist der Bürgerkrieg der nächste Schritt, [...]"[1].

---

1 Elfriede Jelinek. *Unseres.* 3.11.2016 / 7.11.2016. http://www.elfriedejelinek. com/ (aufgerufen am 9. April 2018). Dies zitiert den Wortlaut des Theaterstücks

Ein Fresko aus den Priscilla-Katakomben namens „Jünglinge im Feuerofen" führt einerseits in *Unseres.* ein und verweist andererseits auf das Alte Testament (Daniel 3, 1-97)[2]. Dort werden drei christliche Jünglinge vom babylonischen König ins Feuer geworfen, weil sie sich nicht von ihrem Glauben abbringen lassen. Im Feuerofen bleiben sie jedoch vom Feuer auf wundersame Weise verschont und können freudig singen, tanzen und Gott anbeten. Dieses Deckengemälde lässt sich mit den Anhängern von Strache verknüpfen, denn diese und ihre Anführer werden in Jelineks Text als Schützlinge vor dem Gesetz durch ihren Gott dargestellt. Die Facebook-Kommentatoren stimmen in den Chor der drei Jünglinge ein.

Unseres. endet mit dem Abbild einer von drei Tafeln des spätgotischen Wurzacher Flügelaltars, „Christus vor Pilatus" aus dem Jahre 1437, auf dem eine wütende bewaffnete Menschenmenge mit einem gefesselten Jesus im Vordergrund zu sehen ist. Pilatus wäscht sich – ähnlich wie Strache und Hofer – seine Hände buchstäblich in Unschuld, was einem sinnbildlichen Reinwaschen bezüglich der politischen Angelegenheit und dem Aufruf der Masse zur Gewalt gleichkommt.

Die hasserfüllten Kommentare, die wütend nach Rache heischen, wurden Facebook (dem „Buch der Gesichter", wie Jelinek es nennt) entweder gänzlich oder teilweise entnommen, denn die FPÖ hat ihre politische Position in der Bevölkerung dank des antimuslimischen Diskurses stärken können, weil Fremdenhass und Wachstum der FPÖ sich gegenseitig bedingen – die FPÖ gewann an Anhängern, weil die Islamfeindlichkeit größer wurde. Die Autorin arbeitet die Kommentare auf, webt diese mittels verschiedener intertextueller Verfahren in ihren Text ein und dennoch bleiben all diese Referenzen artifiziell hinzugefügt. Die literarischen Verfahren zum Aufbau des Textes sind die Collage und die Montage: Eingearbeitet werden in den Text neben Facebook-Kommentaren oder Refrains aus Österreich stammenden musikalischen Sommerhits („Hulapalu" wird im Dialekt gesungen) auch Hinweise auf den Präsidentschaftskandidaten der FPÖ und dessen politische Strategie

---

Die Kinder des Herakles (Vgl. Euripides. *Die Kinder des Herakles. Hekabe. Andromache.* Übersetzung von Ernst Buschor. Hg. Gustav Adolf Seeck. München: Heimeran, 1972. S. 5-75): „Schon rottet zornig sich das Volk zuhauf; / Die einen sagen, daß den Fremden wir / Mit Recht geholfen, andre zeihen mich / Der Torheit. Halt ich, was ich euch versprach, / So ist der Bürgerkrieg der nächste Schritt" (*Die Kinder des Herakles*, Vers 415-419).

2 https://www.uibk.ac.at/theol/leseraum/bibel/dan3.html (aufgerufen am 9. April 2018).

und zitierte oder verarbeitete Verse aus der politischen Tragödie *Die Kinder des Herakles* von Euripides.

2. Die Führerfigur und die fremdenfeindliche Masse

Das sprachliche Werk Jelineks wird im Einklang mit den Interessen und islamfeindlichen Maßnahmen der rechtsextremen Partei FPÖ und deren Parteivorsitzenden geschrieben, wobei der Politiker Hofer als Fürst beziehungsweise als Leiter eines Heeres inszeniert wird:

> Gut spreche ich, gut, dann spreche halt ich, auch im Namen dieser Schar hier, die jetzt nicht weiterkommt, bitte Volk, komm herbei, ja, du auch, da reckt uns einer eine starke Hand entgegen. Späher hat er vorher ausgeschickt, rasch, die Hand, nehmen Sie sie, sonst ist sie noch weg!, wir wählen Sie, ganz bestimmt, wir wählen Sie, so wahr Ihnen Gott helfe, der wird Ihnen schon helfen, Sie werden sehn, der wird Ihnen helfen, und wir gehn dann beruhigt ins Haus. Wenn er gewählt ist, der Herr, dann wird zu den Göttern er flehen, so wahr ihm Gott helfe, leider nur zu einem, daß er ihm hilft, was ist mit dem Rest, der soll ihm nicht helfen? [...]
> Wer den bessern Gott auf seiner Seite hat, dem hilft das Glück, so wahr ihm Gott helfe, helfen Sie dafür ihm, daß er keinen Sieg versäumt, daß er seinen eigenen Sieg nicht versäumt, nein, das wird nicht passieren.[3]

Hofers Wahlspruch lautete tatsächlich „So wahr mir Gott helfe" und findet sich auch im religiösen Kontext des Abbildes aus den Priscilla-Katakomben wieder. Impliziert ist dadurch, dass die Masse, die Hofer und Strache folgt, von Gott beschützt wird. Führer, so Gustave Le Bon, „bedienen sich hauptsächlich dreier sehr bestimmter Verfahrungsweisen: der Behauptung, der Wiederholung und der Übertragung"[4]. Auch Jelinek greift in ihrer Darstellung von Hofer darauf zurück: Dieser behauptete sich zunächst in einem schwierigen Wahlkampf, wiederholte fast immer das Gleiche und übertrug seine Ideen der ihm folgenden Masse. Dass der Präsidentschaftskandidat seinen Glauben an Gott für seine politischen Zwecke instrumentalisiert, fügt sich auch in das von Le Bon beschriebene Führerschema ein: „Glauben erzeugen, sei es religiöser, politischer oder sozialer Glaube, Glaube an eine

---

3 Vgl. Jelinek. Unseres. (wie Anm. 1).
4 Gustave Le Bon. *Psychologie der Massen*. Übersetzung von Rudolf Eisler. Köln: Anaconda, 2016. S. 116.

Person oder eine Idee, das ist die besondere Rolle der großen Führer, und das ist der Grund, warum ihr Einfluss immer beträchtlich ist"[5]. In Jelineks Theatertext *Unseres.*, der noch nicht uraufgeführt ist, wird die Infragestellung der eigenen Prinzipien und der Psychologie der Massen thematisiert, die durch die FPÖ-Anhänger und Facebook-Kommentatoren repräsentiert ist und die durch die Versprechen der Politiker bestimmt wird. Le Bon spricht in seinem nach wie vor aktuellen Buch *Psychologie der Massen* die imaginierten Gründe der Masse aus, die einem ‚Führer' folgt. Seine Beschreibungen decken sich mit der Jelinek'schen Darstellung der islamfeindlichen Masse in Österreich zur Zeit des Präsidentenwahlkampfes:

> Mit Vernunft und Argumenten kann man gegen gewisse Worte und Formeln nicht ankämpfen. Man spricht sie mit Andacht vor den Massen aus, und sogleich werden die Mienen respektvoll und die Köpfe neigen sich. Von vielen werden sie als Naturkräfte oder als übernatürliche Mächte betrachtet. Sie rufen in den Seelen grandiose und vage Bilder hervor, aber eben das Vage, das sie verwischt, vermehrt ihre magische Gewalt. Sie lassen sich mit jenen fruchtbaren Gottheiten vergleichen, die hinter dem Allerheiligsten verborgen sind und denen man sich nur mit Zittern nähert.[6]

Die FPÖ-Wähler sind bei Jelinek als eine heterogene, entindividualisierte Masse dargestellt, die mittels Facebook anonym, aber gemäß der Vorstellungen konservativer Führer agiert. Die Virulenz der Facebook-Kommentare nimmt mit der sichtlichen Anerkennung der Kommentarschreibenden untereinander zu, was auf die Akteure ansteckend wirkt.[7] Die ‚Vaterlandsliebe' wächst proportional zur so wahrgenommenen Bedrohungslage durch aktuelle politische Ereignisse – d. h. im Fall des Textes *Unseres.* entsprechend zur Flüchtlingskrise und zu den islamistischen Terroranschlägen.

Im Text findet sich auch eine Anspielung auf den Zweiten Weltkrieg, dessen Sinnlosigkeit Marlene Dietrich in ihrem Lied „Sag mir, wo die Blumen sind" besingt: „Sein Weg wird kein leichter sein. [Gemeint ist der Strom] Wo ist er geblieben, wo sind all die Männer hin? Tot, aber der Strom stirbt nicht, der fließt, der fließt [...]"[8]. Das Lied fungiert hier als Reminiszenz und als Mahnmal an den Nationalsozialismus. Dieser Auszug aus *Unseres.* weist auf den nie versiegen wollenden Bewusstseinsstrom der rechtsextremen Radikalen hin,

---

5 Vgl. Le Bon. Psychologie der Massen (wie Anm. 4). S. 112.
6 Vgl. Le Bon. Psychologie der Massen (wie Anm. 4). S. 98.
7 Vgl. Le Bon. Psychologie der Massen (wie Anm. 4). S. 49f.
8 Vgl. Jelinek. Unseres. (wie Anm. 1).

der eine Wiedergeburt des Nationalsozialismus jederzeit ermöglicht, obwohl dieser doch längst bekämpft zu sein schien. Anhand der Liedzeile „Sein Weg wird kein leichter sein" aus Xavier Naidoos Popsong (hier leicht abgewandelt), der auch der offizielle Song der deutschen Fußballmannschaft bei der Fußball-Weltmeisterschaft 2006 war, wurde in Deutschland viel diskutiert, wie man – als Deutscher – mit Nationalstolz umgehen kann.

3. Islamfeindlichkeit

Häufig ist im öffentlichen Diskurs von Islamophobie anstatt von Islamfeindlichkeit die Rede. Was ist Islamophobie und ist dieser Terminus überhaupt korrekt? Islamophobie ist ein Neologismus aus dem Englischen *islamophobia*, der aus den Neunzigerjahren stammt. Er definiert sich als negative ablehnende Haltung gegenüber dem Islam sowie als weltumfassende Rassendiskriminierung gegenüber Muslimen aufgrund (kulturbedingter) Vorurteile.[9] Der britische Thinktank Runnymede Trust sah in dem Terminus 1997 eine Interpretation des Islams als einen monolithischen, statischen Block, der sich gegen Reformen wehrt. Dieser wird als barbarisch, irrational, primitiv und sexistisch empfunden und darüber hinaus auch als gewalttätig, aggressiv und gefährlich eingestuft; er unterstützt den Terrorismus und ist in den Widerstreit der Kulturen verstrickt.[10] Die *islamophobia* stellt eine Menschenrechtsverletzung (die freie Religionsausübung) dar und bedroht den sozialen Zusammenhalt.

Die Nutzung des Begriffes *Islamophobie* ist im Deutschen nicht korrekt, denn dieser impliziert, dass diejenigen, die eine ‚Phobie' empfinden, psychisch krank sind, was sowohl bei der islamfeindlichen Masse als auch bei den Facebook-Kommentatoren in *Unseres.* nicht der Fall ist. Der deutsche korrekte Terminus für den antimuslimischen, antiarabischen Rassismus und für die Intoleranz gegenüber Muslimen ist *Islamfeindlichkeit*[11] und bezieht

---

9   Gema Martín Muñoz. „La islamofobia inconsciente". *La islamofobia a debate.* *La genealogía del miedo al islam y a la construcción de los discursos antiislámicos.* Hg. Gema Marín Muñoz/Ramón Grosfoguel. Madrid: Casa Árabe-IEAM, 2012. S. 35-47, hier S. 35.

10 Vgl. Martín Muñoz. La islamofobia inconsciente (wie Anm. 9). S. 35.

11 Javier Rosón Lorente. „Discrepancias en torno al uso del término *islamofobia*". Vgl. Muñoz/Grosfoguel. *Islamofobia a debate* (wie Anm. 9). S. 167-191, hier S. 175.

sich nicht auf den Begriff ‚Phobie‘. Der 11. September und die neuesten weltweiten islamistischen Terroranschläge erschüttern sowohl die westlichen Metropolen als auch die Krisengebiete in Nahost und Afrika. Aus der Angst vor dem heimischen Terror nimmt die Islamfeindlichkeit ständig zu, denn die extrem rechten politischen Parteien und die Fundamentalisten befördern weltweit die Idee des Islams als einer gefährlichen Religion. Die Worte ‚Moslem‘ oder ‚Araber‘ werden stereotyp als Synonym für fanatische, verrückte Terroristen gebraucht. Eine Differenzierung zwischen dem Islam und dem Islamismus entfällt – ganz zu schweigen von einer ausgewogenen Beschäftigung mit den verschiedenen Konfessionen innerhalb des Islams.

Unseres. hebt genau dies hervor – der Syrer wird als ‚fanatisch‘ und ‚verrückt‘ angesehen, eine Zuschreibung, die an sich schon klischeehaft ist. *Der* Flüchtling wird mit *dem* Terrorist gleichgesetzt, wobei die Menschen, die die Begebenheit kommentieren, zu Vaterlandsschützern hochstilisiert werden. Der Diskurs gegen den Terror beinhaltet das Argument, die eigene Identität in Schutz zu nehmen. Muslime werden von rechtsextremen Parteien als fundamentalistische Kriminelle angesehen, ebenso wie der Islam als Hauptverdächtiger in allen Terroranschlägen. Die allgemeine Zurückhaltung vor dem Islam hat ihren Ursprung in der eigenen Unsicherheit und im Misstrauen. Durch die islamfeindliche Auffassung wird die Welt in Kulturen, Religionen und Zivilisationen aufgeteilt. Die islamische Welt wird sozusagen als böse und ungeheuerlich und die nichtislamische Welt als gut, tolerant und zivilisiert angesehen. Die Islamfeindlichkeit entsteht aus einem Gefühl der Überlegenheit des Westlichen gegenüber dem Islamischen, wodurch die Diskriminierung von Muslimen unmöglich überwunden werden kann – ebendies soll uns Jelineks Text vermitteln. Die antimuslimische Diskriminierung ist in *Unseres.* eine soziale Entschuldigung, die die Verleumdung der Muslime mit starkem Patriotismus und Selbstschutz der Abendländer verbindet. In ihrem Text verknüpft Jelinek deshalb die Geschichte des Syrers mit dem Terroristen Mohammed Atta (einem der Attentäter bei den Terroranschlägen am 11. September, der während seines Studiums auch in Deutschland gelebt hat[12]):

---

12 *The 9/11 Commission Report.* https://www.9-11commission.gov/report/911 Report.pdf. S. 223f. (aufgerufen am 12. Oktober 2017). Siehe auch http:// www.ardmediathek.de/tv/Panorama/Todespilot-Atta-Die-andere-Seite-der-B/Das-Erste/Video?bcastId=310918&documentId=21834254 (aufgerufen am 9. April 2018).

[...] ich hab das selbst alles abgeschrieben, während Sie sich selbst noch viel früher abgeschrieben haben, und wenn nicht, dann werden Sie abgeschrieben. Dabei sind Sie, wie alle Menschen, doch nur die Kopie einer Kopie einer Kopie, alle ein und dasselbe, nicht Besondres, nichts Bestimmtes weiß man nicht. [...]
Und er wird im Arm von Männern sterben wollen. Die toten Frauen wollen in Frauenarmen sterben, die Männer in Männerarmen, da kennen sie nichts, das wollen sie so haben. Fragen Sie Mohammed Pril oder Atta oder wie er geheißen hat.[13]

Die durch das Verfahren der Intertextualität eingeschobenen Kommentare von der Facebook-Seite H. C. Straches zeigen uns die neue ‚akzeptierte' Facette der Islamfeindlichkeit, die man im Internet nicht mehr verbirgt und die in Verbindung mit einem rein vordergründigen Patriotismus ausgelebt wird. Jelinek konfrontiert ihre Leser in *Unseres.* mit den Auswirkungen des Cyberhasses, der die Intoleranz in den Bereich der Normalität rückt. Mit den typischen Mitteln von Facebook kann zwischen „gefällt mir" und „gefällt mir nicht" ‚Antworten' gewählt werden, welche auch Jelinek in ihrem Text aufgreift, womit sie den Eindruck eines antiken Chors erweckt und die man sich im Hinblick auf eine mögliche Realisierung auf der Bühne in einem polyphonen Chor vorstellen kann. Auch der islamfeindliche Diskurs ist ständig in Bewegung, denn das Internet und eine missverstandene Meinungsfreiheit regen die Massen zu einer Steigerung der Fremdenfeindlichkeit an, weil im Schutz der Anonymität negative Äußerungen einfacher fallen.

Wenn Jelinek in *Unseres.* von der Realität der Migration und der Islamfeindlichkeit spricht, richtet sie ihren Blick nicht nur auf Österreich, sondern auch auf die USA vor der Präsidentschaftswahl im November 2016, wo auch die Rede von der Abschiebung der mexikanischen ‚Papierlosen' war:

Er würde schon rankommen, wenn er wirklich wollte, warum greift er nicht die Stromleitung an, von der richtigen Seite, also außen, sonst müßte er ja schwimmen, wie diese Mexikanerin, die jede Woche den Rio Grande nach Amerika rüber durchquert hat, geklammert an einen Autoreifen, keine schlechte Idee, Gummi isoliert, auch gegen das Wasser, aber einmal war keiner da, da hat sie einen Plastiksack aufgeblasen und sich an dem festgehalten, wäre fast schiefgegangen, aber sie ist dann doch noch rübergekommen, auf den letzten Drücker, sie ist über den Strom gekommen, ins gelobte Land, das von mir stets gelobt wird, schon weil es die Russen gibt, wird es von mir gelobt.[14]

---

13   Vgl. Jelinek. Unseres. (wie Anm. 1).
14   Vgl. Jelinek. Unseres. (wie Anm. 1).

4. Parallelen zwischen Euripides' *Die Kinder des Herakles* und Jelineks *Unseres*.

Die zentrale Folie für *Unseres*. bleibt aber Euripides' politische Tragödie *Die Kinder des Herakles*, die zwischen 430 und 427 v. Chr. geschrieben wurde und zur Zeit Euripides und auch später keinen Erfolg hatte.[15] Im Zentrum des Stückes steht, anders als bei Jelinek, die Empathie und die Hilfsbereitschaft der Athener gegenüber den Schwachen und den Schutzflehenden, die um Barmherzigkeit bitten. In den *Kindern des Herakles* werden viele politische und ethisch-moralische Themen angesprochen; wobei die Handlung die Kinder von Herakles (auch die Herakliden genannt) in den Mittepunkt stellt, die ihren Vater verloren haben und die sich nun unter dem Schutz von Iolaus (Herakles' Freund), Alkmene (Herakles' Mutter) und Athens befinden. Die Herakliden sollten vor Argos (was in Jelineks Text das Ausland repräsentiert) und dessen König Eurystheus (Herakles' Feind und Heras Anhänger) beschützt werden. Eurystheus zeichnet sich charakterlich vor allem durch seinen Zorn aus, den die Kinder zu spüren bekommen, indem er sie verjagt. Folglich müssen diese von einem Staat zum anderen Staat fliehen.

Unseres. und die Euripidische Tragödie, die die Gerechtigkeit, die Tugend und das Heldentum der Athener hervorhebt, befinden sich an entgegengesetzten Polen, denn Jelineks Text betont den Mangel an Empathie der Wiener und deren Xenophobie, was sich wortwörtlich aus Facebook-Zitaten speist:

[...], also ehrlich mal, fließt in der Leitung nur Strom von ner R6-Batterie? Dreht mal hoch und laßt ihn noch mal anfassen. Am besten zu Weihnachten als Straßenbahnbeleuchtung! Gefällt mir. Antworten.
Dann würden gleich die Kosten für die Abschiebung wegfallen. Aber der will ja gar nicht abgeschoben werden![16]

Was Jelinek in ihrem Text herstellt, ist also eine Juxtaposition von der antiken Stadt Athen im Jahr 427 v. Chr. und der Hauptstadt Österreichs im 21. Jahrhundert. Die sozialpolitische Entwicklung beider Städte, vor allem jedoch Wiens, ist Kern des Textes.

---

15 Desmond J. Conacher. *Euripidean Drama. Myth, Theme and Structure*. Toronto: University Press, 1967.
16 Vgl. Jelinek. Unseres. (wie Anm. 1).

Sowohl auf einem persönlichen als auch auf einem politischen Niveau fallen die Entscheidungen in Athen weiser aus als diejenigen der Facebook-Mitglieder oder von Straches Anhängern. Vermittels dieser Kontrastierung beleuchtet Jelinek die positive Entwicklung des antiken Staates. Im Prolog der *Kinder des Herakles* spricht Iolaus: „Wer nur das eigne Glück begehrt, den will / Die Stadt nicht haben, niemand sucht ihn auf, / Nur er sich selbst. Mein Leben lehrt michs"[17].

Der Tugend der Athener und ihre ‚Charis', was auf Griechisch Anmut bedeutet, wird die ‚Kerdos' (Gier nach Verdienst) der FPÖ-Anhänger gegenübergestellt. Die ‚Kerdos' der politischen Partei FPÖ spiegelt sich in der Gier nach Wählerstimmen wider und befördert den Fremdenhass und die Islamfeindlichkeit als politische Strategie.

In den *Kindern des Herakles* wird angedeutet, dass Herakles aus Neid und wegen seiner Herkunft (Vater: Zeus und Mutter: Alkmene) von Argos getötet wurde. Hier haben Euripides' und Jelineks Text eine Schnittmenge. Der Vater des Flüchtlings wurde ebenfalls ermordet, wie die ersten Zeilen des Textes bereits verraten: „Was, der Vater tot, der Vater tot? Was regen Sie sich auf? Jeder Vater stirbt, Ihrer halt jetzt, gestern, heute, morgen, übermorgen ein andrer, egal, ermordet, sagen Sie? Das können wir glauben oder auch nicht."[18]

Die Tat des Flüchtlings wird als eine unvollendete Aufopferung für das Wohl seiner Brüder dargestellt, was im Gegensatz zum gleichen Aspekt in *Den Kindern des Herakles* steht. Er wäre, laut den Kommentarschreibern, zum Helden gekrönt, wenn er in Syrien gekämpft hätte und an der Seite seiner Familie und seines Volkes gestorben wäre. Der Flüchtling wird von der hasserfüllten Masse als Feigling betrachtet, weil er sich nicht für das Wohl seines Volkes geopfert hat. Der suizidale Syrer verkörpert die Figur der Makaria (eine Tochter Herakles') aus der Euripidischen Tragödie. Makarias Aufopferungsentscheidung wird von den Athenern als tugendhafte Heldentat betrachtet, um ihre Geschwister zu retten: „Ich hoffe, er vergißt, und Sterbliche / Sind dort die Sorgen los, sonst weiß ich nicht, / Wohin noch einer zielt: das Sterben gilt / Doch als der Leiden stärkster Gegentrank"[19]. Bei Jelinek stellt sich die Situation anders dar, denn die von ihr beschriebene österreichische Gesellschaft begrüßt aktuell keineswegs solche vordergründig heldenhaften Taten eines Einwanderers: „Ich hoffe, er vergißt es nicht,

---

17 Euripides. Kinder des Herakles (wie Anm. 1). Vers 3-5.

18 Vgl. Jelinek. Unseres. (wie Anm. 1).

19 Vgl. Euripides. Kinder des Herakles (wie Anm. 1). Vers 593-596.

denn Sterbliche sind dann ihre Sorgen los, auch wenn sie gar keine hatten. Sonst weiß ich nicht, wohin so einer zielt: Das Sterben gilt doch als der Leiden stärkster Gegentrank"[20]. Dem Syrer wird die Tugend verwehrt. Der Chor tröstet Makaria damit, dass ihr Ruhm sie überleben werde: „Strahlend fiel das Todeslos / Auf dieses ärmste Kind: / Für die Brüder, fürs Land / Hat sie leuchtenden Ruhm / Bei den Menschen erworben."[21] Der Chor wird bei Jelinek durch das moralische Urteil der Facebook-Kommentare bzw. der Kommentatoren ersetzt, die den Asylbewerber allerdings nur dann zum Helden gekrönt hätten, wenn er in Syrien gekämpft hätte und an der Seite seiner Familie und seines Volkes gestorben wäre: „Auch wenn seine Liebsten gestorben sind da unten, was macht der da, wäre er unten geblieben und hätte gekämpft, vielleicht würden die noch leben, kein Mitleid, nach Hause mit ihm."[22] Ein Sprecher in Jelineks Stück beargwöhnt den Suizidversuch sogar, eine Inszenierung zu sein:

> Also mit dieser Aktion kann er sicher hierbleiben, wetten? Er kann sicher hierbleiben, aber sicher kann er nicht sein, er kann unter uns nicht sicher sein, sicher nicht. Ganz bewußt inszeniert, ganz bewußt inszeniert, die Bewußtlosigkeit ganz bewußt inszeniert! Hab ich das jetzt zweimal gesagt?[23]

Die Parallelen zwischen Euripides' und Jelineks Text erstrecken sich auch auf die Darstellung der Figuren: Die Herakliden werden ebenso wenig wie die syrischen Flüchtlinge individualisiert; sie sprechen sehr wenig. Die Herakliden stellen eine Gefahr für Argos und für Eurystheus dar, ebenso wie die Flüchtlinge für Wien bzw. Österreich:

> Ich gehe, eine Hand ist schwache Hand. / Doch unser Ares hat ein Lanzenheer / von Erz, das bring ich euch. Eurystheus führt / Zehntausend Schilde selber in den Kampf; [...].[24]

Gegenüber:

> Der Mann hat doch kein Heer von Erz, kein Lanzenheer, [...] ist doch war, jeder Herr hat ein Heer, oft steht es nur in der Zeitung, aber es steht bereit,

---

20　Vgl. Jelinek. Unseres. (wie Anm. 1).
21　Vgl. Euripides. Kinder des Herakles (wie Anm. 1). Vers 620-624.
22　Vgl. Jelinek. Unseres. (wie Anm. 1).
23　Ebd.
24　Vgl. Euripides. Kinder des Herakles (wie Anm. 1). Vers 274-277.

nein, im Gegenteil, das Heer hat ihn mitgebracht, es hat ihn zu uns geschickt, ein furchtbares Heer, und ausgerechnet von uns hat er Rettung erhofft, oh aller Frauen größte Seele, die er gewiß zuvor belästigt hat im Schwimmbad, am Strand, im Lift [...].[25]

5. Sprache

Interessant ist Heideggers[26] Auseinandersetzung mit dem Begriff „Ereignis" als eine Gegebenheit, über die man berichten muss: als ‚Ent-eignis', Laut Heidegger gehört das ‚Ent-eignis' zum Ereignis. Durch das ‚Ent-eignis', das das Unausgedrückte des Daseins darstellt, kann das Ereignis nicht verschwinden, denn beide, Ereignis und ‚Ent-eignis' bilden ein Ganzes.[27] In *Unseres.* ‚ent-eignet' Jelinek das Ereignis (Eigentlichkeit) vom Asylbewerber und gibt der Uneigentlichkeit Priorität. Die Sprache in *Unseres.* gehört nicht zum Ereignis; sie bekommt laut Heidegger die Bedeutung einer *Zusprache.* Das, was in *Unseres.* passiert, ist keine Destruktion des Textes, sondern eine poetische Dekonstruktion[28] eines Ereignisses mittels der Pastiche[29] und der Paronomasie[30], die durch Einschübe aus der griechischen Mythologie und aus Straches Facebook-Fanseite sowie der Reaktion der Masse zur Belehrung der Zuschauer erzeugt werden.

---

25 Vgl. Jelinek. Unseres. (wie Anm. 1).

26 Obwohl sich in fast allen Texten Jelineks ‚eine Prise Heidegger' (z. B. in *Die Schutzbefohlenen*) finden lässt, fehlt diese Prise in *Unseres.* gänzlich. Jelinek beendet die meisten ihrer Texte, die auf ihrer Homepage publiziert sind, mit „Na ja, und Heidegger muss natürlich auch sein [...]" (*Das Licht im Kasten*, 2017), „Bitte um Entschuldigung an Sie, Herr Heidegger, aber es wird nicht das letzte Mal sein." (*Kein Licht. Prolog*, 2015), „Und auf Heidegger kommt natürlich auch noch daher, ohne den gehts ja nicht." (*AUF GLEICH*, 2015) usw.

27 Vgl. Gail Stenstad. *Transformations: Thinking after Heidegger.* Madison: The University of Wisconsin Press, 2006. S. 79

28 Hans-Thies Lehmann. *Teatro posdramático.* Übersetzung von Diana González. Murcia: Cendeac, 2013. S. 181. Die Dekonstruktion gestattet der Leserschaft, den Wörtern einen eigenen Sinn zu geben. Der Text ist also selbstreflexiv. Die Sprache bietet keine eindeutige Erklärung des Dargestellten an. Die Leserschaft dekonstruiert das schon Konstruierte, damit das Ganze einen Sinn bekommt.

29 Imitation eines Textes (hier *Die Kinder des Herakles*), der einem anderen Autor gehört.

30 Ein Wortspiel, das ähnliche Wörter miteinander verbindet, die etymologisch und semantisch nicht zusammengehören.

Jelinek produziert hierbei eine selbstständige Theatralik. Bei gleichzeitiger Abwesenheit des Dialogs im Sinne des klassischen Theaters gibt es nebeneinander gelagerte Sprachschichten, die durch die fremdenhassende Masse und ihre Facebook Kommentare, die griechischen tragödientypischen Figuren und die dem Text eigene Erzählerin entstehen. Die Figuren nehmen in *Unseres.* keinen direkten Einfluss auf das Geschehen, der Fokus liegt auf dem Bewusstseinsstrom der Masse. Die Geschichte (um den Flüchtling) tritt in den Hintergrund, wohingegen sich das Wortspiel der Erzählerin in den Vordergrund drängt:

> Ich sage oft was Umgekehrtes, ja ausgesprochen Verkehrtes, ich verkehre die Wahrheit, ich hohe Göttin, mein Boden ist dein, Moment, der ganze Boden, nicht nur meiner, ist dein, das steht hier, dein die Stadt, jedenfalls bald, der du, so, jetzt gehts nicht weiter, denn Mutter würdest du nicht sein wollen, also sagen wir, Stadt, der du Vater, Herr und Wächter bist, hier steht es weiblich, aber dagegen kann man ja was tun, nicht wahr.[31]

Der Titel *Unseres.* bezieht sich auf das Land Österreich und suggeriert nicht zuletzt durch die ungewöhnliche Zeichensetzung nach dem Possessivpronomen, dass demnach nur die Österreicher dieses für sich reklamieren können: „Als ein flehender Flüchtling kommt er nicht in unsere Gasse, nicht in unser Gefild, der nicht"[32], wohingegen in *Die Kinder des Herakles* steht: „Als flehender Flüchtling, / In unser Gefild"[33].

6. Konklusion

Nach dem Flüchtlingsstück *Die Schutzbefohlenen*[34] schrieb Jelinek *Unseres.*, einen Text, der auf einer wahren Begebenheit beruht. Dort wird die Bewegung der Massen durch die rechtspopulistische Partei FPÖ thematisiert, was zu einer wachsenden Islamfeindlichkeit in Österreich beiträgt.

Im Mittelpunkt des postdramatischen Textes steht der Intertext *Die Kinder des Herakles* von Euripides. Die Botschaft und die Darstellung einzelner Handlungsstränge (der Suizidversuch des syrischen Flüchtlings) in *Unseres.*

---

31 Vgl. Jelinek. Unseres. (wie Anm. 1).
32 Ebd.
33 Vgl. Euripides. Kinder des Herakles (Anm. 1). Vers 364-365.
34 Elfriede Jelinek. *Die Schutzbefohlenen.* 4.6.2013 / 8.11.2013 / 14.11.2015/
     29.9.2015. http://www.elfriedejelinek.com/ (aufgerufen am 9. April 2018).

erschließen sich erst in Korrespondenz mit deren Intertext – der politischen Tragödie *Die Kinder des Herakles* von Euripides.

Dass Jelinek genau diesen Text zur Bezugnahme ausgewählt hat, kommt sicher nicht von ungefähr. So teilen beide die Liebe zur Sprache. Was nachfolgend Euripides bescheinigt wird, mag auch für Jelinek gelten: „Er liebt Wortspiele, zumal in Etymologien der Namen, Pleonasmen, Tautologien und emphatische Wiederholungen, [...]"[35]. Beide setzen bzw. setzten sich gegen politische Missstände ein, mithilfe teils ähnlicher sprachlicher Verfahren. Der Nobelpreis wurde Jelinek immerhin „für den musikalischen Fluss von Stimmen und Gegenstimmen in Romanen und Dramen, die mit einzigartiger sprachlicher Leidenschaft die Absurdität und zwingende Macht der sozialen Klischees enthüllen"[36] verliehen.

---

35 Euripides. *Werke*. Übersetzung von Gustav Ludwig. Hg. Gustav Ludwig. Stuttgart: J.B. Metzler, 1837. S. 17.

36 Verena Mayer/Roland Koberg. *elfriede jelinek. Ein Porträt*. 2. Aufl. Reinbek bei Hamburg: Rowohlt 2006. S. 251.

Zu den Beitragenden

LEOPOLDO DOMÍNGUEZ MACÍAS arbeitet als Dozent an der Universität Sevilla. 2015 promovierte er mit einer Dissertation über Dieter Fortes Prosawerk *Tetralogie der Erinnerung*. Er hat Forschungsaufenthalte an der Freien Universität Berlin, der Justus-Liebig-Universität Gießen und der Universität Leipzig absolviert. Außerdem hat er an mehreren landesweiten Forschungsprojekten teilgenommen. Er hat zahlreiche Veröffentlichungen im Themenbereich Erinnerung und Literatur seit 1989/90.

AXEL DUNKER, Prof. Dr. Professor für neuere und neueste deutsche Literaturwissenschaft und Literaturtheorie an der Universität Bremen. Leiter des Instituts für kulturwissenschaftliche Deutschlandstudien. Wichtigste Veröffentlichungen: *Die anwesende Abwesenheit. Literatur im Schatten von Auschwitz*. München: Fink 2003; *Kontrapunktische Lektüren. Koloniale Strukturen in der deutschsprachigen Literatur des 19. Jahrhunderts*. München: Fink 2008; zusammen mit Gabriele Dürbeck (Hg.): *Postkoloniale Germanistik. Bestandsaufnahme, theoretische Perspektiven, Lektüren*. Bielefeld: Aisthesis 2014; zusammen mit Sabine Kyora (Hg.): *Arno Schmidt und der Kanon*. München: edition text + kritik 2015; zusammen mit Bernd Blaschke und Michael Hofmann (Hg.): *Reiseliteratur der DDR. Bestandsaufnahmen und Modellanalysen*. Paderborn: Fink 2016; zusammen mit Dirk Göttsche und Gabriele Dürbeck (Hg.): *Handbuch Postkolonialismus und Literatur*. Stuttgart: Metzler 2017; zusammen mit Thomas Stolz und Ingo H. Warnke (Hg.): *Benennungspraktiken in Prozessen kolonialer Raumaneignung*. Berlin/ Boston: de Gruyter 2017
    Forschungsschwerpunkte: Holocaust und Literatur; postkoloniale Literatur- und Kulturtheorie; Transkulturalität; Gegenwartsliteratur.

LEOPOLD FEDERMAIR, 1957 in Oberösterreich geboren, Schriftsteller, Übersetzer und Universitätsdozent. Lehrt an der Universität Hiroshima.
    Buchveröffentlichungen (Auswahl): *Adalbert Stifter und die Freuden der Bigotterie* (Essay, 2005); *Erinnerungen an das, was wir nicht waren* (Roman, 2010); *Buenos Aires, Wort und Fleisch* (Essays, 2010); *Wandlungen des Prinzen Genji* (Roman, 2014); *Rosen brechen* (Erzählungen, 2016); *Musils langer Schatten* (Essays, 2016); *Monden / Der Wellen Schatten* (Roman, 2017).

ISABEL GARCÍA ADÁNEZ studierte Germanistik, Hispanistik und Musik und ist Professorin und derzeit Leiterin des Instituts für Germanistik und Slawistik der Universität Complutense in Madrid.

Ihre Forschungsschwerpunkte sind vor allem die deutschsprachige Literatur des 19. bis 21. Jahrhunderts und die Beziehungen zwischen den Künsten (Musik, Literatur und Film). Als Literaturübersetzerin hat sie etliche deutsche Klassiker (J. W. Goethe, H. Heine, T. Fontane, A. Schnitzler, J. Roth, H. Ungar, K. Mann, T. Mann, I. Bachmann u. a.) so wie das gesamte essayistische Werk von Herta Müller ins Spanische übersetzt. Für ihre Übersetzung von Thomas Manns *Zauberberg* bekam sie 2006 den Preis des spanischen Übersetzerverbandes (*I Premio Esther Benítez*) und ihre Übersetzung von Herta Müllers Autobiographie *Mein Vaterland war ein Apfelkern* (*Mi patria era una semilla de manzana*, Madrid: Siruela, 2016) war Finalistin für den spanischen Nationalpreis für Übersetzung 2017.

OLGA GARCÍA GARCÍA, Prof. Dr. Studium der Germanistik und Übersetzungswissenschaft an der Universität Complutense Madrid. 1992 Promotion zum Dr. phil in Deutscher Philologie mit einer Dissertation zum Thema *Das Problem der Nationalitäten in der k. u. k. Monarchie im Spiegel der Literatur.* Prof. für deutsche Literatur- und Kulturgeschichte an der Universität Extremadura und seit 2010 Leiterin des Instituts für Moderne Sprachen und Komparatistik. Essayistin und Übersetzerin aus dem Deutschen. Daneben zahlreiche Veröffentlichungen und Rezensionen zur deutschen Literatur.

Forschungsschwerpunkte: österreichische Literatur, deutschsprachige Literatur in Rumänien und Kulturspezifika in der literarischen Übersetzung. Übersetzte Autoren u. a.: Hermann Sudermann, Bertha von Suttner, Klabund, Franz Hessel, Joseph Roth, Franz Werfel, Maria Leitner.

CARMEN GÓMEZ GARCÍA ist Professorin für deutsche Literatur, literarische Übersetzung und kontrastive Linguistik an der Philologischen Fakultät der Universität Complutense in Madrid. In der Vergangenheit hat sie als literarische Agentin in Madrid gearbeitet und war an verschiedenen deutschen Universitäten, unter anderem in Berlin, Heidelberg und Jena als Dozentin für spanische Sprache, Literatur und Übersetzung tätig. Darüber hinaus ist sie als Übersetzerin deutschsprachiger Literatur von u. a. Stefan George, W. G. Sebald, Elfriede Jelinek und Marcel Bayer ins Spanische hervorgetreten. Ihre zahlreichen Publikationen, Bücher und Beiträge widmen sich den Forschungsschwerpunkten Jahrhundertwende, literarische Übersetzung,

Rezeption deutschsprachiger Literatur in Spanien, Stilanalysen und Nietzsches Sprache und Dichtung.

OLGA HINOJOSA PICÓN: ihr beruflicher Werdegang verläuft zwischen den Universitäten von Köln (Deutschland), Córdoba und Sevilla (Spanien). Seit 2008 unterrichtet sie an der Germanistischen Abteilung der Universität Sevilla Bachelor- und Masterkurse und forscht im Bereich Literatur aus der ehemaligen DDR. Derzeit ist sie Mitglied in zwei Forschungsprojekten, welche sich mit gegenwärtiger Erinnerungsliteratur und Autobiographien von Frauen befassen.

ROLF-PETER JANZ, Professor a. D. am Institut für Deutsche und Niederländische Philologie der Freien Universität Berlin. Forschungsgebiete: Literatur und Ästhetik der Klassik und Romantik, des Fin de siècle und der Weimarer Republik; Reformulierung von Mythen in der Literatur der Gegenwart; Konstruktionen des Fremden. Zahlreiche Veröffentlichungen u. a. zu Kleist, Büchner, Kafka, Benjamin, Sebald. Jüngste Publikation: Reinhard Jirgl: „Abschied von den Feinden" – ein avantgardistischer Roman der Wende. In: O. C. Diaz Pérez, O. Gutjahr, R. Renner, M. Siguan (Hgg.), Deutsche Gegenwarten in Literatur und Film. Tübingen 2017, S. 17-27.

FRANCISCA ROCA ARAÑÓ studierte Germanistik an der Universität Barcelona (UB) und promovierte an der Universität der Balearen (UIB). Sie schrieb ihre Dissertation über das Bild von Mallorca im Deutschen Exilroman. Ihre Forschungsschwerpunkte liegen im Bereich Komparatistische Literaturforschung und Deutsche Exilliteratur. Seit 1999 ist sie Dozentin an der Universität der Balearen.

DOLORS SABATÉ PLANES, Prof. Dr. Studium der Fächer Englisch und Deutsch am Deutschen Seminar der Universität Barcelona. 1995 Promotion zu dem Thema *Recepción y traducción de Valle-Inclán al alemán*. Seit 2012 Lehrstuhlinhaberin für Neurere deutsche Literatur an der Universität Santiago de Compostela. Gastprofessuren (u. a.) an der PH Krakow, an der École Pratique des Hautes Études (EPHE) Paris sowie an den Germanistischen Seminaren der TU Dresden und Freiburg. Aktuelles Forschungsprojekt: Autobiographisches Schreiben exilierter Schriftstellerinnen. Forschungsschwerpunkte (u.a): Vergleichende Literaturwissenschaften (deutsch-spanische Avantgarde); Gender Studies. Forschungsstipendien vom DAAD (2013) und vom spanischen Kultusministerium (2014) an der Universität Freiburg.

Publikationen in Auswahl: „Friedliche Reisen, hochmütiger Blick. Das reisende Paar Erna Pinner und Kasimir Edschmid". In: Holdenried,Michaela, Honold, Alexander, Hermes, Stefan (Hg.) *Reiseliteratur der Moderne und Postmoderne*. Erich Schmidt, Berlin, 2017, 81-96. *Cuando el destino es el desarraigo. Voces judeo-alemanas del holocausto*. (Hg. mit Montserrat Bascoy) Siglo XXI, Biblioteca Nueva, Madrid, 2016. „Wenn Mirjam an die gläserne Decke stößt". In: Schulz, Marion; Sabaté, Dolors (Hg.). *Literatur von Frauen und gläserne Decke*. Peter Lang, Inter-Lit, Frankfurt a. M., 2010, 40-51. „Die literarische Produktivität des ‚internen Anderen" am Beispiel Gertrud Kolmars". In: Hanenberg, Peter; Capeloa Gil, Isabel; Viana Guarda, Filomena; Clara, Fernando (Hg.). *Kulturbau. Aufräumen, Ausräumen, Einräumen*. Peter Lang, Passagem, Frankfurt a. M., 2010, 89-96.

MARISA SIGUAN BOEHMER, Prof. Dr. Professorin für deutschsprachige Literatur der Moderne an der Universität Barcelona und Mitglied der Deutschen Akademie für Sprache und Dichtung. Zu ihren bevorzugten Forschungsgebieten gehören die Epochen um 1800 und 1900, spanisch – deutsche Literaturbeziehungen in der Moderne und das literarische Schreiben, das an den Grenzen der Sprache geschieht, von Erinnerungen an Gewalt, Diktatur, Holocaust und Lager bedingt. Sie ist Gründungspräsidentin der spanischen Goethe-Gesellschaft, der sie seit 2001 vorsteht. 2017 hat sie den Joseph und Wilhelm Grimm Preis des DAAD verliehen bekommen.

Publikationen in Auswahl: *La recepción de Ibsen y Hauptmann en el modernismo catalán* (Barcelona 1990), *Transkulturelle Beziehungen* (Hrsg. Zusammen mit Karl Wagner, Amsterdam 2004), *Goethe: Obra narrativa*. Biblioteca de Literatura Universal (Madrid – Córdoba 2006), *Historia de la literatura en lengua alemana* (zusammen mit Hans Gerd Roetzer, Barcelona 2012), *Schreiben an den Grenzen der Sprache. Studien zu Améry, Kertész, Semprún, Schalamow, Herta Müller, Aub.* (Berlin – New York, 2014), *Utopie im Exil* (Hrsg. Mit Linda Maeding) (Bielefeld 2017), *Lager überleben, Lager erschreiben* (München 2017).

GESA SINGER hat Germanistik und Pädagogik an der Georg-August-Universität in Göttingenstudiert. Im Jahr 2005 promovierte sie zu B.J. Docen über Wissenschaftsgeschichte der Germanistik an der Carl von Ossietzky-Universität Oldenburg. Von 2007 bis 2011 war sie als DAAD-Lektorin an der Aristoteles Universität Thessaloniki (Griechenland) tätig und hat seitdem an der Universität Göttingen, verschiedenen portugiesischen Universitäten und zuletzt an der Europa Universität Flensburg als Dozentin gewirkt, neben ihrer Arbeit als Herausgeberin und Übersetzerin. Derzeit arbeitet sie an ihrem Habilitationsprojekt zur Interkulturellen Literaturdidaktik.

Forschungsschwerpunkte: Wissenschaftsgeschichte der Germanistik, Didaktik von Deutsch als Fremdsprache, Komparatistik, Interkulturelle Germanistik (Reise, Exil, Migration).

Giorgia Sogos, Dr. phil. Germanistin und Migrationsforscherin bei dem Institut für Migrationsforschung und Interkulturelles Lernen (Bonn). Ihr Forschungs- und Interessenschwerpunkt liegt auf der deutschsprachigen Exilliteratur, dem weiblichen und jüdischen Schreiben sowie auf der Literatur des 19. und 20. Jahrhunderts. Zu ihren wichtigsten Publikationen zählen: *Stefan Zweig, der Kosmopolit. Studiensammlung über seine Werke und andere Beiträge. Eine kritische Analyse* (Bonn: Free Pen Verlag, 2017), „Varian Fry ‚Der Engel von Marseille'. Von der Legalität in die Illegalität und zur Rehabilitierung". in *Schleppen, schleusen, helfen. Flucht zwischen Rettung und Ausbeutung.* (Wien: Mandelbaum, 2016), „Ein Europäer in Brasilien zwischen Vergangenheit und Zukunft: utopische Projektionen des Exilanten Stefan Zweig" in *Europa im Spiegel von Migration und Exil/Europa no contexto de migração e exílio.* (Berlin: Frank & Timme, 2015). Sie ist Mitglied des Integrationsrates der Bundesstadt Bonn in der SPD-Liste. Zur Zeit arbeitet sie an dem Forschungsprojekt „Deutschland gestern und heute. Die Darstellung der Fremde in der Exil- und Migrationsliteratur im interkulturellen Kontext. Eine kritische vergleichende Analyse".

Irina Ursachi hat Germanistik, Anglistik und Amerikanistik in Jassy (Rumänien) und in Konstanz (Deutschland) studiert. Sie hat ihr Magisterstudium an der Universität Konstanz erfolgreich abgeschlossen. Sie ist seit Oktober 2014 Doktorandin an der Universität Alcalá (Spanien) und ihr Dissertationsvorhaben ist „Kollektives Trauma in Elfriede Jelineks Romanen". Zurzeit ist sie Teilzeitdozentin in der Germanistik-Abteilung der Universität Alcalá. Zu ihren Forschungsinteressen zählen Literatur und Trauma, Literatur und Psychoanalyse, deutsche Literatur nach 1945, Exil- und Migrationsliteratur.

Zu den Herausgeberinnen

Margarita Blanco Hölscher und Christina Jurcic sind Literaturwissenschaftlerinnen in der germanistischen Abteilung der Universität von Oviedo, Spanien.